译文经典

宗教与资本主义的兴起

Religion and the Rise of Capitalism

R. H. Tawney

〔英〕R. H. 托尼 著

赵月瑟 夏镇平 译

无论世人想些什么，如果他很少用心思考上帝、人心和至善这些问题的话，那么，他有可能成为一个钻营得法的利禄之徒，却绝对成不了合格的爱国者和政治家。

——贝克莱主教：《锡里斯》，350

目 录

序　言

本书的目标是探索在由中世纪社会组织理论向现代理论转变期间，与社会问题和经济问题有关的宗教思想的某 xlv
些发展要素。这一目标规定论述的时期到 18 世纪初为止，而且它并不妄称要论述经济理论或经济实践的历史，除非经济的理论与实践同宗教思想的变革发生了关联。不过实际上宗教与经济之间有着非常密切、极其重要的联系。那些宣告了中世纪向现代过渡的宗教、政治和社会的革命，对于新文明的经济特征所起的决定性作用，并不亚于对其教会组织和宗教教义所起的作用。现代社会经济范畴的根源在于与文艺复兴和宗教改革时期相伴随的经济扩张和社会动乱。

在英国，有关社会伦理问题的宗教思想史这个题目，已故的坎宁安(Cunningham)博士、威廉·阿什利(William Ashley)爵士(他的论文《宗教法规论》使我首次对这一主题发生兴趣)、库尔顿(G. G. Coulton)先生、伍德(H. G. Wood)先生、奥布赖恩(G. O'Brien)先生都已作过论述。对这些英国学者的著作不可低估，虽然我们要说近年来这方面最重要的贡献来自欧洲大陆的学者。尤其是特勒尔奇

(Troeltsch)、舒瓦西(Choisy)、松巴特(Sombart)、布伦坦诺(Brentano)、莱维(Levy),还有最重要的马克斯·韦伯(Max Weber),他的著名论文《新教伦理与资本主义精
xlvi 神》使讨论发生新的转折。在同一领域工作的人,不管其研究范围如何有限,都不能不感觉到深受这些学者的惠泽。我很高兴有此机会表达自己对他们的谢意,虽然我并不总是能接受他们的结论。遗憾的是,库尔顿先生的《中世纪的乡村》发表太晚,致使我未能利用它极为丰富的学识和高见。

余下的我只想说,感谢我的朋友们,他们的帮助使我改进了本书原有的某些不足之处。哈蒙德先生、鲍尔博士和沃兹沃斯先生阅读并修改了原稿。尼尔教授除了阅读校样之外,还始终以他的建议和批评给予我慷慨的帮助。我深深感谢巴尔克利小姐,她承担了改校样、编索引这项吃力不讨好的任务;深深感谢伦敦经济学院和劳拉·斯佩尔曼·洛克菲勒基金会给我提供的便利。对于我夫人所给予的帮助,我的感激之情无法用语言来表达。

R. H. 托尼

上帝无限仁慈，他连富人都要拯救。

——阿纳托尔·法朗士：《圣克莱尔的井》

第一章　中世纪背景

“我们能得到些什么？”一位著名经济学家曾经写
3 道，“收集这些荒谬的观点和已被贬斥的学说，对生存有什么贡献？搜索这些东西徒劳无益、令人厌烦。”[①]研究社会理论发展的人很难指望不遭到这种批评，就像在被遗忘的屋子里倒腾废旧杂物弄得尘土飞扬的人要被指责一样。如果他要在自己的好奇心之外另找一个借口，不妨以这样的考虑为由：过去能向现在揭示现在有可能理解的东西，而且对于某个年代显得空洞无物的东西，到了另一个年代就可能意味深长。在赛(Say)写下上面这段话的那个年代，经济学尚处于青春洋溢、固执己见的初始阶段，对未被新福音书之光照耀的时代进行思索的兴趣，自然会被他斥责为毫无益处的浅薄游戏。不过，要判定观点的意义，恐怕并不尽如他所设想的那么简单。在那个无所畏惧的年代，托伦斯(Torrens)能够如此评价政治经济学：“在今后的20年里，对它的任何基本原理的怀疑都将无法存在”[②]，可是从那时以来，已有多少曾经被人们坚信不疑的东西逐渐丧失了确定性！又有多少曾被视为愚蠢至极的迷信而遭抛弃的学说显示出了前所未料的生命力！

试图根据道德准则评判经济活动和社会组织，会引出永恒的问题，而且，对于做出这种虽不成功但至少是坚信不疑、坚持不懈的尝试的时代的思想进行研究，即使在今天，可能也并非毫无教益。实际上，在现在这个世纪，那些旧的争端似乎已获得一种新的现实性。意欲把经济利益 4
和道德理想安全地关闭在隔离囚室内的哲学，发现它的囚犯已越来越不听话。一方面，显而易见，现代社会用来限制经济利己主义自由发展的全部规则，意味着对道德标准的承认（不论是有意还是无意），正是根据这些标准，某些经济行为被宣布为非法。另一方面，种种迹象表明，宗教思想不再满足于把商业交易和社会制度看作与精神生活毫不相干的东西而打发了事。

在 19 世纪被普遍（虽然不是被所有人）接受的关于基督教伦理的范围和内容的看法，默默地却又是明白无误地经历了一个修正过程；在这个修正过程中，诉诸人类经验，亦即诉诸历史，起了某种作用，并将起到更大的作用。有过这样的时期，人们达成一种默契，即使不用理论说明也在实践中奉行，即把经济活动和社会制度排除在宗教检验或宗教批评的范围之外。据说 19 世纪初有一位政治家，他关于教会与国家关系的看法，似乎受到柯林斯（Collins）先生和卡特琳 · 德布尔（Catherine de Bourgh）夫人的思想影响，曾用这样的断言驳得一个鼓吹教权主义的改革论者哑口无言："如果宗教要干涉私人生活的话，事情必定会一团糟"；而最近一位接替其职务的人已经说明，如果教会越过划分精神之边远省份同世俗公务之首都的界线，各种灾祸势必接踵而至。[③]

无论这些格言多么有价值，被它们认为是自明的宗教领域与世俗事务两个领域之间的分界线，今天显然正在移位。人们一致认识到，划分的协议已经失效，界线再一次变动。这个时代显露了行将告终的某些迹象，致使弗劳德(Froude)这位并不尊崇教会权利的历史学家如此写道：宗教的代言人们“把当下的世界留给了商人与恶魔”。[④]或许他的说法过于严厉了一些。且不论是否正确，是否明智，事实上不仅在英格兰，而且在欧洲大陆和美洲，不仅在一个教派内，而且在罗马天主教徒、国教徒和非国教基督徒中，人们都试图以一种极其广泛的形式，重申基督教信仰的社会道德准则的实际意义，为国际政治领域和社会组织领域里的人类集体行为和制度提供一种评判标准。现在正在进行这种尝试。过去也曾有过这种尝试。至于是否会产生任何新的综合，是否会在将来某个时候更加深入地推进到无情的实务世界，致使人们说：

> 自然由此开创了
> 她最远的疆域，而混沌退隐
> 犹如一个疲惫的敌人，撤离她最后的防御工事

则是这一代人所无法知晓的。可以肯定的是，如同类似的教会与国家的关系问题一样，过去以为已被数百年的谨慎所埋葬的那些争端，今天看来并没有死亡，而只是在沉睡。考察它们所曾采取的形式和它们所经历的阶段，即使

在某一个国家、某一个有限时期的狭窄范围内，都不仅仅只是考古癖。它是为了召唤活人，而不是乞灵于死尸，是为了通过考虑更广泛的经验，从一个新的角度看待我们自己时代的问题。

在这种考察中，16、17 世纪显然是一个关键的时期。 6
菲吉斯(Figgis)[5] 博士认为，在宣告了现代世界到来的思想变革中，政治理论的世俗化是最为重要的。它的全部后果只能逐渐地显现出来，以致宗教改革之前播下的种子，要在国内战争之后才在英格兰结出果实。但它的革命性并不因此而减少。改革的政治方面是人们熟悉的。从中世纪到 17 世纪规定着政治理论发展方向的神学模式被打破了；政治学变成了一门学科，最终变成了一组学科，而神学充其量只是其中的一种。理性取代了启示，政治制度的标准是利害得失，而不是宗教权威。宗教不再是人类的主要兴趣，它退化为生活的一个部门，跨越其界线乃成了一种奢望。

宗教腾出的地盘，被一种以新的学说武装起来的新的制度所占领。如果说中世纪的教会有几分像国家，那么都铎王朝时期的国家则具有教会的某些特征；除了少数教派的成员之外，人们全都认为，一个把宗教看作对个人至关重要、对公众却无足轻重的社会，是无法想象的。正是这种看法，在英格兰造成了清教主义与君主政体之间不可调和的争论。当大众情绪激烈地投身于国内战争时，它的各组成部分已经处于即将分崩离析的状态。到 17 世纪末，世俗的国家出现了，它与隶属于它的各个教会相脱离，它所依据的理论把国家和教会看作一个统一社会中的两个方面。前者对宗教表现一种隐隐约约的尊重；后者不去干预政治体制和社会体制的外部结构，那是前者关心的事。宗
7 教斗争的时代，以1648年威斯特伐利亚和约的签订而告结束。经济民族主义战争的时代，实际上以克伦威尔父子和查理二世发动的英格兰对荷兰之战拉开帷幕。首先在英国，然后在法国和美国，国家不再从宗教得到认可；对它的认可出自自然，出自建立国家的假设的约定，出自相互保护的必要和相互支持的便利。它不必求助于任何超自然的授命，它的存在只是为了保护个体，使他们能够享有永恒的自然法则赋予他们的那些绝对权利。“使人们联合为国民并接受政府管辖，其伟大而主要的目的，是保护他们的所有权。”⑥

虽然人们常常评述这一发展的政治意义，却很少注意社会思想与经济思想中的类似变化。然而，它们是重要的，是值得考虑的。一种客观冷静的经济学的出现，要比国家理论的相应变化缓慢得多，因为这些争端不太吸引人，而且，当政治成为舞台上的主角时，经济学还待在后台或边厢。在马基雅弗利(Machiavelli)把国家从宗教手中解放出来一个世纪以后，这个有着自身法则的独立部门的学说，才开始普遍地运用于商业关系领域。甚至在17世纪初的英国，纯粹根据金钱的损益来讨论经济组织问题，仍然带有一种不很尊重的讥讽意味。16世纪开始时，不仅政治理论，而且社会理论也渗透着从伦理和宗教领域汲取
8 的学说，用个人行为来说明经济现象，这同19世纪用机

械论来说明它们一样自然，一样不可避免。

社会理论划分中相当重要的一种划分，是区分那些把人类事务看作独立世界的理论与那些诉诸某种超自然准则的理论。现代社会理论，像现代政治理论一样，只有在对社会做出自然主义的而不是宗教的解释时才可能发展，而使这两种理论得以诞生的最重要事实，是对自然所持的概念和教会职能的改变。关键的时期是 16、17 世纪。最重要的舞台（除荷兰之外）是英格兰，因为凭借其作为欧美两洲之间的贸易中心这一新的地理位置，凭借其比法国早 200 年、比德国早 250 年实现的国内经济统一，凭借其宪章革命，以及由银行家、船主和商人组成的强大的资产阶级，英格兰社会结构的改革最早、最迅速，也最彻底。它的本质是社会哲学与经济哲学的世俗化。社会综合体被分解成了它的各个组成成分——政治、商业和宗教活动；它们各自具有不同的独立的生命力，服从其自己的生存法则。在教会内部发展成熟、长期被认作教会职能的各种社会职能被转移到了国家身上，于是国家被作为财富的分配者和文明的保卫者而受到崇拜。把一切人类兴趣和活动包容在一个以宗教为顶点的体系之内的价值等级理论，已被独立而平行的各个部分的概念所取代，这些部分之间应当保持必要的平衡，但它们彼此并没有生死攸关的联系。

当然，思想的运动是个渐进的过程，而且可能伴有与其总体特征相悖逆的倒退与早熟等现象。我们可以很容易地在中世纪末看到未来哲学的征兆，也可以在 17 世纪末 9
发现向早先思想方法的回复。在 14 世纪，奥雷姆

(Oresme)已能预见与格雷欣(Gresham)的名字相连的货币理论；在15世纪，劳伦蒂乌斯·德鲁道菲斯(Laurentius de Rudoifis)已能区分贸易单据和金融单据，圣安东尼诺(St. Antonino)已能描述资本的重要意义；巴克斯特(Baxter)1673年能够用中世纪经院哲学的风格写作一本《基督教礼拜大全》，而班扬(Bunyan)1680年能够以托钵会修士的方式剖析恶人(Badman)先生的经济罪孽，指出他用昂贵的价格和高利贷压榨穷人。[7]但是1500年与1700年之间两个世纪所跨越的距离毕竟是遥远的。在早期，虽然旨在提高效益的经济合理化改革在意大利已有长足发展，典型的经济学体系还是经院哲学家的体系；典型的流行学说还是布道的教义，即诸如《富人与穷人》之类手册的教义；良心感到不安时典型的求助对象是《圣经》、神父、教会法规及其解释者；典型的争论是根据道德和宗教进行的，就像两个世纪以后根据经济利益进行争论一样正当，一样必然。

无须指出，在政治密谋与卑鄙交易方面，亨利八世与托马斯·克伦威尔(Thomas Cromwell)的时代比起20世纪来并不逊色。但是虽然高官贵胄为所欲为、肆无忌惮，一般人仍然相信被他们所违背的道德标准的正确性。任何人只要读到有关1500年到1550年之间三大热门话题——物价上涨、资本与利息、英国土地问题——的论述，必然留下深刻印象：人们面对当时喧喧嚷嚷的新经济利益，经常诉诸传统的基督教道德，它在社会组织中像在个人关系中
10 一样，仍然被看作最终的权威。正由于它被看作最终的权

威，教会神职人员要求在社会政策问题上听取他们的意见，而且，虽然天主教徒、国教徒、路德派教徒、加尔文派教徒也许在教理或教会管理上各持己见，路德与加尔文、拉蒂默（Latimer）与劳德（Laud）、约翰·诺克斯（John Knox）与北美清教徒一致认为，社会道德属于教会的职权范围，他们准备教导人们，并在必要的时候通过戒律强加给人们。

到了 17 世纪中期，所有这一切都改变了。王政复辟之后，人们生活在经济思想和政治思想的新世界中。宗教关于在经济事务中保持良心准则的要求，充其量是一种模糊的要求，随着劳德在一个有国教的国家中实验的失败，以及威斯敏斯特会议的毫无成效，这一要求终于销声匿迹。在英国内战之后，已经没有可能坚持一种基督教的经济行为标准。这不仅是因为世俗的反对，而且还因为教会的分裂表明，并不存在一种可由教会机构强制执行的共同标准。王政复辟时期经济学家的学说，[8]即，如荷兰的经验所证明的，贸易与自由主义观点共生共荣，有其实际意义，事实上，没有对个人主义的重大让步，两者都不可能发展。

基督教道德家让出的地盘，被另一种理论家迅速占领。接下来 200 年的前途，并不在于适当考虑环境的变化、重申基督徒在经济交易中必须遵守道德规则的观念，而是在于“政治算术”这门新学科。它起初略带踌躇，然后满怀信心地断言，在法律条文之外不存在任何道德规则。它在方法上受当代数学和物理学进步的影响，在处理 11

经济现象时，它不是像是非鉴别学者那样关心正确与错误的区分，而是作为一个科学家，对客观的经济力量作出一种新的估算。它的方法、特征和假设，被所有受过教育的人包括神职人员所接受，尽管它的某些结论在很长时期内继续引起争论。在亚当·斯密（Adam Smith）的时代之前，它的最伟大的英国倡导者是格洛斯特学院的院长塔克（Tucker）博士。

这一转变过程中的某些特殊阶段有待以后讨论。但是，曾经有过一个转变时期，而且，它所造成的思想和道德的重大改变，并不亚于某些更熟悉的思想革命所造成的后果，这是无可否认的。强调经济动机与经济需求有史以来便存在，或者说诉诸宗教往往是成功的唯物论者体面的装饰，也否定不了这一点。一位中世纪的犬儒学派成员在阐释关于高利贷的教会法规时说道："拿高利贷的下地狱，不拿高利贷的去济贫院。"[9]库尔顿先生很好地提醒我们，即使在信仰的时代，响亮的信条也是可以与极肮脏的行为并存的。在以社会思想为主题，而不是以商业组织史为主题的讨论中，没有必要详细阐述这个自明之理。只有轻信的人或幻想破灭的人，才会把前后相继的时期比作光明与黑暗或黑暗与光明的交替，才会落入这样的倾向：以为每一个时代都有美妙之处，唯有自己的时代除外。评价不同的社会组织理论之优劣，必须留给那些自信拥有充足标准的人。本书所能尝试的只是努力去理解其中的几种理论而已。

因为，说到底，不能由于理论与行为不一致，便说考

察前者是追求抽象概念。人们就该像他们所思考的那样去
思考，有时候和他们就该像他们所做的那样去做一样值得 12
注意，当思想与实践不同时尤为值得注意。“理论是对生活的批评，意思仅仅和一个好人是对一个坏人的批评一样”，这种说法也许不错。但是理论家强调某些方面和某些价值并不是任意的，它本身便是一种解释，而且，即使他的答案不能完全接受，他的问题仍然是对该时代的各种假定的质疑。仅仅根据人类还得等待理想的君王或者辉格党人、个人主义者或功利主义者的理由，便把马基雅弗利、洛克、斯密和边沁（Bentham）看作对他们时代的政治实践无足轻重的人而抹杀掉，那会是很荒谬的。仅仅因为在教会法规、《神学大全》和布道书后面，在市镇和行会的公正条例后面，在成文法、公告和特权法院后面，潜藏着经济人永恒的贪欲，便把在中世纪或在 16 世纪系统阐述经济和社会理论的那些人抹杀掉，同样是很荒谬的。

观念有一个进化的过程，社会机体也有一个进化的过程，而文明的性质，正如沃拉斯（Wallas）教授令人信服地指出的那样，不是取决于物理性质的传递，而是取决于由习惯、知识和信仰组成的复杂结构的传递，这种结构一旦毁坏，一年之内便会带来人类一半人的死亡。假定在有记载的历史中，个人与生俱来的遗传体质基础几乎没有改变，而组成其世界的旨趣和价值观却经历了连续不断的革命。只有当人们把注意力集中在人性中并不为人所特有的那些方面时，人性不变的惯常说法才能成立。今天的狼和当初被猎人宁录追猎的狼一个样。而人，虽然出生时带有

13 许多狼的特征，他却是被养驯服了的狼，对于使他在一定程度上变得驯服的技艺，他既作了传播，又施以改进。他进入一种社会的遗传过程，每一代人在把它传给其后代之前，都给它添上自己捐献的善与恶。

不仅有物质的环境，还有道德的和宗教的环境，都会给个体打上印记，哪怕他浑然不知。这一环境中的变化造成同样深刻的影响。现代社会的经济范畴，如所有权，缔约自由和竞争自由等，和它的政治概念一样，是它的思想内容的重要组成部分，而且，和宗教一起，可能是决定社会特征的最强大的力量。在把社会看作由具有不同职能的不平等的阶级为了一个共同目标而组织起来的共同体，与把它看作通过经济动机的作用而调节自身以适应经济需要的一种机构这样两种观点之间；在人不能乘人之危这一观念，与“人的自爱乃上帝的神意”这一教义之间；在诉诸宗教准则以抑制经济欲望的态度，与把眼前私利视为最终标准的态度之间，存在着一道鸿沟，没有一种关于永恒普遍的经济利益的理论能够跨越它，而它至少值得我们去勘查。考察后者如何从前者中生长出来；追溯从把经济活动视为道德行为中的一种，到认为它取决于客观的、几乎自动的力量的观点的变化；观察面对教会以宗教的名义、国家以公共政策的名义强加的限制，个人主义的斗争最初被抨击，而后得到辩解，再而以经济自由的名义成功地被证明为正当的过程；注意教会当局如何力图保持对它所要求
14 的领域的控制，如何最终放弃了它们——这样做并非是放纵一种无益的好奇心，而是要探测现已汇成汪洋的那些溪

流的源头。

以前的宗教观点究竟认为社会组织和经济行为与精神生活毫不相干，还是不仅致力于让个体成为基督徒，而且致力于造就一种基督教文明？宗教能否接受在个人道德与商业中许可的实际做法之间存在尖锐的对立？教会的概念是否包括接受任何特定的社会伦理准则，倘若如此，教会是否应当努力推行之，如同要求其成员履行的各种义务一样？这是人们今天提出的问题中的几个，对这些问题做出比我可望提供的更充分的历史考察，也许能至少间接地、试探性地说明一些问题。

一　社会机体

今天我们在问这些问题。整个 16 世纪，人们也在问同样的问题，虽然是以不同的语言。众所周知，现代经济史始于一系列革命性变革：商业趋势和组织的变革，金融的变革，价格的变革，以及农业的变革。面对新的经济形势，人们捧出了一大堆在以前三个世纪中逐渐形成的学说、法律和传统。在保守意识看来，各种新的力量是令人困惑甚至常常令人震惊的，因此，道德学家和宗教导师最初通过重申传统学说来对付它们，似乎能以此限制它们的过火之处，纠正它们的弊端。而当变化了的环境不再新鲜，成为一种既定的事实时，这些学说就不得不修改了。随着宗教改革运动影响的扩展，不 15
同的教会提出了各不相同的社会理论。

不过这些是以后的发展，是逐渐才变得明朗起来的。新经济世界被人们接受的过程充斥着斗争。除了少数极端分子以外，第一代改革者在社会理论方面很少是革新派，他们引用神父、宗教会议、教皇教令和宗教法规学者的论述，完全意识不到，教义和教会管理的革新，势必要同他们所接受的基督教道德传统决裂。因此，16 世纪经历了一场碰撞，不仅是不同宗教思想派别之间的碰撞，而且是变化了的经济环境与公认的社会理论之间的碰撞。为了理解这一点，我们必须回顾变化由以发生的开端。我们必须(哪怕很简略地)考察一下历史的背景。

这一背景由作为中世纪遗产的社会理论组成，包括公开宣布的理论和隐含默认的理论。正式的教义来自《圣经》、神父和经院神学家的著作、教会法规及其注释者，并通过布道和宗教手册得以推广。非正式的假说则隐含在法律、惯例和社会制度中。两种理论都是复杂的，把它们说成一个统一体，虽然方便，却不符合实情。政治历史学家用单独一个词语涵盖传统称之为中世纪的 500 多年，也许有其道理。但对于研究经济状况的人来说，首先应当抛弃的谬误，便是把这 500 年同等看待。

诚然，中世纪的经济世界具有某些共同的特征。它们产生于下述事实：在西方，它是一个封闭的系统，
16 在北方，由于波罗的海及入海河流提供的条件，它大有

回旋余地，而在开放的东方，缺口集中在从亚历山大港到黑海的一条不长的海岸线上，以致它们很容易受占领东地中海的海军力量的控制，在到达黑海之前很容易被盘踞贸易航线的军事力量堵截。然而，虽然这些明显的事实决定贸易的两个主潮是由东往西和由北向南，并且当时最发达的经济生活集中在两股潮流发端与交汇的地区，在这个总的经济框架里，却有着极为多样的条件和发展状况。经济文明的轮廓线与其后几个世纪的发展走势不同，但其峰谷间的差别同样明显。即使一种复杂经济结构产生的地点与以后各代的相距遥远，但只要条件适合其生长它仍可以蓬勃发展。虽然庄园和同业公会无处不在，资本主义工业中心（如 15 世纪的佛兰德）或资本主义金融中心（如 15 世纪的佛罗伦萨）的生活，与出口原材料和少量食品的农牧社会（如中世纪的英格兰）的生活差别很大，就像现代的兰开夏或伦敦与现代丹麦之间有很大差别一样。根据英国的情况便说整个世界陷于经济腐朽之中，或处于经济清明的氛围中，就像根据对设得兰群岛或乌克兰的研究来描述 20 世纪欧洲经济生活一样荒谬。中世纪社会理论中的原理同样是形形色色的，并且同样是变动不居的。即使只研究明确与宗教联系在一起的理论主体，并且把经院神学家的《大全》作为典型，仍然可以发现它处于不断发展的过程之中。例如，15 世纪圣安东尼诺的经济学说，远比 13 世纪圣托 17
马斯的理论复杂、现实，而且直到中世纪的末尾，这一体系中最为确定、最为典型的部分，例如价格理论和高利贷理论，也绝非静止不动，而是一直处于修改、扩充之中。

对于社会制度和经济关系，宗教舆论可能采取的态度主要有四种。它可能以禁欲主义的超然态度站在一边，认为它们在本质上便是邪恶不公的，人们可以避开它们(如果考虑到自己的灵魂，人们宁愿避开它们)，但是对付它们的办法也只是逃避。它可能认为它们是理所当然的而不予理会，认为它们属于一个与宗教无关的世界，因此无关紧要；在任何时代，勇敢面对眼前的问题并继续前进的审慎态度，似乎都是不言而喻、无须辩护的。它可能热情鼓动某项特定改革，要求消除某件臭名昭著的丑闻，提倡某种彻底的革命，在尘世开创正义公平的时代。它可能既接受又批评、既容忍又改进欢迎粗俗的人类欲望的世界，把它看作精神生活由以产生的肮脏支架，并坚持这也是上帝统治的质料。在这种态度面前，一切脱离了宗教的活动都是非理性的、无生机的，但是没有一种活动会卑劣到比它低下，也没有一种活动会崇高到超出于它，因为所有活动都以不同的程度与精神相连，精神是渗透一切的。皮卡德(Piccarda)对此作了绝妙的表达："天堂无处不在，虽然至善的天恩并不以相同的程度洒落在所有地方。"

今天这些态度各自出现在我们面前。各自作为中世纪的思想出现在我们面前，各由不同的时期、地点、经

济环境和性格特征而引起。在中世纪初期，禁欲主义的 18
倾向占主导地位。例如，兰弗朗克(Lanfranc)从经济生活中所看到的，只是狼群争夺腐肉的搏斗，他认为经商的人很难得救，因为他们靠欺骗和不义之财为生。[10]最杰出的生活是宗教隐修生活，因为它放弃世俗生活所珍视的一切诱人之物。当它在某一阶段屈服于安适和富裕，另一阶段就起而恢复原始的禁欲主义。返回到圣方济各(St. Francis)所提倡、但被他的许多弟子所抛弃的传教士的贫困生活，乃是大多数改革运动的标志。至于冷淡主义的态度，威克利夫(Wyclif)的学说，所谓“正直的人已成为所有人的领袖”和“在尘世上帝只能为恶魔服务”，尽管用了共产主义的词语，除了指望天堂幸福可弥补尘世苦难的教义之外，还能有什么意义？霍布斯(Hobbes)曾经写道，被迫害者不是要反抗，而是“必须等待天堂里的奖赏”，便对他这种教义作了不朽的讽刺。哈蒙德(Hammond)夫妇则揭露，这种教义是鸦片，钝化了产业革命的痛苦和焦虑不安。如果说里昂穷人这样的小教派太不正统，不足为证的话，托钵修会可就不同了，而且指责他们煽动阶级仇恨(这个说法历史悠久)的人，不只是朗格兰(Langland)和那位绅士派头的记者傅华萨(Froissart)。

从如此浩瀚的有关社会与宗教的思想之海中，只挑选适合某人自己那张小网之网孔的样本，并给它们贴上“中世纪思想”的标签，论据显然极不充足。思想都有

其谱系，一旦认识到其来源，往往会使其鼓吹者受窘。以为现代基督教只有一半起源于中世纪宗教的想法，早
19 就过时了。除了中世纪天主教之外，还有中世纪的清教和唯理论。正如曼宁(Manning)先生在他的杰作中指出的，[11]就教会理论而言，格列高利七世(Gregory Ⅶ)和卜尼法斯八世(Boniface Ⅷ)的真正继承人是加尔文和诺克斯。宗教和政治思想如此，经济和社会理论也同样如此。路德和拉蒂默，布塞尔(Bucer)和布林格(Bullinger)，16 世纪的再洗礼派和 17 世纪的平均派，巴克斯特那样的清教徒，劳德那样的国教会徒，班扬那样的浸礼派，贝勒斯(Bellers)那样的贵格派，所有这些人的社会理论，全都是中世纪理论的产物。如同今天尚未摆脱未开化状态的地区教会一样，中世纪初期的教会一直忙于广泛的传教运动，它与周围的原始落后状况斗争，结果转变信仰的任务和社会建设的任务几乎无法区分。根据其任务的真正性质，实际上也是根据其统治者的意图，它已经成为最大的政治机构。不论好歹，它渴望成为一种文明，而不是一个教派，当宗教改革运动使它的统一性瓦解时，由之产生的不同教会，利用它们的不同机会，努力保存这相同的传统。禁欲主义或自我克制，清静无为或冷漠超然，愤怒的热情，试图综合外部秩序和精神宗教的倾向，全都以这样那样的方式，表现了中世纪的宗教思想与实践。

上述四种态度全都是中世纪宗教思想与实践的表

现，但并不同样都是它的代表，其中只有最后一种最为典型。16 世纪所承袭的最根本的假设是，人类制度与活动的最终标准是宗教。经院神学家在《大全》中详细设计构造了宗教体系。它与现代特征形成鲜明对照，后者把实现目的看作理所当然，并为采用欺瞒的手段而兴奋激动。中世纪宗教思想断然压缩一切兴趣和活动，迫使 20
它们为一种单一的观念服务。它设计的路线上下起伏，而且，由于目的是普遍的、包罗万象的，至少在理论上，便没有了偏离中心、按照自己轨道运行的团体的活动余地。那一目的是由宇宙的神授计划规定的。“人的至福只能是直观神圣的本质。”[12]

于是，一切活动都落入一个单一的体系之中，因为，它们都与一个单一的目的相关，虽然其相关的直接程度不同，并都从该目的获得意义。在广义上，教会即是该目的在其内部得以实现的基督教团体；在狭义上，教会是接受神命以解释该目的的教阶组织；在两种意义上，它都包括全部生活，而且具有决定性权威。虽然实践与理论永远不会一致，但在内心的、个人的生活与实际利益、外部秩序、非人格机构之间并没有绝对的界线，虽说前者属于“宗教的领域”，而后者，如果可以相信某些现代教师的话，则与宗教毫不相干。

它们之间没有绝对的界线，但有一种质的区别。用一种现代的说法，存在不同程度的实在。中世纪思维方式的显著特征在于，那些后来表现为不可调和的对立的差别，是作为一个更大的统一体中的差异出现在其中的，而起源于自然必然性的社会组织世界，经过不易觉察的阶段逐渐进入精神的世界。人和其他动物一样，必须维持和保存其种群；此外，作为一种自然的生物，他还有其独特之处，即爱好智力生活和社会生活——“渴望了解关于上帝的真理并渴望在社会团体中生活”。[13]这些按照自然法则构成他的生活的活动，可能被看作
21 (有时的确被看作)是与精神生活无关甚或敌对的。但是中世纪特有的思维则不同。它是一种综合的思维。

自然与神恩之间的悬殊差别，人的欲求、兴趣与宗教之间的悬殊差别，不是绝对的，而是相对的。它是物质与告知差别的精神之间的差别，是一个过程中各阶段之间的差别，是准备阶段与完成阶段的差别。神恩影响人的冥顽本性，不是要摧毁它，而是要改造它。个体的情况是如此，社会的情况亦是如此。把社会与通过启示而获知的人类生活的目的联系起来，是试图给它一种新的意义。用一份著名的(或者说臭名昭著的)教皇诏书上的话来说：“宗教的道路便是通过中间的东西把卑下的东西引向崇高的东西。根据宇宙的法则，并非万事万物都同等地、直接地复归于秩序；而是最卑下的通过中间的，中间的则通过更崇高的。”[14]于是，社会制度呈现出一种几乎可说是神圣的特征，因为它们是至高无上的精神实在的外在的、不完备的表现。按照理想的构想，社会是一个具有不同等级的有机体，人类活动形成一种

职能等级体系，这些职能性质各不相同，重要程度不同，但只要它为大家共同的目标所支配，无论有多间接，便都有其自己的价值。社会乃神圣秩序的隐约反映，它像这种秩序一样稳定，因为它是奋力向上的：

> 而且，贴近至福生活的形式
> 便是投身于那神圣的意志
> 让我们的意愿与它结为一体。*

不用说，形而上学无论有多崇高，在中世纪和在今天一样，并非日常生计所必需。15 世纪是商业活动和经济理论爆发的时期，到了 15 世纪中叶，这种学说已经完全过时。也无须说，一般观念不可能是隔绝独立的，中世纪思辨的目的论影响了对公共事务的解释，犹如 18 世纪的物理学和 19 世纪的进化论对它产生影响一样。如果中世纪给 16 世纪的第一份遗产是宗教包含了人类生活所有方面这个观念的话，那么随着该观念对当时经济环境发生的作用，自然带来第二、第三个遗产。它们可以分别称为阶级组织职能论和经济伦理学。 22

从 12 世纪到 16 世纪，从贝克特(Beckett)的秘书 1159 年的作品到亨利八世的牧师 1537 年的著作，用以描述社会的类比(一种基本而普通的类比)是同样的。⑮每逢经济危机，人们便用社会团结的高尚理论谴责尔虞我诈、相互

---

* 但丁《神曲 · 天堂篇》第三歌 79—81 行。——译者

倾轧的行为，直到 17 世纪一种理论上的个人主义在英国产生，社会团结理论才被彻底抛弃。它把社会比作人的身体。严酷残忍的社会秩序被全盘接受下来。它们令人惊讶地被驯服地接受下来，而且，除了罕见的例外，没人提出重建的问题。举凡它们所涉及的，便非同小可。在阶级特权、阶级压迫、剥削和农奴制方面，它比起整个封建社会体系毫不逊色。但是人们以为，这些东西并非是与宗教格格不入的，因为宗教是包罗万象的。它们必定被赋有某种伦理的意义，必定可证明是某个更大的计划的表现。赋予它们的意义是简单的。阶级地位不平等的事实，在中世纪得到社会职能论的辩护，犹如竞争的事实在 18 世纪得到
23 经济协调论的辩护一样；而且前者以思索社会组织所显示的道德目的为乐，与后者乐于证明道德目的对人类社会的奇特机制而言是多余的干扰一样。社会犹如人体，是由不同部分组成的有机体。各个部分都有其自己的职能，或祈祷，或戍防，或经商，或耕作。各个部分都应接受与其地位相称的财富，而不能要求过多。各个阶级内部应当是平等的；如果某人侵占了两个人的衣食，其邻人便将生计无着。而在不同的阶级之间，则必须不平等；否则一个阶级便无法履行其职能或享受其权利（一种使我们感到陌生的思想）。农民不能侵犯比他们上等的人。领主不能掠夺农民。工匠和商人都应当接受能使他们维持其职业的报酬，而不可奢求。

作为一般的社会政策，这个理论既有压制性，又有保护性。“级别之上还有级别，根据情理，技巧在于使人们

各安本分、各司其职。但是确实，掠夺、蔑视部下令人讨厌。”⑯作为一种社会哲学，它试图把物质结合到神性的宇宙中，吸收并改造它，赋予它精神的解释。单纯为了挣钱的生活抗拒这一嬗变过程，因而，事实上是给它抹黑。因为，无论理论家有何等的天才，金融和贸易的本质看来不是服务，而是一种无限贪婪的欲望，那是很难用社会职能来解释的。它们是相当晚近才闯入一个由前商业时代锻造出的概念占支配地位的世界，它们从来没有和谐地融入中世纪的社会综合体，而且最终当它们充分发展以后，还促成了这个综合体的瓦解。不过，封建领主的财产，农民或工匠的劳动，甚至武士的凶猛，并不作为与精神生活敌对或不相干的东西而遭摒弃。它们经伊瑟瑞尔之矛*一 24
触，便会升华为贡献、使命和骑士品质，而它们周围的仪式的设计，则是为了突出它们在宗教支配下做出的再次献身。经过教会的洗礼，特权与权势变成了职责与义务。

这种调和是表面的，而且教会在力图调和时往往降低了它自身而并未能提升世界，这一点无可争辩，正如它把物质利益说成是宇宙的设计、旨在抬高物质利益一样明白。缙绅们横征暴敛、欺压穷人；但是应当告诉他们，他们的真正职能是“用尘世的权力保卫上帝的律法”。⑰工匠们——无穷的说教的要旨——的工作带有欺骗性；不过他们至少在口头上表示要按指导其手艺的理想去做，普通人不应当被那些练手艺者的赝品所蒙骗，这也许并非全无

* Ithurie，弥尔顿《失乐园》中受命搜捕魔鬼的天使，撒旦被其矛一触即现原形。伊瑟瑞尔之矛意谓验证真伪的可靠标准。——译者

价值。如果领主和农民、商人和工匠、市民和乡民彼此之间步步进逼，那么用一种经济实利和经济权力都同样得让路的普遍团结的主张来对付他们的争斗，是否会毫无意义？“如果上层成员能体谅下层成员，下层成员也以同样态度回报上层成员，从而各自又成为另一方的一部分的话，整个国家的健康发展将得到保证，将会生气勃勃。”[18]

如果说这位中世纪伦理学家常常过于天真，指望单有崇高的原则便会有良好的实践的话，他至少摆脱了那种仍然流行的轻信，即在缺乏崇高原则或只有其反面的情况下还指望好的实践。要说听了这种说教的人们还会去抢劫行骗，无异于说他们只是人而已。如果他们像他们的后代那
25 样被告知说，竞争乃是上帝的谋划，乃是为了自动替代诚实的话，他们未见得会更加诚实一些。简言之，社会不是被解释为经济利益的表现，而是由一种相互履行（虽然是变化着的）义务的制度联结在一起的。它以为，只要各个阶级履行其职能并享受与之相应的权利，便能达到社会幸福。“教会划分为这样三个部分：传道士，卫士，还有……劳动者……教会是我们的母亲，所以她是一个身体，而这个身体的健康全在于，按照耶稣基督所规定的范围，她的一个部分对另一部分负责。……人的手友好地帮助他的头，他的眼则帮助他的脚，他的脚又帮助他的身体……教会的各个部分也应如此……如果人的某一部分为另一部分帮忙却不做自己分内的工作，他的各个部分就不能很好地为他服务，同样，教会的不同部分也都有其为上帝服务的适当工作；如果某一部分离开上帝给他限定的工

作却去做另一部分的工作，便成为教会中有罪的怪事……
无疑，在由这种上天的和人的医术恢复教会各部分的协调
之前，教会是决不会成为一个整体的。”[19]

沉思不能在真空中展开。不管有多彻底，它都是既定
秩序的回声。很清楚，这种家长制的说教乃是封建土地制
度弱化了的反映。同样很清楚，教会的经济伦理学说乃是
中世纪行业状况的表现。一种宗教哲学，不会承认商业和
经济关系世界可以自给自足、可以脱离伦理与宗教，除非
它公然让黑暗势力控制绝大多数行为。不过事实可能很难
从道德的角度予以解释，否则事情可能好办些。中世纪后
期，欧洲大部分地区的经济环境比起英帝国时期或者今天
来说，不是那么难以驾驭。的确，在大的商业中心，有时 26
候也有像世上任何资本主义一样残酷的资本主义，在工匠
和商人之间不时发生激烈的阶级斗争。[20]但是在这些商业
中心之外，贸易、工业、金融市场，所有我们称之为经济
制度的东西，都还不成其为一种制度，而是许多个人之间
进行的贸易，是许多个人在打交道。钱财的交易处于自然
经济的边缘。很少有流动和竞争。很少有大规模的组织。
除了少数重要的例外，诸如佛兰德和意大利的纺织工人在
14 世纪一次又一次起来造反之外，中世纪的工匠，尤其在
像英国这样落后的国家，只是一些小作坊主。甚至在 13
世纪末之前便已在伦敦形成的工人的临时组织或“议
会”，[21]以及中世纪后期雇工协会的发展，证明产生现代
工会制度的条件已经为人们所了解。但是即使在巴黎这样
的大城市，13 世纪末存在 128 个同业公会，看上去有

5 000个雇主，但他们所雇用的工人数不超过6 000到7 000。据估计，1387年在法兰克福，实际上至多750到800个雇工曾为1 554个雇主干过活。[22]

在这样的城市里，由于它们的自由，它们的相对和平，以及它们强烈的合作气氛，由于它们既大到足以让协会丛生，又小到足以让邻里相识，一种互相帮助的伦理学便不无可能，而且由于这些条件，中世纪行业制度的大多数特征可得到解释。但是，以为中世纪的劳动者大多数是
27 同业公会的成员，则是过高的估计。至少，在英国，九成以上的人是农民，在他们中间自然不存在行业组织的问题，虽然称作协会的互助团体很常见。即使在城镇，也存在一个相当多的人只是临时工的问题(只要考虑一下在没有起重机的年代工匠建造教堂时必定需要的非熟练工的人数)。这些非熟练工很少组织成永久性的社团。此外，给同业公会罩上经济义举的光环同样有欠妥当。首先，它们是垄断者，而且它们的既得利益与顾客发生冲突的情况绝非少见。威克利夫对统一的社会这个概念笃信不疑，坚持社会共同利益高于一切特殊利益，他自然对行会抱有偏见，认为它们的宗派贪欲和邪恶野心破坏了社会的统一；不过他的抱怨也可能不时被证明是有道理的："所有新的兄弟会和同业公会似乎都公开遭到[对谋逆者的]诅咒"，因为"他们密谋勾结，要弄花招，仗势欺人"。[23]意味深长的是，德国在宗教改革之前那个世纪所提出的政治与社会的重建计划中，最引人注目的竟是要求彻底消灭同业公会，因为它们的堕落和残暴令人无法容忍。[24]

不过，有各种各样的垄断者。在一个并不是为了口头表示尊重宗教才联合的年代，最好还是记住，说到底，中世纪行会的特征在于，虽然它产生于各种经济需要，至少它声称它们服从社会的利益，正如那些认为社会与精神不可分割的人们一样。研究法国行会的历史学家写道：“这整个古代的小世界里渗透着基督教关于公平的工资和公平的物价的观念；毋庸置疑，那时和现在一样，也有贪婪和 28
忌妒之心；但是一种强大的道德律约束着所有的人，以一种普遍的方式要求每个人维持福音书所应许的日常生计。”㉕试图在“同业公会的好人”之间保持一种大致的平等，试图用强调弟兄之间有福同享、有难同当来抑制经济上的自私自利，试图抵制无情无义的金钱力量的侵吞，试图保持训练和技艺的职业标准，以及试图用严格的集体纪律来压制各人为攫取个人私利而侵害整体的本能欲望，这些努力能否战胜保守主义方法和团体排外性还是个问题，各位学者会按照他自己的个人所好作出回答。但至少，兄弟会规则和教会经济学说的提出都受到同一环境下的各种问题的推动，这是明白无疑的。许多现在机械运作的东西，在当时是个人的、私下的和直接的，没有超出个体标准的大规模组织的可能，也不可能有为了眼前经济利益而排除一切顾忌和思虑的学说。

这种带有各种个人经济关系的环境非常适合社会伦理体系的产生，而以协调最卑微的活动与最神圣的目的为己任的教会则力图提供这样的体系。的确，它的教义在实践中被违背，被粗暴地违背，而且就在传播这一教义的基督

教世界堡垒中。对于信仰的时代里种种实际的经济动机，当时的人不会抱有幻想。他们只需看一下罗马。从 13 世
29 纪中叶起，教会的罪恶行径引起接连不断的抱怨，而其要旨可以一言蔽之：“贪得无厌。”在罗马，一切都可以出卖。它所尊崇的是福音，不是根据圣马可的福音，而是根据白银的数值。[26]

> 凡到教皇那里去的人都要记住：
> 这地方不为穷人服务，
> 你只是被当作捐赠者而已。
> 当我们搞清楚教皇为何物，
> 这个名字本来出自于物，
> 此外，还不能忘记，唯有他才能占有万物。
> 或者，就像法语中有一句话所说：
> “付钱吧，付钱吧。”
> 当你想得到什么东西时，
> 总能听到这样的话语。[27]

罗马教廷可以谴责高利贷者，但是，作为那个时期最高度组织化的行政体系的中心，接受来自欧洲各地的汇款（收的是现钱），而当时其他政府的岁入还包括以个人劳役和实物支付的部分，它就不可能摒弃他们。但丁（Dante）把卡奥尔放债人投入地狱，而一位教皇则授给他们“罗马教会的特殊之子”的头衔。[28]格罗斯泰特（Grosstête）叱责伦巴第银行家，伦敦的一位主教驱逐他们，但是教皇的保

护贸易政策又让他们回来。[29]几年以后，大主教佩卡姆(Peckham)不得不恳请教皇尼古拉三世收回开除教籍的威胁(意在迫使他支付意大利放债人索要的高利贷利息)，虽然，正如这位大主教所说的："根据您神圣的特殊委任令，我的职责应是采取有力措施对付这些放债者。"[30]罗马教廷在某种意义上乃是中世纪最大的金融机构，而且，随着它的财政制度的发展，事情不是逐渐好转，而是变得更糟。舞弊现象在13世纪只是涓滴之数，到15世纪则成了滚滚洪流。而且罗马的种种弊端，除了它的臭名昭著之外，很难被看作是独一无二的。人们时时抱怨神父做买 30
卖、拿高利贷。[31]主教教区的全体教士以高息放债。高利贷的赢利，就像买卖圣职的赢利一样，本该被教徒所拒绝，因为它是上帝憎恶的；但是当一个高利贷者向巴黎的一位主教请教如何拯救灵魂时，主教不是劝他归还利息，而是建议他把他的不义之财奉献出来修建巴黎圣母院。[32]当圣贝尔纳(St. Bernard)凝视哥特式建筑的壮观景象时，他发出了惊呼："由此看来，财富是由财富之绳拉来的，金钱带来金钱……哦，一切是空，然而说空不如说是疯！教堂的墙壁华丽漂亮，内里却一贫如洗。她用黄金装饰石头，却让她的子孙赤身裸体。"[33]

这幅图景令人惊骇，人们必定感激像吕谢尔(M. Luchaire)和库尔顿那样打破浪漫理想的人。不过，对邪恶的叱责意味着它们被认为是邪恶的；忽视对它们的谴责则与掩盖它们的存在一样片面；而且，当理想的光环在实践中消失之后，它仍然要问人们重视的是哪些原则，以及他们建立了哪些标准。经院神学家们在《大全》中详细阐述了他们的经济学说，对上述问题作了最系统的回答。但这些学说屡屡被拒斥，被认为是那些由于病态关注来世因而没有资格解释现世事务的作者们空想的夸张言辞。实际上，不论对他们的结论持何看法，有关经济问题的经院思辨的起因和目的都是极其务实的。在一个社会类型仍然是自给自足的村庄和封建等级体系的世界里，推动这些思考的运动是贸易的发展，城市生活的发展，以及商业经济的
31 发展。它们的作者的目标便是要解决这些发展所产生的问题。这就是调和经济发展所产生的新的契约关系与教会所阐述的传统道德规范。在后世人看来，那些不相干地抬出《圣经》和神父来谴责经济发展潮流的人是反动派，但在他们自己的时代，他们却是一种自由思想运动的先锋。他们抬高过时的准则的地位，从而在宗教权威僵化的框架里为新的活动的经济利益腾出了地盘，并因而为以前几代人会予以谴责的发展提供了一种理性的辩护。

以后数世纪的重商主义思想，从经院神学家关于金钱、价格和利息的讨论中受益匪浅。不过中世纪作家对经济理论技术的具体贡献没有他们的理论前提重要。他们的两个根本假设给 16、17 世纪的社会思想留下了深刻印记。这两个假设是：经济利益服从于生活的真正使命，即拯救；以及，经济行为是人的行为的一个方面，它和其他方面一样，要受道德规则的约束。物质财富是必要的；它们具有第二位的重要性，因为没有它们，人就无法养活自己并互相帮助；正如圣托马斯所说，[34]明智的统治者在建

立他的国家时会考虑国家的自然资源。不过经济的动机是可疑的。因为它们是强烈的欲望，人们害怕它们，但并不意味着它们足以称道。像其他强烈的欲望一样，它们所需要的不是一个明确的领域，而是抑制。不与某种道德目标相连的经济活动，在中世纪理论中是没有地位的；在中世纪思想家看来，把获取经济利益的欲望看作一种永恒而重要的力量，把它作为和其他自然力一样不可避免、不言而喻的事实来接受，以这样一个假设作为建立社会科学的基础，如同把人类好斗或性本能之类的必然属性的放纵作为 32
社会哲学的前提一样不合理性、不合道德。物质是为精神而设定的；经济利益是工具性的——在某种程度上，我们所支持的正是我们受到的支持，永恒的幸福就在于此。“渴望尘世的幸福是合法的，别把它们放在第一位，好像我们的归宿全依赖它们似的，而应认为它们能帮助我们获得神恩，因为它们支撑我们肉体的生命，并可成为善行的工具。”[35]正如圣安东尼诺所说，财富为人存在，而不是人为财富存在。

因此，为了不让经济利益妨碍宗教的事情，处处都有限定、制约和警告。人为了维持他所处地位的生活而追求必要的财富是正当的。但是，追求更多的财富不是进取，而是贪婪，而贪婪是一种弥天大罪。贸易是合理的，不同的国家有不同的资源，表明贸易是上帝的旨意。但是贸易是一种危险的事务。人必须把握住，他进行贸易是为了公众利益，他所得到的利润不过是他劳动的报酬。私有财产是一种必要的制度，至少在一个堕落的世界里是必要的；

财产私有与财产公有的时候相比，人们会干得更多，而更少争吵。但是，容忍私有是对人类弱点的让步，它本身并不值得赞美；理想——假如人的本性能够提升到它的高度——是共产主义 。格拉蒂安(Gratian)在他的《教令集》中写道："在这个世界上为所有人服务的共同体必须是为所有人的。"[36]确实，从最乐观的方面看，财产权是要承担某种义务的。它必须是合法地获得的。它必须掌握在最大多数人手里。它必须供养穷人。它必须尽量地为大家所
33 用。它的拥有者必须准备与其他需要的人分享，哪怕他们还没有穷困潦倒。这些便是 15 世纪欧洲商业中心的一位大主教提出的条件。[37]在很长时期里，它们不是被说成对财产权的辩护，而是对它的革命性攻击。因为，要保护农民和小雇主的财产权，势必要抨击垄断者和高利贷者的财产权，后者是靠吞食前者来发展的。

这个教义主要建立在一个简单假设的基础上。那就是，经济利益的危险性的增长，与和它们相连的金钱动机的显著程度成正比。劳动——人类的共同命运——是必要而光荣的；贸易也是必要的，但对心灵是危险的；而金融，即使不是邪恶的，至少也是肮脏的，甚至是可耻的。这种对更文明时代的社会价值观念的奇怪颠倒，在中世纪商业伦理学的讨论中显露无遗。对从事贸易者的这种严加限制的容忍，无疑部分地来自古典模式的一种文人习俗；阿奎那竟然赞美不太需要商人的城邦(因为它自己的土地出产的东西能够满足需要)，这并不奇怪；这位哲学家不是还颂扬过自给自足(αὐταρχεία)吗？但是，这是一种

惯例，它与中世纪社会理论的一个重要原理相符，并在中世纪各社会阶层中激起了广泛反响。当然，贸易是必不可少的，这一点无须争论；商人使一个国家与另一个国家互通有无。邓·司各脱(Duns Scotus)论道，如果没有私人投机商(他们往往是无拘无束的)，政府长官就会干这事。因此，他们的盈利是合法的，而且不仅包括与投机商地位相称的生活所需，还有对他们的劳动、技巧和风险的酬报。[38]

这种辩护，即使充分，也令人有点窘困。究竟为什么 34
需要辩护呢？强调贸易不一定是罪孽，暗含着这样的意思，即商人的做法至少有可能不怎么规矩。而在大多数中世纪思想家看来，他们确实不规矩。买卖这件事情是非常危险的。[39]这种态度的原因部分在于当时的经济组织的状况。中世纪市镇的经济(仅考虑它对食品供应和价格的处理)使得消费在公众的心目中占有首要的地位，消费是经济成果的无可争辩的仲裁者，犹如19世纪对利润的重视一样。商人只不过被视为外来人和寄生虫，双倍地不受欢迎。虽然对于向他们征税、放贷的国王，以及成批向他们出售羊毛的修道院之类大机构来说，商人们提供了便利。理论家们对商人的不冷不热的宽容，在实践中得到的最好的注解便是：中世纪包围商人各种活动的限制性政策之网，一次又一次公众抗议商人的愤怒浪潮，以及市镇对消费者和生产者之间的掮客的无情镇压。

然而，除了从环境受到的影响之外，中世纪社会理论有其自己的理由认为商业不同于劳动，需要特殊的辩护。

对经济动机的怀疑曾经是教会社会理论最早的原理之一，并且一直存在到加尔文主义赋予经济事业的生命一种新的认可为止。在中世纪哲学中，把一切商业都斥责为罪孽的禁欲主义，由于承认实际的需要而有所缓和，但是并没有消除；而且，即使不愿谴责，它仍然坚持提出警告。因为把贪欲放在唯一重要的地位乃是贸易的本质；这些欲望在
35 大多数现代思想家看来是一种可靠的社会动力，中世纪理论家对这些欲望的态度则是如临虎狼。工匠劳动是为了生计；他只要求能养活自己，别无他求。商人的目标就不只是糊口，而是利润。格拉蒂安的话表达了传统的区分："谁如果购买一件东西，不是为了原封不动地卖掉它，而是为了用作制作某物的材料，他就不是商人。如果谁买它是为了不加变动地按原样再把它卖出去而从中渔利，那个人便是要从上帝的神庙中驱逐出去的买卖人。"[40]按照定义，"为了卖得更贵而买的"人——投机商，被他对自己的金钱利益的无人性的关注所驱使，任何公共精神或私人善行都不能使他放松。他把本该是手段的东西变成了目的，因而他的职业"理所当然地受到谴责，因为，从它本身来看，它为赢利的贪欲服务"。[41]

商业这个行当有害灵魂，同时又为社会所必需，它的困境暴露在人们为它提出的非常普遍的解决办法中。这就是把利润看作工钱的一个特例，并加以限定，收益超出对商人劳动的合理补偿的部分，即使不违法，也是应受谴责的不义之财(turpe lucrum)。商人免去罪责的条件是，"他追求收益，不是作为一个目的，而是作为他的劳动报

酬。”[42]这个学说在理论上是方便的，运用起来却很难，因为它显然意味着接受做作，即亚当·斯密后来加以冷嘲的“商人中不常见的一种装腔作势”。但是推动它的各种动机是典型的。中世纪理论家作为一种罪孽加以谴责的， 36
正是努力争取物质财富不断的、无限的增长，现代社会把这看作一种成就而大加赞扬；中世纪理论家予以最严厉痛斥的恶行，便是各种更为精湛微妙的经济特长。14 世纪的一位经院哲学家写道：“有足够的钱满足自己的各种需要却不停地劳动以求发财的人，要么是为了获得一个更高的社会地位，要么是为了以后不劳动也足以养活自己，要么是为了他的后代成为有钱有势的人——这一切都是由该死的贪婪、色欲和自傲引起的。”[43]两个半世纪以后，在一场经济环境和精神环境的革命中间，路德以更加激烈的言辞说了同样的意思。[44]争论的本质在于，制作商品的工匠可以正当地要求报偿，运输商品的商人也可以正当地要求报偿，因为他们都在自己的行当为共同的需要付出了劳动。不可饶恕的是投机商和掮客的罪过，他们为了攫取私利而剥削公众的必需品。阿奎那理论的真正后裔是劳动价值论。最后的经院哲学家是卡尔·马克思。

二　贪婪之罪

如果上述思想不想仅仅停留于一般概念，就得转入具体业务范围，即从事贸易和占有财产的问题。它们实际表现为经济是非鉴别学的内容，其中最著名的要素是公平价格理论和禁止高利贷。这些学说产生于提出它们的理论家，同样也产生于大众对种种明显的经济事实的认识。关于高利贷者有许多寓言，如有一个故事讲高利贷者提早下了地狱，另一个故事讲一个高利贷者保险柜
37 里的钱变成了枯叶，还有，如一位严谨的记录者所述，“大约在公元 1240 年”，一个高利贷者正要走进教堂去结婚的时候，被门廊上掉下来的石头雕像砸死，承蒙天恩，那个雕像原来描绘的是另一个高利贷者，魔鬼正在拿走他的钱包。这些寓言比律法阐释者们的精妙论证更能说明问题。[45]

在这些问题上，正如市镇、庄园以及国家政府的惯常做法所表明的，教会是在向改邪归正者布道。拒绝它有关经济伦理的教义，斥之为职业道德学家的假虔诚辞令，那便忽视了一个事实，即同样一些概念已被各界人士所接受，而这些人士绝不可能会对致富的技巧抱有任何不自然的刻板态度。对教会有关高利贷和价格理论的最佳评论，便是在相同问题上的世俗立法，因为，直到至少 16 世纪中叶，它们的主要思想都反映在立法中。普通人也许会诅咒教会律法阐释者的诡辩，同业公会和市镇也许会禁止其成员在教会法庭前为自己申辩；但是他们自己为商业行为制定的规则，带有许多教会法规的特点。佛罗伦萨是中世纪欧洲的金融中心；但即使在佛罗伦萨，14 世纪中叶的世俗当局也不断因放高利贷而对银行家处以罚金，而且，50 年以后，先是禁止全部信贷业务，然后，又输入犹太人，让他们从事这种不许基督

徒做的生意。[46]科隆曾是最大的商业贸易中心之一；但是，当科隆飞黄腾达的商人着手立遗嘱的时候，他回头想到贸易有害灵魂、贪婪是一种大罪，为了赎罪，他只能指导他的后代做出补偿，去从事某种不像商人的职业那么有害的职业。[47]考文垂市的自由民就共同权利问题与最高执政官斗争了大半个世纪；但是那个繁华商业城市的领地刑事法庭却把高利贷与奸淫罪同等看待，并且颁布法令，不许高利贷者成为市长、议员或 38
同业公会的首领。[48]这并非出于平信徒们不自然的正义感；也不是因为教会过于强大的力量，虽然它的教义能从许多曲折的渠道进入人的心灵，并且即使在作为一种命令被拒绝之后，仍能作为一种感情长期存在。这是因为经济形势的各种事实不可抗拒地把自己强加给两者。实际上，教会的教义与商业界的公共政策之间并没有尖锐的冲突（当然，它的个别实践是另一回事），因为两者都由同一环境形成，并承认同样广泛的假设，即为社会利益考虑。

它的经济背景极其简单。中世纪的消费者（我们今天比在 1914 年更容易同情他）就好像一个被迫在车站旅馆浪费生命的旅行者。他住在雇主租给他的房子里，听凭当地面包师和酿酒者的摆布。垄断是不可避免的。实际上，中世纪行业的相当部分是有组织的专卖制度。专卖者具有社会地位，人们以妒忌的眼睛盯着他们，防止他们滥用权力。这是一个小雇主和小农的社会。工资不是一个重要的问题，因为除了意大利和佛兰德的大工业中心之外，固定的工薪阶层人数并不多。高利贷是个重要问题，正如在今天的相似情况下一样。因为借贷大都是为了消费，而不是为了生产。农民收成不好，或死了牲口，工匠亏了钱，就得借贷谷种、牛畜、原材料，而他的不幸便是放债人的机会。对于胁迫整个城镇的囤积居奇者，对于把许多人的生计捏在一个人手中的垄断
39 者，对于乘人之危获得扣押土地和取消回赎权利的放债人，自然有一种强烈而普遍的反感。“高利贷者不愿意把这些物品贷给别人，除非他要赚钱，他喜欢赚钱胜过做善事。许多其他罪行可能比高利贷严重，但因为这一点人们对它的诅咒和愤恨要超过其他罪行。”[49]

考察中世纪晚期法庭实际审理的那些案件，没人会认为这种愤恨值得惊讶，因为它们所揭示的商业道德败坏情况实在阴森可怕。[50]在构成中世纪英国人口主体的农民和小雇主中间，借贷十分常见，对于放债人的传统态度的形成与他们的小范围业务有关，而与巨额融资无关。“收取更高食宿费的女高利贷者朱厄塔(Juetta)”，和作为最大受益者的牧师约翰(John)，[51]自然应当被看作这样的人：既丑恶得让邻人无法容忍，但同时又给人方便而不能完全禁止。教会接受了这种普遍的情绪，给它一种宗教的意义，并使之体现在制度中，这就是在讲坛上宣传经济道德，在告解室里强调经济道德，最后，通过法庭强制实施经济道德。

这种制度的哲学根据是自然法概念。“人所制定的每一条法律具有法的特征的程度，完全要看它依据于自然法的程度。而如果它在任何一点上与自然法相冲突，它就立刻不再是法律；它只是对法律的歪曲。”[52]人们还未发明出能够长期流行、具有自我校正机制的似乎可信的补偿理论。自然法概念(应当表现在实在法中、而又不为实在法所穷尽的自然正义概念)提供了一种可用来衡量特定关系是否公平的理想标准。中世纪经济思想 40
与现代经济思想之间最根本的区别其实就在于，后者通常以眼前的经济利益为根据，不管是用它来为任何一个行动、政策还是组织制度作辩护，前者则是从这样的立场出发：各种关于经济利益的考虑必须服从一种道德权威。这一思想的实际运用，便是试图以一条正当的规则查验一切业务，这条规则大体上(虽然不完全)独立于经济环境中种种偶然的联系。谁也不能比固定的价格(政府当局规定的价格，如果没规定，则是大家共同估定的价格)要得更多。诚然，即便如此，价格还是会因商品短缺而变动；因为，不管神学家有多刻板，也不至于不切实际到排除供应变化带来影响的可能性。但是它们不会随个人的需要或个人的机会而变化。使人憎恶的是利用甚至制造暂时短缺的人，从市场变化中赚钱的人，如威克利夫所说，必定是伤天害理的人，否则他不可能在一夜之间暴富。[53]

正式的公平价格理论确实经历了重要的发展。阿奎那认为，价格虽然会随不同的市场变动状况而变化，它们应当与生产者的劳动和成本相符，作为共同估价的恰当根据，这是反对敲诈的防范措施。这个重要思想被后来的作者们修正了。14 世纪好几位经院神学家强调了共同估价中的主观因素，坚持价值的本质是效用，并得出结论说自由协商最可能达到公平的价格，因为交易能够达成的事实便说明双方都满意。[54] 15 世纪圣安东尼诺亲
41 眼看到一种高度发展的商业文明，他在写作时力图进行综合，既要注意到传统学说的原则，又必须把重头戏留给经济的动机。在对影响价值的各种条件作了精妙分析之后，他得出结论说，价格的公平至多只能是“可能性与猜测”，因为它会随地点、时间和人而变化。他的实际贡献是区分了价格的三个等级：接近合理的，有分歧的，以及冷酷的，从而给整个思想带来一种新的灵活性。他论证说，如果一个卖主以高出定价 50% 的价格出售商品，他必须作出补偿，而且哪怕是稍微背离定价，只要是故意的，也必须以施舍的形式作补偿。但偶然的过失是可以原谅的，而且价格在一定范围内还是可以争议的，可以不涉及犯罪。[55]

这一结论，以及它对市场不受个人影响的力量的认识，乃是中世纪后期频繁的经济活动的自然结果，并且显然包含着一种思想革命的种子。这种认识本来早在 14 世纪中叶就应该开始得到阐释，这一事实提醒我们，经院哲学家的经济思想所包含的原理，远比人们有时认为

的更为多样、更为现代。不过特征性的理论有所不同。那就是坚持认为公平的价格乃是防范敲诈的措施的理论。“让商品价格取决于卖主的审慎，就是放任那种刺激几乎所有商人都去追求过高利润的贪欲。”价格必须如此，也只能如此，要使得各人都能“拥有适合于他的地位的生活必需品”。最合理的做法是，它们应当由政府官员来决定，并且应先对现有的供应品做个调查，对不同阶层的要求做出估计。如果做不到这样，个人就必须自己决定价格，作为根据，他必须考虑到“为了保持他的地位、养活他自己所需收取的费用，并且要对他的 42
花费和劳动做出合理的估计”。[56]如果说后一个建议是理想而难以达到的建议的话，前一个则几乎是陈词滥调。那是一个精力充沛的市长只用早饭前的时间就可做到的事。

此外，谁也不可为了贷款而收钱。当然，他可以拿合伙人的利润，只要他承担合伙人的风险。他可以买地租；因为大地的果实是自然的产物，而不是对人的索取。他可以要求赔偿（*interesse*），如果在规定的时间他没能收还本金的话。他可以为他所遭受的损失或放弃的利益要求补偿。他可以购买一份年金保险，因为保险偿付是偶然的、风险性的，而不是固定的。如果约翰·德文内斯向人借了19镑16先令并作出承诺，万一不能偿还本金就支付罚款40镑，这不是高利贷，因为这是对造成的损失给予赔偿。如果杰弗里·德·埃斯通为了6先令的年租答应付给威廉·德·伯沃德3枚银币，这不是高利贷，因为这不是贷款，而是抵换一份租费。如果伦敦的雅姆·勒雷维预付给都柏林的商人罗贝尔·德布雷100英镑，要用这笔钱在爱尔兰做两年生意，这也不是高利贷，这是一种合伙关系。伍斯特的小隐修院为了支付一整笔款项而出售年金保险，同样也不是高利贷。[57]最后剩下的那件不合法的事就是现代经济学教科书中所说的“纯利润”：为债主并不承担风险的一笔贷款或租借物在事先约定的固定的利息。“高利贷是根据相互间约定的借贷或销售获利……不管是哪一种情况，是合约还是征索，不管冠以什么名目，那都是高利贷。”[58]这里强调的是约定(*pactum*)。高利贷的本质在于它是固定不变的，而且，不管借钱人是赚还是亏，高利贷者都会
43 无情地向他索取欠款。中世纪的舆论已不反对租金和利润，只要它们是合乎情理的(大家不都在程度有限地营利吗？)，但是对于债券持有人却不能容忍。他的罪行是为一笔固定不变的钱要别人付款，这种付款就是高利贷。

当然，这种学说要比我的简单概括复杂深奥得多。随着投资习惯的养成、资本市场的发展、保险和汇兑业务等新型经济事业的发展，理论变得越来越复杂，学派越来越林立。对象放宽到购买租金税上，其确切意义与范围便成为一个有争议的问题，国际汇兑产生另一个争论问题，当铺的发展则成为第三个争论问题。甚至在14

世纪结束之前，已有一些作者争辩说，利息是对贷方所提供的服务的酬报，而且他们指出(虽然表面上看他们没有得出现代的推论)现货要比期货值钱得多。[59]不过对于仅仅因为借贷这个行动而要求付款的邪恶行径，神学的意见(不管是自由派，还是保守派)都是一致的，如果它的现代解释者[60]从它对赔偿的宽容中看出对利息的宽恕的话，在加尔文之前的任何时代则会成为神学界的丑闻。拿高利贷有悖于《圣经》；有悖于亚里士多德；有悖于自然，因为它不劳而获；它是为了恶人的利益而出卖属于上帝的时间；它是对使用贷款者的抢劫，因为利润是后者创造的，本该属于后者；它本身就是不公正的，因为贷款带给借款人的利益不会超过借给他的本金的价值；它有违公正的法律原则，因为当一笔款项贷出时，它的财产权就转到了借款人手中，借款人不过是在使用现在属于他自己的钱，为什么债主要向借款人索取 44
报酬呢?

权威典籍对这一切所起的作用显而易见。《圣经·旧约》的《出埃及记》和《利未记》中都有相关经文；《新约》的《路加福音》6.35中也有，但明显是误译。《政治学》中有一段文字，现在有人说也是误译。[61]不过种种实际的考虑对该学说所起的作用比人们有时设想的要大得多。它的特征由它所处的时代赋予，那时大多数贷款并不是一种信贷制度的组成部分，而是一种意外的应急措施，那时可以说“人们都是迫不得已才借钱的”。有人论证说，如果高利贷普遍的话，“人们就不会想到耕种土地，除非他们别的什么事都不会干，而这样的话就会有一场大饥荒，所有穷人都将饿死；因为即使他们能够得到可以耕作的土地，他们也不可能得到耕种土地所需要的牲畜和工具，因为穷人自己不会拥有这些东西，而富人，为了利润和安全起见，宁可把钱用来放高利贷，而不会用于更小、更冒险的投资。”[62]运用这些论证的人并非一位学究式的空想家。他是英诺森四世，一位精通商业的人，一位相信（甚至过分相信）实用政治的人，而且是那个时代最能干的政治家之一。

确实，教会不可能摒弃上层的商业罪恶。它太便利了。声名狼藉的典当行业与备受尊崇的巨额融资之间的区别，在信仰的时代和在20世纪一样为人熟知；而且，要对中世纪高利贷所受到的谴责作出合理的判断是不可能的，必须记住，整个金融事业几乎完全逃脱了这种谴责。它很少适用于君王、封建权贵、主教、修道院长们的大规模交易。他们的臣民被迫向外国的放债人还钱，
45 他们可能抱怨，也可能反抗，但是，如果爱德华三世或者香巴尼的伯爵这样的人都被金融家控制，还有谁能来审查债务人和债权人呢？它更少适用于教皇本身；正如人们经常抱怨的那样，教皇们通常利用当时的国际银行，对其业务方法的道德性则奇怪地保持冷漠，把它们置于特殊保护之下，有时还用开除教籍的威胁强迫人们还债。尽管有某种疑惧，国际金融市场通常都逃避了谴

责；在14世纪的意大利，到处都是银行，它们在所有的商业中心（从君士坦丁堡到伦敦）从事国际汇兑业务，在大型交易会（如香巴尼交易会）上通常为洽商贷款、结清债务留出一段专用的时间。[63]

这种类型的交易并没有被特意地排除在外；相反，其中的每一种都不时地引起道德家的抗议。重复传统教义的作家们完全清楚，没有信贷，商业和政府都无法维持，但促使他们提出抗议的也并非只是伪善。作为禁止高利贷的根据的整个理论假设与实际利益，同一种经济活动有关，它与以商人和实业家作为主顾向大银行借贷为代表的经济活动迥然不同。它的目标简单而直接——防止富有的放债人利用农民或工匠的急需之难；它的范畴属于个人道德的范畴，与那种类型的交易完全相符。正是在这些小人物之间的普通交易中，压迫最容易，而其后果最令人同情。教会的经济道德规范正是为他们而制定的，对他们而言，它是强制实行的，因为它是基督 46
仁爱的组成部分；虽然在上层的商业活动中，它被一笔抹杀。

教会的经济道德规范部分由世俗的权威强制实行，部分（就世俗权威的竞争所能允许的范围而言）由教会纪律机构强制实行。有关高利贷问题的教会法规已得到如此经常的分析，我们只需简略提一下。早期宗教会议禁止神职人员放高利贷。[64] 12、13世纪的宗教会议禁止神职人员或平信徒放高利贷，并制定了惩罚违规者的法则。神职人员如果借钱给缺钱的人，拿他们的财产作抵押，获取所借款额总数之外的利益，就要被革职。[65]公开的高利贷者不准参加圣餐或基督徒的葬礼；他们的捐供不予接受；没有惩罚他们的神职人员将被停职，直到做出使他们的主教满意的证明为止。[66]教会对高利贷的攻击可能是在里昂大公会议（1274 年）和维尼大公会议（1312 年）的立法中达到了顶峰。前者重新颁布了第三次拉特兰公会（1175 年）所制定的法令，并增补了一些规则，终于使放债者成为非法。任何个人或团体，都不准租房子给高利贷者，而必须在三个月里赶走他们（如果他们曾经租到房子的话），违反规则便以开除教籍或停止教权作为处罚。直到他们做出补偿为止，他们不能参加告解，不能获得宽赦，不能出席基督徒的葬礼，他们的遗嘱没有法律效力。[67]维尼大公会议的立法更加彻底。这次会议宣称，它惊愕地获悉，有一些基督教团体违反人性的和神性的法则，竟然承认高利贷，迫使债务人遵守高利贷契约，它宣称，所有故意维护这样的契约的统治者和长官必将招致开除教籍，并要求在三个月里废除
47 有关的法令。由于高利贷交易的真正性质往往掩盖在各种伪善的手法之下，教会当局要迫使放债人把他们的账目交付检查。任何顽固宣称高利贷不是罪恶的人，必将被作为异端者受惩罚，检察官要对他提出起诉，既作为违法者，又作为被怀疑为异教的人来起诉。[68]

要说明教会的统治权，或者说明坚持道德法则高于

经济利益的企图，恐怕很难找到比以开除教籍相威胁、要求废除一切承认高利贷的世俗立法更为显著的例子了。但是，要理解这一制度意欲如何发挥作用，公会议的法令也许就不及罗马教廷的教皇与下属教会当局就具体案例和解释问题的通信更能说明问题了。那些用高利贷赚钱的人的继承者是否必须做出赔偿？是的，对原来的违犯者的处罚同样适用于继承者。赎救囚犯的虔诚目的并不能证明为贷款讨高价是合理的。不仅收取利息要被看作高利贷者，而且如果某人在讲价时考虑到时间因素，在赊销时索要更高的价，也应算作高利贷者。即使借债人起过誓不告发高利贷者，教会当局也应强迫后者归还他们获取的利息。假如证人害怕有权势者会保护高利贷者，则不要他们作证也可以施以处罚，只要违犯的事是众所周知、臭名昭著的。教皇提醒坎特伯雷一位大主教说，高利贷是危险的，不仅对神职人员是危险的，而且对任何人都是危险的，还告诫他运用教会的处罚来确保被抵押财产的归还，不得扣除利息。一封教皇写给 48
萨勒诺的大主教的信中说，如果高利贷者反对归还利息，或者说他们无法归还，他就应当迫使所有能归还的人做出补偿，或者向他们由之获取利息的人补偿，或者向那些人的继承人补偿；当两种补偿都做不到时，他们就应当把它送给穷人；因为正如奥古斯丁所说，如果罪恶没有被赎，罪行就不能被赦免。另外，在热亚那，教皇获悉有一种惯例，即承诺在规定的期限结束时，以高于买卖发生时商品所值的价格付款。这种契约是否一定是高利贷，并不很清楚；但是，卖方陷入了罪恶，除非有这样的可能，即商品的价格到付款时将会变化；“所以你的同胞们如果不再缔结这样的契约，便表明他们明智地考虑到了得救的问题，因为人们的心思都瞒不过全能的上帝。”[69]

从提交罗马裁定的疑难案例的数目，显而易见执行有关高利贷的法律并非易事。罗马教廷努力为处理困难问题和技术问题提供指导，也是显而易见的。在13世纪为指导宗教裁判官处理疑难案件所写的普及本中，插入了以前的判例，以表明应如何对付高利贷者。[70]大约在同一时间发表了圣雷蒙德(St. Raymond)关于领班神父职责的手册，其中包括巡查时应作的一长列调查，涉及一切可能想到的勒索形式，意在揭露各种虚假的契约(虚构的伙伴关系，以买卖为幌子的借贷，过多的预付保证金)，这些契约掩盖了犯法行为。[71]告解者指南同样详细地规定了必须遵循的程序。告解神父说了一系列规
49 程，是要“调查有关买卖的事，以及其他和贪欲有关的事”。他请求有爵位的人们说明他们是否发布过与教会自由相反的命令，是否拒绝过给任何寻求公正的人以公正，是否以过多的佃租、杂税和劳役压迫他们的臣民。“对于自由民、商人和官员(*ministrales*)，神父应调查其有无劫掠、高利盘剥、高利贷欺诈抵押、买卖圣职、假冒诓骗销售、短斤缺两、撒谎、做伪证及行骗等等情

况。对于耕种者(*agricolas*)，神父应调查其有关偷盗、扣押他人财产的问题，尤其是涉及什一税的问题……还有移动田地界标、侵占他人土地的问题……关于贪婪应当这样提问：你有无为了不义和贪婪之财而犯买卖圣职的过失……有无贪赃枉法……有无偷盗、抢劫、作伪证、亵渎神圣、赌博、移动田里的界标……有无在商事中行骗，有无欺压他人特别是寡妇、受监护人和其他不幸的人？”根据“将功补过”的原则，上述贪婪之罪必须用大量的善举来悔过。不过有些罪过不做出赔偿不可能真正悔过。高利贷是其中之一；而且应当指出，高利贷不仅包括现在所称的利息，还包括那些考虑到时间的推移而低价买进、高价卖出的人的罪过。如果出于实际原因无法赔偿，违犯者就应当要求他的继承者做出赔偿，如果无法找到受损害的一方，则应根据主教(如果数额大)和神父(如果数额小)的劝告，把这钱花在“虔诚的工作特别是穷人的身上”。[72]

关于这个题目的更为普遍的教义，在供告解用的小册子和为指导虔信者所写的书籍中作了阐明。其中用于论述商业伦理学的篇幅相当可观。在15世纪，对于罗 50
拉德派(Lollards)关于《圣经》经文被大量的解释所湮没的抱怨，主教皮科克(Pecock)可举出就“借给人不指望偿还”这句经文所写的书作为实例，并论证说，关于高利贷的这一教义实在不足以“回答……一切困难的、严肃认真的怀疑和问题，这些终日会有的怀疑和问题必须在人们的彼此讨价还价中得到弥补”。[73]一个世纪以后，在有些地区，这样的理论仍被一丝不苟地复述着。1552年离提出苏格兰改革的议会召开只有8年时间。但就在这一年，圣安德鲁斯的大主教所写的《教理问答》，对他同胞们的经济上的过失丝毫不想妥协。它谴责放高利贷者，克扣工资的老板，卖假货的奸商，压榨佃户的东家，总而言之（一种包罗万象、令人难堪的指控）“所有无节制地聚敛财富的无耻之徒”，以及“所有能够使他们的邻人摆脱贫穷与不幸却不愿这么做的人”。[74]

教会法庭实际上如何处理这些事情，关于这个重要问题，我们了解的情况非常少。这几乎仍是一个没有研究过的领域。在欧洲大陆，我们有时看到偶然的袭击。主教们对臭名昭著的高利贷者宣战，只会激起世俗当局的报复。对于世俗当局来说，惩处放债人太便利了，除他们本身之外，不能容任何人染指。[75] 13世纪末，布尔日的一位大主教在法庭上迫使大约35个高利贷者吐出不义之财，[76] 70年以后，佛罗伦萨一位宗教法庭审判官在两年时间里向高利贷者和渎神者收了7 000弗罗林。[77]在英国，商业道德是个有争议的问题，教会当局和世俗当局不时为了审判权而发生争论。教会法庭声称有权审理一般的违反合同的案件，理由是它们损害诚
51 信，尤其有权审理高利贷案件，因为它是教会法规明确禁止的违反道德的行为。这两项要求遭到王国政府和地

方政府的反对。根据克拉伦登宪法，[78]王国政府明确规定有关债务的诉讼必须在王室法庭进行，而且在后一个世纪中，不止一次地颁布了同样的规定。地方政府则一再地禁止市民在教会法庭诉讼，并对无视这一禁令的人处以罚金。[79]尽管神职人员不断抗议，[80]王国政府和地方政府实施它们的要求，在世俗法庭审理高利贷案件；但是它们都没能成功地剥夺教会的审判权。争论的问题并不是高利贷者是否应当受惩罚（对这一点的看法是完全一致的），而是应当由谁来做惩罚他这笔赚钱生意，实际上他遭到所有人的攻击，来自两方面的攻击。地方当局，从伦敦城到最小的领主法庭，制定各种细则反对“不道德的非法交易”并控告违反这些细则的人。[81]民众们祈望能够驱逐金融界的掮客，祈望有关掮客的伦敦法令能够普遍适用。[82]巡回法院的法官审理控告高利贷者的案子，[83]主教法官法庭受理那些根据普通法得不到赔偿的受害人的诉状。[84]而神圣教会，继续以她自己的方式处理高利贷者，虽然似乎只有一次英国教会会议就这个问题制定过法律。[85]

因为，很显然，尽管在审判权上存在冲突，尽管人们对教会律法阐释者越来越不满，尽管中世纪后期资本主义在发展，商业案件仍然（至少在有些时候）被交给教会法庭处理。在14世纪中期以后，他们审理高利贷案件的权利也不再遭到世俗当局的反对。1341年颁布的一项法令宣布（如很久以前规定的那样），判高利贷者死罪 52

必须经国王认可，不过教会可以判高利贷者的活罪。一个世纪以后，在亨利七世统治下重新提出这个问题时，对教会的权利作了同样的保留，并且作为一种陈旧的公文程式，一直延续到伊丽莎白和詹姆斯一世统治下生气勃勃的资本主义时期。[86]

教会不可能有许多机会实施关于放债问题的教会法规。在商业市镇，这样的案件自然频频发生，但是对于教会干涉商业事务，市镇不会持支持态度。13 世纪初期，宗教法庭与市长及国王之间发生冲突，在伦敦是司空见惯的。当人们希望迅速得到判决，或者当他们的案子不大可能得到世俗当局的支持时，往往向宗教法庭上诉。例如(举其中一个奇特的例子)，工匠们显然把教会法庭作为实施工会章程的一个手段(市长郡长往往给人处罚而不是迫使他遵守章程)，办法很简单，就是大家起个誓，对于违背誓言者则以背信弃义罪起诉。例如，铁匠们通过宣誓结成了一个“同盟”，他们公开宣布的目标是取缔夜间工作，但他们在教会法庭供述的目标则是防止组织之外的任何人干这一行，并在教会法庭传讯出卖伙伴的人们。制造踢马刺的工匠们禁止任何人在日落之后、日出之前干活，并迫使一个违反规定的工匠去见教会的大执事，结果“被告理查德在受宗教法庭警告三次之后，被驱逐出教会，开除了教籍，直至他发誓遵守训令为止”。[87]

甚至在以后一段时期内我们所看到的教会司法活

动，也足以说明它并非完全是一纸空文。被控告放高利 53
贷的神父从他们的主教那里受到惩罚。[88]有关债务和高利贷的案子在主教和大执事的法庭由“圣职人员”审理，如果原告未能获得公正的判决，他们便上诉主教法官法庭要求赔偿。[89]教会法庭的记录表明，虽然有时候商业问题被认为属于世俗法庭而不予受理，有关违约案和高利贷案却仍由他们处理。[90]名声不好的马科罗夫特一家(父亲威廉是个普通的高利贷者，他女儿艾丽斯在五旬节烘面包，他儿子爱德华在万圣节做衬衫)在惠利教会法庭受到应有的惩罚。[91]在里彭，一个高利贷者和他的受害者被劝在法庭外解决他们的案子。[92]伦敦的代理主教认为托马斯· 霍尔犯有放高利贷的恶劣罪行，理由是他要托马斯·福斯特以绶带作抵押才贷给他 4 先令，而且除本金之外还要他多还 12 便士，而由于托马斯·霍尔没有到庭，对他暂缓判决。[93]宗教改革也没有使这种工作停止。在伊丽莎白时代高利贷案件由教会法庭审理，甚至在詹姆斯一世统治时期，像伦敦城这样一个大商业中心也仍可能由主教代理审讯那些“为了多赚钱而放抵押贷款”的商人。[94]

不过，人们试图建立一道保护借债人不受放债人勒索的屏障，不能只靠法律的处罚。从很早的时候起，就有一派意见认为，鉴于高利贷的契约可以用各种手法来
改头换面，直接的禁止必然是几乎不起作用的，因此他 54
们赞成这样的政策，即提供便利，使借款人能在比向放

债人借款合理的条件下借到钱。事实上，教会试图建立一些机构，让穷人能便宜地募集到资金，以此从侧面包抄高利贷者。堂区、宗教行会、同业公会、医院或许还有隐修院，都出借谷物、牲口和钱。[95] 13 世纪中叶，英国的主教们得到教皇的批准组织这样的借贷，[96]两个世纪以后，大约在 1462 年，方济各会修士领导的运动导致当铺的诞生，它最早出现在意大利，16 世纪上半叶传到法国、德国和低地国家，虽然它从未传入英国(由于发生了宗教改革运动)，却为英国经济伦理学作者经常评论、赞美提供了话题。[97]因为必须与商业组织的日益复杂化相适应，有关放债问题的宗教法规经历了稳定的发展，这一发展至少持续到 1515 年的拉特兰公会。专家阐释法规时的灵活机敏本身就是一个证明，即大笔的生意和大笔的钱都是机敏的结果，因为律法解释者们不会白白地为上帝服务。精通宗教法规的人在平信徒中名声不佳，说得客气点，在做生意这门微妙的艺术上，他们不会比其他律法解释者稚拙。尤其是意大利人，处于欧洲的金融中心，自然一马当先，意大利宗教法规学者在解释律法方面的灵活机敏堪称奇迹。相反，在英国，也许是因为英国人通常都很讲道德，也许如一个外国人不友好的说法，是因为“他们不怕签订高利贷合同”，[98]也许，很可能是因为英国的商业发展比较保守、缓慢，英国的宗教法规学者林德伍德(Lyndwood)竟然满足于引用 13 世纪英国一位大主教的一句话，其他便什么都不说了。[99]

不过，无论律法解释者们会作怎样的区分和提炼，基本的事实非常简单。教会把买卖、借贷看作友好行为或不友好行为的一个简单事例。虽然像皮科克主教这样的理性主义者会坚持说，富裕本身并不是上帝所憎恶的，[100]但是对于人们（至少平信徒）获取财富的本领历来存在一种偏见，往往给他们加上一个贪婪的恶名。组成集团的商人和压榨穷人的放债人并不被看作商业战略家，而是被看作邪恶的怪物。至于“那些居心险恶地一起密谋谁都不要比别人卖得便宜”的食品杂货商和酒店老板，以及“那些大量买进谷物、肉和酒……靠坑害他人来积聚金钱”的投机商，“根据教会的法律实际上丝毫不比一般罪犯好”。[101]所以，当面包价格上涨时，或者当伦敦的水果商受到一个大胆的人劝说，认为他们“由于自己的单纯而陷于穷困怯懦，如果他们照他的建议去做就可以变得有钱有势”，[102]因而联合起来，给人们造成巨大的损失和困难时，市民和农民们不会用供求规律将使物价重新降下来这种笼统的希望安慰自己。由于得到一切善良的基督徒的支持，他们把面粉厂主示众，在市长的法庭与水果商评理。而堂区的神父则就第六诫布道，选择《圣经·旧约·箴言》里的词语作为他的题目：“使我也不贫穷也不富裕，赐给我需用的饮食。” 55

三　理想与现实

概略地说，16世纪所继承的经济思想的背景便是如
56 此，而它在土地占有权、价格、商业和金融组织方面所发生的令人困惑的变化，使这一时代成为经济发展史上的转折点。很显然，这一哲学所蕴含的全部意义在一个方面是极其保守的。进步是不可能的，更不用说任何彻底的社会重建了。在中世纪无数的异端运动中，人们渴望的社会目标往往与对教会统治集团奢侈浮华的批评联在一起。官方教会讨厌下层社会思想独立，而且他们有关其尘世幸福的思考与关于其永恒拯救的思考同样可恶。它不赞成这些危险的思考，有时候无情地镇压它们，其酷烈程度不亚于现代史上对那些可怕的暴动实行的非常野蛮的白色恐怖。

在思想上，宗教舆论完全赞同一种静止的观点，认为社会秩序是不可变更的，只能接受，不能改进。除了极少的场合之外，它的发言人总是重复传统的教义。根据那种教义，脚生来便是劳动的，手生来便是战斗的，头脑生来便是统治的。因此，他们自然谴责各种社会变动，如计划推翻自然秩序的公有化运动，[103]虽然自由市的兴起乃是中世纪欧洲的一种荣耀，乃是以后几乎一切文明发展的开端。他们提出经济品行问题，并非因为他们渴望促使人们改进，而是因为他们一心要维护传统的个人道德标准，而经济品行乃是构成个人道德的一个重

要部分。

在实际生活中，教会是一个巨大的既得利益者，与经济组织有着千丝万缕的联系，尤其在农业和土地占有 57
权方面。它本身就是最大的地主，它对封建制度不会不满，就像教会委员会(今天最大的矿产主)不会发动反王室的征战一样。属灵派方济各会修士敢于无视教皇约翰二十二世的诏书，坚持圣方济各有关抱贫守朴的教规，对他们的迫害使人想到，各种反对把富裕神圣化的学说与基督的教导过于相似，是基督教教会的权势人物所无法接受的。

整个中世纪经济制度的基础是农奴制或隶农制。在这种制度下(除了意大利和佛兰德之外)，90%以上的人口是农业人口。面对16世纪农业竞争中出现的各种前所未闻的罪恶行为，保守的改良主义者会为一个消逝了的时代的社会和谐而叹息。那个时代“在东家和佃户之间编织起这样一种亲密的附属关系，东家像照料孩子一样对待他的佃户，而佃户也像孩子对待父亲那样自然地爱戴和顺从他的东家”。[104]他们对过去时代的理想化描述，作为对以往那些世纪生活状况的说明会给人误导，但作为对他们自己时代生活状况的批评，却又给人启发。实际上，就构成中世纪农民主体的奴隶般的佃农而言，农民过富足日子的黄金时代(除了偶然的例外)是一个浪漫的神话，对这个神话没有谁会比农民本身更感到惊讶。封建所有制的本质就在于毫无掩饰、毫不知耻的剥削，强迫劳动，在农民自己租种的土地急需劳动力的关键时刻让他去服额外的徭役，数不清的苛捐杂税，为东家磨面粉、烘面包的义务，还有领主法庭的私人审判。庄园的租税，劳动力的短缺，还有（在英国）王室持续不断的蚕食，模糊了这种制度的边界，在15世纪的
58 英国，一个欣欣向荣的自由民阶级在农奴制的没落中兴起。但是，在中世纪的大部分时期内，它的长期影响还是非常巨大的。在它底下生活的人完全明白它的残酷性。稍微有了一点积蓄的农民所采取的第一步行动，就是为自己赎身，摆脱在领主的领地干活的义务。英国的农民起义，法国的扎克雷起义，以及德国农民的多次起义，揭示了社会矛盾激化的状况，后来的运动很少有超过它的。

人们自然要问（虽然一些论述中世纪经济学的作者不让自己问），宗教舆论对农奴制抱什么态度。而要回答这个问题，恐怕只能说，除了罕见的少数几个人之外，宗教舆论对它视而不见。的确，教会谴责乱收租税，并且竭力主张应人道地对待农奴。的确，它把解放农奴说成是一种虔信的行动，好像送给穷人礼物一样。因为农奴不是“活的工具”，而是人；在上帝的眼里，所有的人都是奴隶，而且在天国里，病丐拉撒路走在富人前面。[105]的确，隶农是一个法律范畴而不是一个经济范畴；在14世纪的英国，有一些农奴是富人。但是对个人的解放并不等于对制度的谴责。不管“疯狂的神父”

会说些什么、做些什么，官方教会（其财富主要来源于农奴制）的言行非常谨慎。

教会法规似乎承认并坚持农奴制。[106]没有什么重要的圣职人员声明反对它。阿奎那把它说成是罪恶的结果，但这并不妨碍他根据经济的理由为它辩护。[107]几乎所有的中世纪作家似乎都接受它或为它辩护。教会的地 59
主们，虽然或许在他们的方法上稍微保守一些，但在总体上和其他地主并无优劣之分。农民最不乐观，最缺少信心，这是一种会感染人的情绪，人们担心，有时候它对并不关心租金收入额和农业利润的孩童的影响，不亚于对封建贵族的影响，而教会统治集团的首脑与这些贵族抱成一团，难分难解。当机会来临时，无名的约翰和磨坊主约翰，还有赶大车的约翰（也许他认识他们的朋友），烧掉了圣阿尔班一个男修道院院长的法庭卷宗，砍掉了一个大主教的脑袋，在肯普滕一个男修道院院长的庄园里发动了暴乱，其狂热不亚于对非神职剥削者的洗劫。不是教会，而是德国和英国的起义农民，提请人们注意这一事实，即“基督已使所有人自由”；[108]而且，至少在德国，他们的教会首脑很少对他们发慈悲。农奴制的消失（说到底，直到 18 世纪晚期它才在法国消失，直到 19 世纪才在德国消失）是一个普遍的经济运动的组成部分，教会与这个运动没有什么关系，而教士们作为财产所有者，有时候还抵抗这个运动。农奴制的消失应当归功于法国大革命人道主义的自由主义，而不是基督教教义。

事实是，教会的胜利本身使它缄口不语。3世纪时的教会，是少数信徒面对着一种异己的文明，它可能提出抗议和批评。但是，当酵母与整个面团混为一体时，当教会不是被看作一个社团，而是被看作社会本身时，它就不可避免地被它所吸收的群众稀释了。其结果是一种妥协，对于这种妥协，批评者可以说“多么不可容忍
60 的东西被接受了！”而赞美者可以说“多么不可容忍的东西被缓和了！”

批评者和赞美者都没说错。因为如果说宗教舆论默认了许多要求，它也提出了许多要求，那种使得中世纪教会无力处理中世纪土地制度种种弊端的心理习惯，恰恰是使它能够（至少在理论上）强有力地处理个人经济交易的习惯。在中世纪初期，它曾经是保护和平劳动的象征，关怀穷人、不幸者和被压迫者的象征，反对赤裸裸的暴力和压迫、维护社会团结（至少是维护这一理想）的象征。随着经济文明的越来越复杂，它面临着许多用它传统的范畴很难把握的问题。但是如果变换运用的话，它们就无须被废弃，而使我们今天感到困惑的经济伦理世界，又会被它转变为一种新的、虽然使人难堪的机会。不管怎么强调理论与实践之间的鸿沟（怎么强调都不过分），使原则失效的种种限制性说明，使宗教法规阐释者的工作和其他法律阐释者一样失色的诡辩，把人类最普通的活动和最难克服的欲望都纳入一种包罗万象的

普遍制度的努力，仍然在整个中世纪闪耀着暗淡的光
芒。当人们提出区分私人生活中允许做的事和商业中允
许做的事，从而为贪心提供逃脱指责的理由时，就有必
要强调指出：仁爱的戒律既是对私人生活的约束，同样
也是对商业活动的约束。当人们提出原则只适用于那些
最不能严格运用原则的生活关系，从而回避原则的严肃
性时，就有必要尝试建立一种制度，它要强硬到能够抵
制肆无忌惮的商业行为，又要足够灵活以利于合法的交 61
易。如果说强调上层社会中间贪得无厌盛行并未说错的
话，同样重要的是要看到，人们正确地称之为罪恶，他
们并未学会说服自己相信贪心是进取、贪婪是节俭。

这样的对立十分诱人，难怪有些作者会对它们详加考究。对于对自由竞争不再抱幻想、希望有一种比市场裁定更令人信服的社会需要标准的一代人来说，中世纪盛行的对经济利己主义妒忌、嘲笑的猜疑情绪，并不像理性时代的乐观主义者所认为的那样难理解。而理性的时代，就它有关人的社会行为的理论而言，要比 13 世纪更配称作信仰的时代。在 20 世纪，由于出现了垄断企业和联合企业，由于用商业控制了工业，又用金融业控制了工业和商业，企图规定公平的工资和公平的物价，搞定量供应，对食品、纺织品实行管制，所谓的经济和谐或许就有点信誉难保了。它对待经济组织问题的态度，似乎更接近于中世纪市民对高利贷者和囤积居奇者冷酷贪欲的愤怒，而不像它天真的祖父们在看不见的

手准确无误的操纵下所感到的信任。

不过，这种相似虽然不是杜撰的，却是非常表面的，过分强调这种相似，便不能正确评价中世纪思想中那些十分典型的因素。中世纪思想的重要贡献并不在于有关价格和利息的特殊理论，在任何时代，每当经济环境使消费者和借债人面对勒索时，这些理论都会被重新提出。它的贡献在于，它坚持社会是一个精神的有机
62 体，而不是一架经济机器，经济活动是一个巨大而复杂的统一体中的一种从属的部分，它为实现整体的道德目标提供物质手段，应当受这些目标的控制和约束。经济欲望的暴政是如此冷酷无情，经济利益的帝国如此不可遏制地自我扩张，因此，一种把它们限制在应有的地位(作为文明的仆人，而不是主人)的理论，有理由被看作一种蕴意丰盈的自明之理，它是一切健全哲学中的一种永恒的要素。也许今天也不像一个世纪以前那样清楚，以如此容易用量和质来解释的经济需要的标准代替下述概念乃是一个纯粹的进步。这个概念就是：一种生命的法则高于个体的欲望和暂时的需要，这也就是中世纪思想家所说的“自然律”。

话都说完了，事实没改变，在所论及的小范围里，我们仍然面临着经济生活道德化的问题，这个问题并没有放弃。实验也许一直行不通，而且几乎从一开始，教会当局臭名昭著的腐败就使它信誉扫地。教会当局反复宣讲放弃财产，却以身教示人贪婪。但是，这当中有某

种崇高的东西，否认这种概念的崇高与美化它的实际成果同样荒谬。让经济利益服从宗教的尝试产生过影响，最好的证明便是，改革者不断做出同样的尝试。在他们看来，教皇是基督之敌，教会法规是一种讨厌的东西，为正派人所憎恶，到了 16 世纪，它的垮台已是显而易见、毋庸置疑的了。

无论是基督教教会，还是基督教国家，都不应该容忍这样的现象，即把私人利益放在公众福利前面，或者为了追求私人利益而损害其邻人的利益。

布塞尔：《论基督的王国》

第二章　欧洲大陆宗教改革家

阿克顿勋爵在他的《历史研究讲座》第一讲中说过一段令人难忘的话："许多世纪来，人们一直面临社会迅速堕落、行将瓦解的威胁，受着习俗和那些已经作古的大师们的意志的支配，从 16 世纪开始，他们准备尝试新的经验，满怀希望地期待着巨大变化的出现。"[①] 他所谈的是由知识、科学和发现所揭示的新世界。但是他的这些话提供了一个合适的文本，供人们讨论有关宗教与世俗利益之间关系的概念在这一时期所发生的变化。这场讨论的必然结果是，在道德和理智的长期冲突之后，出现了关于社会对策的新概念和经济思考的新方法。

这一运动的各个方面十分复杂，把宗教改革与经济个人主义的兴起联系在一起的公式并不是完全的解释。各种体系僵化之后就为自己的毁灭做好了准备。传统的社会哲学是静止的，因为它假定各种阶级关系由习俗和法律明确规定，而很少受经济运动兴衰的影响。在面对新生力量时，它的不足之处显而易见，正如人们对教会法律体系的反感、对教会法规和教会纪律的不信任，以及一门从古代宝库中获得装备的政治学的兴起给它带来的压力一样明

66 显。我不想贬低宗教改革的影响，虽然我们要说，使这个时代成为产生新社会理论的分水岭的主要原因在于另一个领域。如果不是迫于实际生活中的紧急需要，人类不会思考经济和社会组织问题。16 世纪是一个社会思考的时代，其原因同 19 世纪初期一样：因为它是一个社会动乱的时代。保守的宗教导师对他们所认为的金钱崇拜进行驳斥，用强烈的文学表达形式发出对一般良知的呼吁，这是一种更为古老的社会秩序曾经发出过的呼吁。中世纪社会理论的实际内涵在 16 世纪表述得非常清楚，甚至超过它的鼎盛期，因为表述时所强调的宗教信条现在受到了威胁。

一　经济革命

宗教革命发生时，世界正面临着欧洲自罗马帝国衰亡以后所经历的最大的经济危机。艺术、科学的求知欲和技术专长，治理国家的知识和才能，探测往事的学问和洞察未来的预见，全都集其精粹涌向新文明这座华丽的圣殿。在新文明的创造者、美和智慧的守护神背后，晃动着一个模糊但却缺之不可的影子。他就是但丁(Dante)在地狱第四层遇到的那个嘟嘟哝哝说些莫名其妙话语的恶魔，也是三个世纪之后居永先生(Sir Guyon)将在毗邻地狱出口处的洞窟里邂逅的那个被烟熏火燎的恶魔。他的艰苦劳动开掘出米开朗琪罗(Michelangelo)赖以雕塑人物用的石料，在罗马泥土深处打下了拉斐尔(Raphael)绘制装饰性壁画的墙基。

因为正是人类对其环境的控制宣告了新世纪的黎明，而且正是在不断扩展经济能量的压力中，这种控制 67
得到了证明、赢得了胜利。像封建社会中的君权一样，中世纪经济上的努力，除了少数几个得天独厚的地方之外，一直是断断续续、分散进行的。现在，分散的袭击者将被组织起来加以训练；零星的不正规的小规模冲突将汇合成一场宏大的战斗，战线从波罗的海延伸到南亚的恒河、从印度尼西亚的香料群岛延伸到南美的秘鲁。每年都有新的胜利消息传来。那位统率全军、发布攻击令的将军便是经济力量。

长期来以意大利为基地的经济力量，正通过千百条溪流港湾向西欧渗透，因为一个世纪以前，随着地理大发现的高潮到来，洪水已涨到齐胸高。一般的意见认为15 世纪毫无意义，不管它作为对当时政治状况的一种评价是否正确，作为对当时经济重要性的评价实在有失公正。正是在一个政治上无政府混乱的时代里，注定要控制未来的各种力量才得以一试身手。哥伦布(Columbus)和达伽马(Da Gama)的时代由意大利地图绘制员和葡萄牙海员的耐心劳动做好准备，正如克朗普顿(Crompton)和瓦特(Watt)的时代以无名先驱默默无闻的实验为前提一样无可置疑。

给这个时代的英雄们提出有待破解的难题的主人，是物质的需要。中世纪初期的欧洲，像 20 世纪的世界一样，曾是一个封闭的社会。但它的封闭不是由于知识的增长，而是由于无知的延续；而且，后者是把整个地球拉入一种单一的经济制度，不给新的发展以任何余地，前者则是以地中海作为它古老的中枢，发展几乎还没有开始。由于对其商业策略强加了种种严格的限制，当它借道黎凡特地区的一些狭窄通道引进东方的财富
68 时，就像一个巨人通过墙上的裂口来进食。

总体情况如此，细部情况也是如此；欧洲在对外关系上生硬僵化，在内部关系上也一样缺乏弹性。它的基本单位是村庄；村庄作为农业股东的社区，凭借习俗而得到巩固，它以正义的一致同意猛烈压制种种混乱的欲望，这些欲望借变革之名，以恶行损害它传统的惯例。除了村庄之外，还有更大的、更有特权的村庄，即筑堡设防的市镇。市镇和行业公会的成员对来自高地和山谷的外来恶魔板起了面孔。在村庄和市镇之上是慢慢醒来的民族国家。在国籍成为一种政治事实之前，国家主义就已是一种经济力量，而且对手是一个佛罗伦萨人或一个皇帝的人，就成为掠夺他的充分理由。享有特权的殖民地及其补给站，伦敦的汉萨同盟商业区，南方德国的商栈(Fondaco Tedesco)，英国商业冒险家的工厂，不过是经济排外主义围墙上的一些细小的裂口。贸易，就像在现代的土耳其或中国一样，必须经过特许方可进行。

这种狭窄的构架曾经是一个家园。在 15 世纪时它给人的感觉却是一座监狱。向外扩张的能量撞击着围墙；每当墙面出现裂隙有机可乘时，焦躁不安的欲望就

向它袭去，把它侵蚀成通道。早在土耳其人向南进军切断最后的东方通道之前很久，威尼斯人的垄断已经使人感到无法容忍。早在从墨西哥掠夺的财物和波托西的银子使欧洲到处是金银财宝之前很久，德国和蒂罗尔金银矿的出产已经在不断提高，虽然还是涓涓细流但源源不断，它刺激了而不是减轻了人们对它的渴望。[②]不是大地主，而是急切的富裕农民，率先在英国吹毛求疵地抨击平民阶层并逐渐损害了庄园的习俗，而他们的少量积余正是在这些习俗背后(就像在一道堤坝背后)积蓄起来的。不是大资本家，而是有进取心的同业公会会员，开始把控制行会看作一种财阀剥削制度的基础，或者是那些早熟的个人主义者，逃避市镇和行会的伙伴关系，以便进入他们所喜欢的乡村孤立生活的境界。甚至不是那些地理大发现最先开始使经济力量发生巨大倾斜，由南方和东方向北方和西方倾斜。德国和英国的贸易纪录表明，北欧的大国在地理大发现之前一个世纪已经进入富裕和文明，[③]而在这些发现之后一个世纪，英国的经济发展才与欧洲大陆的发展融为一体，仿佛迪亚士(Diaz)从未绕过好望角，哥伦布也从来没有祈求上帝指引他前往马可·波罗所提到的中国的刺桐港和行在(临安)。开始是企图对抗意大利人的垄断，后来则明白急需从侧面包抄土耳其人，因为他已加紧对东方商路的钳制，这些大发现既不是偶然的运气，也不是科学无私的好奇心的结果。它们是几乎一个世纪坚韧不拔的经济努力的顶 69

点。它们的动机和发明蒸汽机一样注重实际。

发现的结果并不因为它经过长期的准备就不令人激动。一场深刻的经济革命(不亚于三个世纪后的经济革命)宣告，16 世纪新世界的特征就在于使它得以诞生的经济能量的爆发。像 19 世纪一样，它的财富迅速地增长，贸易极大地扩展，金融以前所未闻的规模集中，在
70 剧烈的社会动乱中，新的阶级兴起，旧的阶级衰亡，在同样严酷的斗争中，一种新的文化和观念体系获得了胜利。

这是一个政治轰动的年代，同样也是经济轰动的年代，政府的正式文件中有记载，商人们的信件册中[4]也有记载。威尼斯和以前销售威尼斯进口产品的南德的城市衰落了，这些城市从此以后要么被孤立、远离新的贸易通道，要么借道低地国家突围到海边(如其中某些城市所做的)；葡萄牙和西班牙采取了新的经济扩张主义；采矿业和纺织业的资本主义企业大发展；国际性而不再是地方性的商业公司兴起，不再依靠专有权，而是以大资本的力量排挤掉所有弱小的对手；一场物价革命打破了一切习以为常的关系；农民战争的噩梦粉碎了中世纪的农业社会；中世纪的联合行业组织屈从于一种新的金融机构；在欧洲的大部分地区，国家战胜了教会——所有这一切都发生在不到两代人的时间内。巴塞尔大公会议时出生的人，如果他活到高龄，可以看到英国修院的瓦解。在前一个日期，葡萄牙探险家还没有经过塞拉利

昂；而在后一个日期，葡萄牙入主印度帝国已有差不多一代人时间。在这期间的四分之三个世纪里，欧洲文明的整个框架都被改变了。

与意大利、德国或低地国家奔腾的激流相比，英国的经济生活可以说是死水一潭。但即使它那些死气沉沉的浅滩，也被大陆漩涡的涡流和潮头所搅动。当亨利七世登上王位时，英国的经济组织与威克利夫时代只是略有不同。而到执政很久、罪孽深重的亨利八世去世时， 71
已经可以隐约看出英国经济组织的某些主要特征，这些特征到蒸汽动力和机器出现时将使它崭露头角。殖民扩张的门始终还未打开过，40 年以后开始了殖民扩张的第一次实验。

使当时人们困惑不已的现象是，先是葡萄牙、然后是西班牙突然一下子明显地富裕起来。看不出寄生的财富会有什么报应，只是听任那个商业共和国的大使以愤世嫉俗的唯理主义（与其古老的智慧相比，西方新富豪只是些顽童）作出评论说，西班牙帝国的真正矿藏并不在美洲，而是在四面环水的尼德兰那湿漉漉的黏土里。[5]当绑在当时最开明、进步的社会背上的西班牙获得这个宝库（她从中得到的财富远比从波托西得到的多得多）从而使自己彻底寿终正寝时，上述批评的正确性就显示了出来。不过将使欧洲大企业遭受打击陷于瘫痪的长期创痛，这时尚未露出端倪，西班牙以后几代人带着可以谅解的夸大回顾说，查理五世的最后几年是一个经济繁荣的黄金时代。从整体上看，虽然受到政治斗争和宗教斗争的伤害，欧洲似乎已经解决了中世纪后期困扰着她的最迫切的经济难题。在与森林和沼泽地不停斗争的一千年里，她在她自己的荒芜土地上开拓了殖民地。那个伟大的任务差不多完成了，现在她转向对世界殖民。她不再处于防御姿态，而是进入了一个经济扩张的阶段，这种扩张在以后的 400 年里不断发展，一直要到 20 世纪才露出行将结束的迹象。一年一度，美洲的金银给她滋养，一年一度，东方的丰收使她增强。单纯
72 实验的时期结束了，各种新的联系牢固地建立起来，看上去她的经济非常稳定，她的基础比以往任何时代都更为广阔。

葡萄牙和西班牙掌握着东西方宝库的钥匙。但是，葡萄牙人口极少，她的帝国只不过是 10 000 英里长的一排城堡和工厂；西班牙几个世纪来征战不绝，现在肩负着她广阔而分散的帝国的责任步履蹒跚，虔诚得近乎狂热，却无力处理将要出现的经济事务。她们一个靠着坚韧的努力、一个凭借运气进入了帝国，其物质成果却既不是由葡萄牙、也不是由西班牙收获的。收集着她们无法保存的战利品，积聚着从她们指缝中漏走的财富，她们只不过是那些更加精明、更精通和平艺术的人的政治代理人。每一个时期和每一个社会，都有某种特定的中心，或制度，或社会阶级，使得它所独有的种种特征能够固定下来、体现出来。文艺复兴初期的欧洲，运动的

中心曾是意大利。宗教改革时期的欧洲，运动的中心是低地国家。新文明的经济中心则是安特卫普。最能体现其急不可耐的经济能量的机构是国际金融市场和产品交易所。它的典型人物，君主们的出纳员，乃是国际金融家。

在被宗教迫害、革命和战争毒化之前，最纯粹的尼德兰精神的典型化身便是伊拉斯谟(Erasmus)，一位不穿麻衣的先知，一位心平气和的改革家。对于普遍国际主义的纯净精神来说，国家的分界线，不过是为了安慰冤 73
冤相报的愚蠢君主而胡乱画出的图案。安特卫普属于那个最具世界性的国家，注定要成为已被欧洲所有其他大国驱逐的国际性思想的庇护所，“各民族共有的家园”，它是最具世界性的城市。普朗坦(Plantin)的印刷术使它作为一个学术中心著称于世，这是一个绘画几乎成为全民行业的国家里的绘画中心，它立即成了克拉纳赫(Cranach)、丢勒(Durer)、霍尔拜因(Holbein)这样的大师前去朝圣的神殿，成了一个避难所，给不幸的流亡者提供了一个尚未受到任何蓄意镇压异端的运动干扰的安全地带。在它生气勃勃的思想生活中，恰如在它光彩夺目的物质繁荣中，思想家和改革家找到了一个精神家园，新时代似乎在这里积聚着能量，准备一跃而进入那个幸福和梦想之乡，由于这种情景，了解欧洲的莫尔(More)顺理成章地选择他在安特卫普住所的花园作为写作的背景。

安特卫普经济上的杰出地位在很大程度上应归功于它背后的工业区，瓦朗西安和图奈尔的羊毛和精纺毛料、布鲁塞尔和奥德纳尔德的花毯、那慕尔的铁制品，还有列日周围黑区的军火，都从那里源源不断地运到它的码头。[6]但是安特卫普是一个欧洲人的而不是佛兰芒人的大城市。为了接纳来自地中海和波罗的海的、在低地国家汇合的两股贸易大潮，她与布鲁日长期竞争，到15世纪最后25年时，击败了她的对手。汉萨同盟在安特卫普保持了一个供给站；意大利在那里开业的银行越来越多；英国商业冒险家把它作为仓库，它长期的主要进口产品英国棉布，就从这里销往北欧；在90年代，黄铜市场从威尼斯搬到了安特卫普。接着便是地理大发
74 现，而安特卫普，第一个着手开发大洋而不是内海财富的城市，在欧洲历史上占有了一个几乎是独一无二、无可置疑的突出地位。漫长的东西航线在它的港口汇合、终结。1503年，葡萄牙政府把它作为东方香料贸易的仓库。从查理五世登基起，它就是西班牙帝国的商业中心、美洲白银的市场，而不顾人们抗议说贵金属正在离开西班牙。商业以及它对低息、方便的信贷的要求，带动了金融业的发展。南德的商业公司和银行把横跨阿尔卑斯山的日渐缩小的贸易转到安特卫普，使它成为空前庞大、空前复杂的金融活动的基地。[7]

在这样一个经济的温室中，新的社会哲学，像新的宗教信条一样，找到了合适的土壤。皮雷纳(Pirenne)教

授把中世纪中产阶级的观点同16世纪新富豪的观点作了对照。前者想要保留社团和地方的特权，后者向世界扩展其影响，它不依靠单纯地方的利益，它成功地证明，资本家无须人为地保护同业公会和市镇，它有能力开辟自己的前程。[8]“没人能够否认，”安特卫普的外国商人写信给西班牙国王腓力二世，抗议干涉交易所的业务自由，“这个城市之所以繁荣，就因为在这里做生意的人享有自由。”[9]安特卫普的自由资产阶级在飞速扩展的事业的波峰一下子大富起来，这在一个世纪之前看来会是最疯狂的幻想。他们无视一切惯例，追求一种在任何其他城市都会遭到反对的注重实际的个人主义政策，与抵御侵略的勃艮第公国达成协议（它被它们更为
保守的邻居攻打），减低税率并取消私人捐税，欢迎在别 75
处遭到抵制的技术改进，抑制同业公会造成动荡的独立性，向外来人和对当地公民一样敞开新交易所的大门，它的重要献词是：人的出身和语言对商业最有用。

因为，如果说安特卫普是个缩影、反映了商业欧洲的灵魂的话，那么安特卫普的心脏便是它的证券交易所。正如工业资本主义将成为19世纪的典型特征一样，金融资本主义乃是文艺复兴时代的典型特征，使其如此的部分原因在于商业企业规模的单纯扩大。为了给国际市场控制的生产运动提供资金，需要资本经常稳定的流动。这样的生产有东方的香料植物（首先是胡椒，当它还在水上时，一贫如洗的葡萄牙政府就把它成批地

卖给德国的辛迪加）、铜、铝、贵金属，以及英国商业冒险家用船运来的棉布等。金银的贬值和物价的上扬，使得追求利润的投资大大增加；国际银行系统的发展在各战略要地动员了巨大资源；而且，由于安特卫普是欧洲金融市场的中心，安特卫普的票据便是最普通的国际货币形式。欧洲各大金融公司的力量联合起来，加上大量的流动资金，来自匈牙利和蒂罗尔的矿产、东方的商业冒险、从西班牙农民身上榨取的税款、金融家的投机生意以及普通公众的存款，安特卫普、里昂、法兰克福和威尼斯，其次还有鲁昂、巴黎、斯特拉斯堡、塞维利亚和伦敦，到 16 世纪中叶已经培育出相当一批金融专家，以及一整套所有要素都和今天一样的金融技术。他
76 们共同建立了一个国际票据交换所，设有各个不同的部门，在那里票据可以迅速贴现，任何一个重要城市的汇票都可以通用，而且几乎每一种国籍的商人所持有的有价证券都可以在此易手。[10]

16 世纪金融资本主义虽然使君主宫廷更加危机四伏，但在商业和平发展的支持下，并未改变其奢侈生活。看上去，人类最最憎恶的就是它自己的繁荣。生怕财富的增加会减少它的辛劳，它匆匆忙忙增加它的劳动，又大量挥霍危险的金钱，怕钱多了没法再哭穷。如果把欧洲在 16 世纪上半叶所掌握的新资源用于和平的手段，也许会有助于驱除瘟疫和饥荒的阴影，也许会把文明的物质结构提高到一个梦想不到的高度。但是它的

统治者，世俗的统治者和教会的统治者，都不作如是想。当自然不再把瘟疫和饥荒造成的贫困强加给我们时，统治者却用政治手段重造贫困。

他们为了排放每一次新增多余财富而打开的闸门便是战争。“在聪明人看来，”那个时代笔调最辛辣的作家写道，“百鸟中唯有雕才是尊贵的象征，它长得不漂亮，声音不动听，肉也不好吃，但是它食肉，贪婪，既令众人讨厌，也让众人苦恼，而且凭借它巨大的伤害力，它做坏事的欲望要胜过他们。”[11]伊拉斯谟 1517 年说的这些话不幸都言中了。在 16 世纪和 17 世纪的将近四分之三的时间里，欧洲处于四分五裂的状况。在长期的冲突过程中，文艺复兴和宗教改革的精神火花都被踏灭在暴徒们的脚下。这些暴徒充满恶意、专门捣鬼，活像莎士比亚最令人绝望的悲剧中那些自负、愚蠢、故意寻衅的将军，他们对着瑟赛蒂兹*可恨的嘲笑声大摇大摆、装 77
腔作势。到 16 世纪中叶，英国政府在大贬值和大没收之后，处于金融崩溃的局面，而到了这个世纪末，西班牙、南尼德兰包括安特卫普以及法国的大部分地区，包括南欧的金融中心里昂，全都垮了。到了 17 世纪中叶，德国的大片土地成了荒漠，到世纪末，财政大臣柯尔贝尔（Colbert）曾用他的天才暂时挽救过的法国金融陷入了更加混乱的境地。胜利者把他们的地位与战败者的

---

* Thersites，荷马史诗《伊利亚特》中的一名最丑陋、最会骂人的希腊士兵，在特洛伊战争中因嘲笑阿喀琉斯而被杀。——译者

处境相比，为他们自己获得的战利品而庆贺。他们想不到应该问一问，如果既没有胜利者，也没有战败者，而只有和平的话，该会是什么情景。

与政府筹集贷款、以空前的规模调动经济力量的能
力相比，政府的垮台给人类造成的损害从整体上说也许
还是比较轻的，因为这种能力给那个时代狂热的民族主
义提供了一种比火药大炮更加致命的武器。在文艺复兴
时代出现的中央集权制国家处处面临金融的困境。困境
的原因是现代的管理方法、军事方法与中世纪的金融系
统结合在一块。他们委托官僚机构办事，如果这事要办
的话，以前也只是作为附带的事，或者由市镇和同业公
会去办；官员们是要报酬的。他们经常处于战争状态；
而新的战争技术，包括使用大批专业化步兵和炮兵——
拉伯雷(Rabelais)说，这是受魔鬼指使发明的，为了抵
消受上帝启示而发明的印刷术——正在使它变成(如
1870 年之后)一种高度资本化的工业。一个又一个政府
78 毫不气馁地重蹈其邻国的覆辙，很少有例外，而他们的
权宜之计总是带来一个比一个更大的灾难。他们贮藏财
物，看到的只是节俭的亨利七世或弗雷德里克三世积聚
的财产被亨利八世或马克西米连(Maximilian)浪费掉。
他们让货币贬值，摧毁贸易。他们出卖营业所，或建立
垄断权，用沉重的间接税压迫纳税人。他们洗劫教会，
并把本当作为资本的财产当作收益肆意花费。他们卖掉
王国政府的地产权，给继任者留下无法解决的难题。

然而，这些惬意的手段有明显的局限。当它们都施展完毕时，遗留下来的是金融市场，而且所有国家迟早会来找金融市场的管理者。他们对金融家的依赖是伊斯梅尔（Ismail）或阿卜杜勒（Abdul）式的依赖，其结果同样是灾难性的。自然，伦敦城是欧洲有影响的势力之一。政论家们可以写道，新的救星是君主，宗教改革家可以写道，那君主即教皇。但是在君主和教皇等等后面，站在最后的是一位矮小的德国银行家，他在欧洲每一个国家的首都设有分行，他不偏不倚地给亨利八世、爱德华六世、伊丽莎白、弗兰西斯提供资金，他在金融世界扮演的角色犹如战争中的雇佣军首领，他在经济领域里代表着马基雅弗利的君主在政治领域所代表的道德。与这些金融王朝相比，哈布斯堡王朝、瓦罗亚王室（Valois）和都铎王朝都是被金融势力牵着绳跳舞的木偶，对这个势力来说，除了作为一个赚钱的机会之外，政治斗争毫无意义。

金融家得到的报偿一部分是现金，一部分是特许权，这些权利进一步发展了使欧洲成为一个经济统一体的金融业务网。德国银行涉足的范围大得惊人。韦 79
尔泽家族（Welsers）曾为葡萄牙 1505 年航行到东印度投资，曾为 1527 年委内瑞拉半是商业、半是军事性的探险提供资金，曾参与里斯本、安特卫普和南德之间的香料贸易，曾是蒂罗尔和匈牙利银矿、铜矿的合伙人，不仅在里斯本和安特卫普，而且在德国、意大利和瑞士的各大城市都设有机构。霍赫施泰特家族(Hochstetters)、豪格家族(Haugs)、莫伊廷家族(Meutings)和伊姆霍夫(Imhofs)家族的事业也同样成功。富格尔家族(Fuggers)由于富有远见地贷款给马克西米连，获得了开采矿产的巨大的特许权，经营着西班牙国王所继承的很大一部分地产，掌握着西班牙的银矿和水银矿，控制着意大利的银行和商业，尤其是在安特卫普。他们发放贷款使勃兰登堡的阿尔布雷希特(Albrecht)成为美因茨的大主教；得到的回报是，派他们的代理人和特策尔(Tetzel)一起用延期优惠来筹款并平分收益；他们提供资金，让查理五世在一次按照公开拍卖和赌场规则进行的选举之后买下了帝国的王位；当他欠债不还时，他们吓唬他，腔调犹如当铺老板在对穷困的顾客估价；他们还给查理1552年招募军队攻打新教诸侯提供资金。这个公司的首脑在他的家乡奥格斯堡建造了一座教堂并捐助了一所收养穷人的孤老院。他死时享有好天主教徒、帝国伯爵的圣洁名声，在此之前的16年里他让他的公司付出了54%的收入。[12]

二　路　德

像三个世纪后大工业的兴起一样，伴随着文艺复兴而发生的经济革命有力地推动了思考。德国和英国的人
80 文主义者都对他们时代的社会弊病发动了一系列尖锐的批评。重商主义思想家们从君主们的军械库中拾起一种

旧的经济武器，把它重新磨利。仍然处于初创阶段的客观经济分析，在实际经商者关于价格上涨、关于货币以及关于外汇的争论中得到一种新的推动。

宗教舆论对这些新的力量会持怎样的态度，这是一个重大问题。它可能欢呼经济事业的迅猛发展提供了富裕繁华的生活，如那些醉心于重新发现古典文化的教皇们。它可能谴责它重新陷入了异教徒的不道德行为，如那些对罗马的物质上的成就感到厌恶和恐惧的神父们。它可能试着把发展增长的能量用于它自己关于人的精神目标的概念，如那些尽量扩大旧的教义以便适用于资本和商业这些新的力量的经院哲学家。它不可能无视它们。因为，虽然有马基雅弗利，社会理论不过刚刚开始把自己从中世纪僵化的教会体系中解放出来。对于经济问题最系统的论述仍然隐含在宗教法规学者的著作中，而且神学家继续对财产问题和契约问题发表看法，像论述神学问题一样自信。

平信徒可能怀疑他们说教的内容并反对它的结论。但是对于经济行为问题属于教会法学家的专业范畴这个假定，他们还很少提出抨击。贝拉明略显粗暴地抱怨，虔诚的商人在忏悔时提出的经济良心问题太过复杂。安特卫普证券交易所的西班牙经纪人，就不大会有那种病态的谨慎和顾忌，他们对教会当局非常恭敬，送他们的告解神父去巴黎，为的是向大学的神学家请教交易所的投机生意与教会法规的一致性。[13] 后来因与路德论战而 81

出名的埃克(Eck)去意大利旅行时，正是富格尔大公司的一帮资本家给他提供的资金，因为他们认为，他的远征是要求得到博洛尼亚大学对他的大胆论证的权威性支持，确认在商人之间的交易中可以合乎法律地支付利息，为追求这样一条有利的真理是值得花钱的。[14]

个人主义的、竞争性的新经济文明在商业和金融而不是工业的巨大发展的迅猛推动下，为空前规模的投机盈利提供着种种机会，不可避免地引起了激烈的争论；而且，由于宗教改革的朋友和敌人都把它等同于社会变革，宗教斗争中的领导人也就不可避免地成了这场争论的主角。在德国，社会革命已经酝酿了半个世纪，现在终于爆发了。到1569年博丁(Bodin)发表他著名的小册子为止，[15]曾使人们困惑不解的物价上涨，激起人们对垄断者的强烈义愤。自从汉斯·伯海姆(Hans Böheim)1476年领导起义之后，几乎没有一个十年不发生农民起义。消灭让工匠和农民长期饱受其苦的高利贷成了一种战斗口号。镇压敲诈勒索者的普遍要求，吓得一个又一个市政当局向大学和神父们请教利息的合法性问题，大学和神父们照例作出响亮的、但使人困惑的回答。梅兰希通(Melanchthon)阐述了有关放债和物价的神圣教义。[16]加尔文写了一封论高利贷的著名书信，并就同一题目进行布道。[17]布塞尔为一位信仰基督教的君主起草了一份社会重建计划。[18]布林格(Bullinger)在他题献给爱德华六世的《几十年》中对社会道德规范作了经典的阐述。[19]路德发表演讲并散发小册子反对敲诈勒索者，[20]说是已经到了“管一管富格尔家族的神圣公司”的时候了。[21]茨温利(Zwingli)和奥科兰帕迪乌斯(Ecolampadius)设计了重新组织济贫的各种计划。[22]尤其是，农民战争诉诸福音所得到的广泛同情和它带来的骇人听闻的灾难，不仅吓得路德大声呼吁：“无论谁只要力所能及，都来秘密地或公开地刺杀他们，击毙他们，扼死他们吧……在如此惊人的时代，一个运用杀戮政策的君主比一个运用祷告的君主更配进天堂”；[23]它还促使路德主义表现出对世俗权威的几乎奴颜婢膝的依赖。在英国，暴力较为少见，但人们同样地激动不安，同样不断地写作、讲道。拉蒂默、庞内特(Ponet)、克劳利(Crowley)、利弗(Lever)、贝肯(Becon)、桑兹(Sandys)和朱厄尔(Jewel)——只提几位最著名的人士——全都为论战撰文。[24]不管16世纪的社会实践如何，它绝不缺少宗教人士的社会说教。如果布道和小册子能够拯救世界的话，世界早就该是天堂了。 82

一个急速变化的经济环境的种种问题，竟然在欧洲被空前尖锐的宗教分歧弄得四分五裂的时刻爆发，也许可以说是它的历史悲剧之一。不过，社会理论的差别并不等同于宗教观点的差别，而且几乎所有这些学说的特征(在德国和在英国一样)就是它的保守主义。凡是涉及社会道德的地方，宗教革命的代表人物，几乎无一例外地按照古老的方式求诸中世纪的权威，并以通俗的语言重述经院神学家的学说。

83 一种关于16世纪社会史的观点认为，宗教改革乃是商业精神对传统的基督教社会道德准则的胜利，这种观点已为某些人所接受。相似的观点已有相当历史。早在1540年，克兰默(Cranmer)写信给奥齐安德(Oziander)，抗议德国改革者姑息经济交易和婚姻方面的道德放纵，给英国改革者造成难堪的局面。[25]到了17世纪，这些暗示变成了一种理论和一种论据。波舒哀(Bossuet)讥刺加尔文和布塞尔是最先为敲诈辩护的神学家，[26]为便于公众了解，一位小册子作家用直截了当的话改写了这种谴责，结果"'高利贷是异教徒的孩子'成了一句众所周知的话"。[27]无论在德国还是在英国，对罗马的反抗都与社会严重困难时期同时发生，这是无可否认的，也无须用任何冗长的论证来说明，它和其他革命一样，有其丑恶的一面。不过，人们有时想到的不只是宗教运动和经济运动在时间上的重合，而是经济组织的变革与宗教学说的变革之间的一种逻辑联系。这就是说，那个时代的坏的实践乃是其宗教革新的必然表现，而且，即使改革者没有明确地教给人们不讲良心的个人主义，至少个人主义是从他们的学说中自然得出的推论。在18世纪，僧侣迷信时代的商业限制已像他们的政治理论一样不受欢迎，上述观点便成了颂词。在我们自己的时代，似乎车轮兜个圈子仍回到了原处。那时值得庆贺的事，现在常常成为批评的理由。有些作家抨击宗教改革，说它开创了一个肆无忌惮的商业主义时代，他们认为，这种商业主义以前一直受到教会教义的控制。

企图把社会理论中的变革与那个时代的重大宗教斗
争联系起来，这种想法有一定道理。但是一场激烈争论 84
中顺口说的话，更能说明论战者的情绪，而不是他们争论的实质，而且争论的问题过于复杂，并非那种迎合虔诚信徒的简单对立所能恰当表达的。如果资本主义就是指为了增加资本所有者自己的财富而由他们管理工业，以及资本所有者与靠工资为生的无产者之间建立的各种社会关系的话，那么资本主义在中世纪的意大利和中世纪的佛兰德已经大规模地存在。如果资本主义精神就是指为了追求利润不惜牺牲一切道德良心这种倾向的话，那么中世纪的圣徒和贤哲对它已经非常熟悉。无敌舰队时期引人注目的，是信奉天主教的葡萄牙和西班牙的经济扩张主义，而不是新教国家虽然比较实在、却不那么壮观的成就。欧洲的商业中心绝大多数是天主教城市，欧洲的主要金融家是天主教银行家。

这也不是说，新教舆论姑息纵容那种倾向，对于对经济事业的各种比较合理的限制也要攻击。如果说宗教改革所释放的力量果真有助于消除宗教思想对社会和经济问题的传统态度，那它这么做也并非是有意的，而且是与大多数改革家的愿望相反的。实际上，无论 16 世纪金融资本主义发展所带来的经济实践的变革多么令人

兴奋，有关经济伦理学问题的学说的发展是持续性的，而且，越是仔细研究，越没有理由认为这股溪流在宗教
85 革命的悬崖上骤然中断了。如果认为宗教放弃其理论对经济活动和社会制度的优先权，是与反抗罗马天主教廷同时发生的，那就把这场运动的日期提前了。这场运动在一个半世纪之后尚未最后完成，而且它有赖于经济和政治组织的变革，正如有赖于宗教思想领域里的发展一样。在16世纪，持各种意见的宗教导师仍然在《圣经》、神父、《宗教法规大全》那里搜寻有关实际社会道德问题的答案，而且就第一代改革家来说，无论是路德派、加尔文派，还是英国国教派，都不打算松弛诉诸良心的教规，他们认为这些教规能控制经济交易和社会关系。如果说带有意向，他们的意向是更加严谨地解释它们，以抗议文艺复兴运动的道德松弛，尤其是抗议贪欲，他们认为这是罗马教廷特有的罪孽。因为，重生和洗罪的激情，作为宗教改革运动的一种要素，乃是针对社会的腐败和教会的腐败的。王公贵族和商人们出于他们的本性，急不可耐地浑水摸鱼。但是宗教领袖的目标，不仅是按照已被遗忘的原始基督教的纯洁模式，重建他们的学说和教会体制，而且还要重建人们的行为和习俗。

德国改革家的作品十分热情、十分朴实地表达了如何因不满现代的堕落而求助于早期洁白无瑕的黄金时代。像18世纪的返归自然一样，这是社会对一个过于

复杂的文明的物质成功感到失望时发出的对精神安宁的呼唤。奥格斯堡、纽伦堡、雷根斯堡、乌尔姆和法兰克福的繁荣，甚至像罗滕堡和弗赖堡这些较小的城市的繁荣，早已得到所有观察家的赞赏。控制着横跨阿尔卑斯 86
山和沿莱茵河而下的重要贸易路线，它们占据着中心地位，当香料贸易转移到安特卫普和里斯本之后，它们将失去这种地位，并且无法恢复，直到 19 世纪发明了铁路系统之后，才使德国重新成为西欧和俄国、奥地利、意大利以及近东地区之间的贸易中心。但是，伴随着使有钱的资产阶级更加富裕的商业发展，一种严重的社会隐忧在增长，甚至早在地理大发现使德国从一个重要地区变成落后地区以前，这种隐忧便在文学和民众的不安中留下了痕迹。这一发展的经济特征在于，以控制资本和信贷为基础的新的利益集团上升到压倒一切的显要地位。在中世纪的初期，资本曾经是工匠和手艺人的个人劳动的附属品。在 15 世纪的德国，像很久以前在意大利一样，它不再是奴仆，已经变成了主人。它具有一种独立的生命力，它要求履行主要合伙人的权利、按照它自己的苛刻要求来支配经济组织。

在这些新的力量冲击下，以往时代的机构虽然形式上仍然存在，但其实质和作用已经改变。在大城市里，同业公会组织曾经是抵制资本家侵害的屏障，现在则成了他用以巩固其权力的工具之一。兄弟会的规则掩盖了会员之间的对立：一个商人财阀统治集团和一个靠工资为生的无产阶级；财阀集团隐蔽在屏障后面，只有富裕的工匠有可能攀越这些屏障，而无产阶级靠老板提供的资金和贷款谋生，不断地起来造反，又不断地陷入越
87 来越贫困绝望的泥沼。[28]商业文明向农业地区的扩展和古代农奴制的残存同样给农民带来苦难。例如在英国，城镇的暴发户（*nouveaux riches*）通过购买和借贷把钱投资于土地，并且通过竞争迫使地租、租费上涨。但是，当英国负担封建租税的佃户正在摆脱隶农制的沉重负担、向王室呼吁保护他的权利并且获得成功时，南德的佃户（那里的农奴制一直要持续到 19 世纪中叶）却发现强征的劳役倍增，缴纳的款额提高，公共权利削减，这都是为了一个赤贫的贵族的利益，面对着资产阶级迅速增长的财富，贵族维持其社会地位的唯一手段便是剥削农民，它抓住此时颇为时髦的罗马法作为一种工具，为它的强征暴敛提供法律支持。[29]

大发现引起的商业革命就发生在这样一个经受着发展的阵痛折磨的社会。其结果是为经济发展打开了一个似乎无边无际的领域，并使每一个社会问题尖锐化。从此以后不能再通过威尼斯开发东方的财富，南德的主要商行或者撤回横跨阿尔卑斯山的贸易，像富格尔家族那样专营银行和金融，或者组织成合伙公司，在里斯本和安特卫普从事贸易，这样的贸易路途遥远、费用昂贵，单靠个别商人自己的财力是无法进行的。现代世界在美洲看到各种集团的迅速兴起，它们用大资本的力量控制

着产量和价格。而在宗教改革前的那一代，欧洲比较狭窄的商业舞台上发生过与此有点类似的运动。它的中心是德国，而且人们为它辩护或攻击它的论据，几乎就是我们今天所熟悉的那些论据。囤积居奇的团伙和垄断者 88
的勒索，“像一条大狗鱼吞食许多小鱼一样”，把弱小的竞争者赶出赛场，并大肆劫掠消费者，这是社会改革家的老生常谈。[30]合伙公司强调大规模组织的好处以及干涉企业自由的危险。这个问题曾好几次在帝国议会上提出。但是那位观察到鸡蛋不可能直立的圣贤已经作出他的发现，而这一发现不顾有关利益集团强烈反对作出的判决，看来并不比现代关于相同问题的立法更有效。

上述状况引起强烈反资本主义的态度，表现在无数的社会重建计划中，从 15 世纪 30 年代所谓的《西吉斯蒙德皇帝的改革》到 1525 年农民们的《十二条章程》[31]。在宗教改革的时代，希普勒(Hipler)表达了这种态度，他在《神圣的福音改革运动》中强调说，一切商人的合伙公司，诸如富格尔家族、霍赫施泰特家族以及韦尔泽家族的那些公司，都应当铲除；胡滕(Hutten)表达了这种态度，他把商人和爵士、律师以及教士都归类为公众的强盗；盖勒·冯·凯泽贝格(Geiler von Kaiserberg)表达了这种态度，他写道，垄断者比犹太人还可恶，应当像狼一样彻底消灭掉；而最重要的是，路德表达了这种态度。[32]

路德关于社会道德的言论可谓是一座变幻莫测的火

山的偶然爆发，在浓烈的烟火中只能偶尔看到一些闪光，没有理由把它作为一种内在一致的理论详加考察。与圣安东尼诺这样的思想家的明晰敏锐的理性主义相比，路德关于社会问题的布道和小册子给人一种幼稚的印象。他是一个急躁而知识准备不足的天才，想要摆脱令人为难的法律和逻辑困境，根据他自己的质朴意识和
89 被灵感唤起的热情来制定一个社会伦理体系。

这部分是因为，它们是那种时势下的组成部分（*pièces de circonstance*），在一场革命的风暴中被抛弃；部分是因为令路德憎恶的正是法律和逻辑的缜密精致。面对着复杂的国际贸易和金融组织，面对着深奥微妙的经济分析，他就像一个野蛮人被带到电动机或蒸汽机面前一样。他非常惊恐，十分生气，甚至感觉不到好奇。想要对他解释机器的结构，只会激怒他；他只能反复说，那里面有个魔鬼，好基督徒不会去摸那邪恶的神秘东西。但是他的狂怒中显示出条理。它并非出于无知，因为他精通经院哲学，而是出于一种概念，这种概念使经院的学识显得浅薄而有害。

哥伦布仿佛在宣布一个自明之理似地写道："金子构成财富，谁拥有它，谁就能得到他在尘世所需要的一切，也就有办法把灵魂从炼狱拯救出来，让他们重获天堂的欢乐。"[33]正是这种认为万事万物（未来的拯救和现世的幸福一样）都可以明码标价的理论，使那些对教会绝对忠诚的人们震惊，并给了他们反对改革者的最有力

的论据。他们的社会观和宗教观有一个共同之处，即两者的实质都是在一个未被败坏的历史这个高贵的法庭面前指控一种堕落的文明。路德是这种革命的保守主义的最高典范，他像仇视那个时代的精神上的放纵一样仇视它的经济个人主义。他对商人和金融家征服社会所持的态度和他对宗教商业化所持的态度一样。当他察看德国的教会时，他发现，由于源源不断地给这个新的古巴比伦式的罪恶之都进贡，教会已被吸干。当他察看德国社会生活时，他发现，它被一种冷酷无情的金钱力量所支 90
配，这种力量像富格尔家族的银行业务一样，无意中助长了罗马的贪婪和腐败。罗马教廷对教会的剥削，资本家对农民和工匠的剥削，由此成为那个坐在七丘之城罗马的野兽的双角。两者本质上都是异端，要用同一把剑去夷平。这就是福音书的宗教信仰。教会不能再是一个帝国，而应成为信徒们的一个团体。社会应当弃绝使人忧心的奖赏和斗争，转变为一群弟兄勤奋愉快地完成他们的全部简单劳作，这是亚当的子孙们的共同命运。

心灵之子像肉体之子一样，一旦出生，他们就按照一条自己的存在法则成长，而如果他们的父母能够预见他们未来的发展的话，有时候会感到心碎的。路德作为著名的个人主义者，赢得了赞美，也招来过谴责，如果他预见到将从他的论证引申出的间接推论的话，他会感到震惊的。万巴(Wamba)说过，作为一个基督徒去宽恕根本就不是宽恕，一个爱嘲笑的人强调指出，路德对基督教自由所作的阐述，给人强加的社会限制多于它取消的限制，他可能倒是更接近路德本人的思想，不像那个自由论者，竟会从路德的学说中看出，路德请求把经济行为问题和社会组织问题看作在精神上无关紧要的问题。路德反对权威，不是抨击它的严格，而是抨击它的放纵和腐败。他的个人主义，不是有钱人的贪婪，渴望利用社会当局的弱点攫取私人的好处。它是无政府主义者的真诚的热情。无政府主义者渴望一个由秩序和博爱
91 主宰的社会，而不需要"单调、陈腐、令人生畏的惯例、法律和法规"，因为秩序和博爱都发自内心天生的纯洁。

特勒尔奇教授曾指出，新教徒和天主教徒一样强调一种基督教团体文明的观念，在这种文明中，生活的所有部门，国家和社会、教育和科学、法律、商业和工业，都应按照上帝的律法来管理。[34]这个概念支配着路德关于社会问题的所有言论。对于后来很流行的观点，即认为商业界是个封闭的部门，有其自己的规律，宗教导师为世俗事务制定道德行为规范超越了他的职权范围的观点，路德非但不接受，而且猛烈谴责这种貌似有理的异端邪说，一点不亚于他对罗马教廷的痛斥。他总是用这句经文告诫人们："除非你的正直超过了文士和法利赛人的正直。"他呼吁的不是拘泥形式、墨守法规、有意表现的美德，而是不需要用法律来组织的天生的仁慈，因为它是一种爱的习惯的自发表达。修复便是破

坏。路德对一个没有教会和世俗法律体系矫揉造作的诡辩的时代的单纯基督徒美德的热情，在革命的暴力中得到了说明。农民们宣称，“基督的启示，应许的弥赛亚，上帝的命令，都只教人仁爱、和平、容忍与和谐”，这与农奴制、徭役和封闭是格格不入的。[35]

这样的前提所导致的实际结论，是一种比许多中世纪思想家所持观点更为中世纪的社会理论，因为它不考虑上两个世纪的商业发展，认为那是回复到了异教徒的信仰和实践。它的部分根据在《圣经》，部分根据是关于人尚未被财富腐化时的一种自然状态的模糊概念，部分根据是对一种商业文明的普遍抗议，这种抗议四处流 92
传，而路德作为人民中的一员，以令人惊讶的幼稚吸收和复制了这种抗议，虽然他谴责要把这些抗议付诸行动的实际措施。与 20 世纪天主教徒的反应有某些相似，16 世纪新教徒的反应是怀念已经逝去的农民富裕的时代。路德仇视商业和资本主义，他的社会理论，与现代贝洛克(Belloc)先生和切斯特顿(Chesterton)先生的“分配国家”有极为相似之处。

对于人们用以积聚财富和权力的手段，如急于为将来积攒财富，路德完全抱着农民和教士式的怀疑态度。基督徒应当靠自己的辛苦劳动谋生，不必去想明天的事；应当在年轻时结婚，相信上帝自有安排。像梅兰希通一样，路德认为最值得羡慕的生活是农民的生活，因为它最少受斤斤计较的商业精神的侵蚀。他引用维吉尔的话，力图让人们明白应从祖先的榜样学得的东西。[36]工匠的劳动是值得尊敬的，因为他以他的职业为公众服务；诚实的铁匠或鞋匠就是上帝的派遣仆人。贸易是可以允许的，但只限于生活必需品的交换，而且不能要得太多，以致超出对他所承担的劳动和风险的补偿。懒惰和贪婪是不可饶恕的罪孽，因为它们破坏了团体的统一，基督徒都是这个团体的成员。罗马教廷是这两种罪孽的肇始者和维护者。因为，在毁灭了意大利之后，那个生活极尽奢侈、使任何帝王都无法与之相比的圣彼得的继任者，把铁爪伸向了德国；而托钵僧会则以其同样有害的行为和榜样，使这片土地上出现了大批乞丐。朝圣、圣徒节、隐修院都是偷懒的借口，必须禁止。游民
93 必须驱逐出境，或者强迫他们劳动。对于正派的穷人，每个城镇都应组织慈善团体帮助他们。[37]

虽然路德拆除了社会等级制度阶梯上基督教会的梯级，但他承认这个制度及其地位原则和服从原则。宗教上的激进主义和经济上的保守主义结合在一起，这并不罕见。传统的观念认为，社会乃是由具有不同权利和职能的不平等的阶级组成的一个有机体。路德这位以后所有革命的奠基者，从这里发现了一个反对变革的理论武库。他以几乎同样的愤怒把这些武器射向奋起反抗的农民和攫取财富的垄断者。他为普通人的精神自由所作的辩护，他对德国王族直言不讳的抨击，自然为被可恶的暴政压得透不过气来的农奴信以为真。然而，当不可避

免的起义来临时，路德认为神圣的、属于他自己的真理被人荒谬而拙劣地模仿，这使他感到困窘因而大为恼火，正如另一个时代的伯克一样。他像中世纪的所有作家一样确信农奴制是社会的必不可少的基础，废除这种制度的企图使他担忧。一种颂扬世俗权威的专制主义的政治理论，以及一种把外部秩序和精神生活截然对立起来的宗教教义，加剧了他的忧虑。农民提出结束隶农制的要求，因为“基督已经用他流淌的宝血解救了我们全体，为我们赎了罪，无论是大人物还是小人物，无一例外”。[38]这种要求使他惊恐，部分是因为它预示了一种无政府主义的放纵，部分是因为它很可能被混同于、因而有损于(事实上的确损害了)宗教改革运动，部分是因为(如他所认为的)它削弱了福音的力量，把一种圣灵的预言变成了一种社会重建的方案。“这篇文章要使所有的人平等，从而把基督的精神王国变成一种外在的世俗王国。绝不可能！没有人的不平等，尘世的王国就不可 94
能存在。有些人必须是自由的，其他人必须为奴，有些人必须统治，其他人必须臣服。正如圣保罗所说：‘在基督面前主人和奴隶是一样的人’。”[39]差不多 4 个世纪之后，路德对于过于匆促地确立天国的忧虑似乎有点过头了。

一个社会可能因暴力而毁灭，也可能因腐败而朽蚀。凡是农民发动攻击的地方，也都有资本家的暗中破坏；而路德的理想是一种即使存在过，也已显然被打碎了的家长制社会的道德，他决不宽恕农民的造反行为，也决不宽恕商业和金融的缓慢毒化作用。他的社会理论与加尔文的观点之间的差别是再显著不过的了。加尔文虽然苛刻，但他承认商业文明的各项主要制度，并为将要掌握未来的那些阶级提供了一个纲领。而路德关注的则是过去。一位英国政治家曾经把中产阶级称作人类的天然代表，而路德认为基督徒的世界里没有中产阶级的地位。国际贸易、银行和信贷、资本主义工业，各种经济力量的综合体，紧接着他自己的革命，将成为瓦解中世纪的最强大的力量，而在他看来，它们本质上属于基督徒要回避的黑暗王国。他抨击教会法规的权威，只是为了更专断地重申过去用它来支持的具体规则。当他详细论述经济问题时，如在他1520年的《关于高利贷的长篇布道》或在他1524年的《论买卖交易和高利贷》的小册子中，他的说教来自对教会审判权的最严密的阐释，不像宗教法规学者那样为了适应实际生活的急切需要作出种种限制性说明而使之有所缓和。

95 关于价格问题，他只是重复传统的教义。“一个人不应说，‘我要尽可能贵地照我的意思卖掉我的货物’，而应当是‘我要公平而恰当地卖掉我的货物’。因为你的出售不应当只是一件属于你自己的力量或意志、而无须一切法律和限制的工作，仿佛你是一个上帝，不受任何人的束缚似的。由于你的出售是你对你的邻人实行的行为，它应当受法律和良心的限制，使你可以出卖货物而不对他造成损伤。”[40]如果一个价格是由政府当局确定的，出售者必须遵照它。如果不是，他必须按照共同的估价。如果他不得不自己定价，他必须考虑为了维持他的生活地位所需要的收入，他的劳动、他的风险，并据此确定价格。他不能利用荒歉抬高价格。他不能囤积居奇。他不能用期货交易。他不能因延期付款而卖高价。

在高利贷问题上，路德甚至比正统的教义走得更远。他谴责宗教法规学者对实际需要所作的让步。“德意志民族最大的不幸是轻易拿利息作交易……恶魔发明了它，而教皇批准了它，在全世界犯下的罪行罄竹难书。”[41]他不仅坚持说出租应当免费，而且谴责为补偿损失支付利息或为租金投资的行为，对这两种做法，他那个时代的教会法规都是准许的。他还拒绝高利贷者参加圣事，不同意赦免他们，不让他们参加基督教的葬礼。奉持这样一种道德准则，路德自然认为他那一代特有的产物——与东方的奢侈品贸易、国际金融、交易所投机、联盟与垄断——都是极其骇人听闻的。“外国商人从卡利卡特、印度等地带来贵重的银子、珠宝和香料等等货物……吸干了此地人民的钱，这是不能允许的……关于联盟我真应当多说一些，不过这个问题是说
不尽、道不完的，充满了贪欲和邪恶……谁会如此愚 96
蠢，竟然看不出联盟不过是彻底的垄断，甚至各种不信神的民法(更不必说神圣权利和基督教的法律了)都谴责

它对全世界造成的明显危害？”[42]

本来可以期望一个如此坚定地反对放纵的人成为法律的捍卫者。本来可以料想，路德由于憎恶经济贪欲，他会欢迎使那些贪欲(至少在理论上)受到控制的抑制因素，视之为同盟。当然，在实际上，他对宗教裁判程序和制度所持的态度恰恰与此相反。这种态度不只是冷漠，而是厌恶。这位严厉斥责个体的贪婪的先知，更为严厉地痛斥社会强加于它的约束；这位鼓吹一种基督教的爱的理想道德的人，围绕基督教教会的社团组织进行了令人震惊的逻辑论证。在大多数时代，对人类种种希望的如此可悲的一种模仿便是人类的种种制度，有这样一些人，他们爱人类，但却仇视人们所曾做过和所曾创造的一切。生活在一个崇高理论与可憎现实间的对立早就令人无法忍受的时代里的路德，乃是具有那种秉性的人的一个最突出的典型。他宣扬一种毫无私心的慈善，但是对于每一种试图赋予它一种具体体现的制度，他都报以强烈的反感。他以中世纪后期思想家中少见的刻板态度反复重申中世纪经济学说的内容，但是对于使它得到一种肯定的(虽然不幸是不完善的)体现的规则和法令，他所有的只是憎恶。上帝不是通过神职人员或人所建立的社会制度的中介，而是单独地作为心中的并且只
97 在心中的一种声音对灵魂说话。于是精神世界和感官世界之间的桥梁断裂了，灵魂脱离了人的社会，它可以开始与它的上帝交流。慷慨地赠予它的神恩可能溢满它的

各种社会联系；但是那些联系不能提供一点精神养料以使它容易接受神恩。像被逐出天堂的天使对他的重要使命陷入原始的困惑，它们是一片混乱的无理性的东西，一大片枯骨，一片不虔敬的、于圣化无益的荒漠。“毫无疑问，在外部的事物中绝对没有什么东西，也无论把它们归在什么名下，会对产生基督教的公正与自由有任何影响……有一样东西，而且只有一样东西，对于生活、称义和基督徒自由来说是必不可少的，那便是最神圣的上帝之言，基督的福音。”[43]

把爱人们作为首先爱上帝的结果，与通过对人的日益增长的爱学会爱上帝，这两者之间的区别，初看起来可能并不显得深刻。在路德看来这一区别深不可测，而路德是对的。在某种意义上，它就是宗教改革本身。因为按照它的逻辑推论下去（路德本人没有推论下去），这个论点不仅使慈善行为，而且使圣事和教会本身都成为不必要的。强调重点上的那一改变所具有的宗教意义问题，以及路德得出其结论的思想过程的有效性问题，是神学家们的问题。它对社会理论的影响是令人吃惊的。既然拯救是由并且只能由神恩在内心的作用赋予，曾经作为个体灵魂与其创造者之间中介的整个安排有序的宗教组织（神授的教会等级、系统化的活动、共同的机构）的作用就一下降低了，成为亵渎上帝的职业宗教的琐事。中世纪的人们曾经认为，社会秩序就是一种高度系统的有机体，有机体的成员以不同的程度为一种精神目

98 的作出贡献。这种概念分崩离析了：而且原先作为一个大统一体内部的差异的区别，现在处于不可调和的对立之中。神恩不再使自然更加完美，而是成了它的对立面。人作为社会成员的行动，不再是他作为上帝之子的生命的扩展，而是它的否定。世俗的兴趣不再具有(哪怕是间接地)宗教的意义：它们可能与宗教竞争，但是不可能充实它。关于行为的详细规则(一种基督教的是非鉴别学)既不需要、也不可靠。基督徒有《圣经》和他自己的良知的指引就足够了。在某种意义上，世俗生活与宗教生活的区别已经消失。可以说，隐修生活被世俗化了；从此所有的人在上帝面前处于相同的地位；这一进展包含了此后一切革命的萌芽，它是如此巨大，以致其余的一切都显得无足轻重。在另一种意义上，这种区别变得比以往任何时候都更深刻。因为，虽然一切都可能被圣化，但只有宗教的内心生活才能分享圣化。世界被划分为善与恶、光明与黑暗、精神与物质。它们之间界线分明；人的努力无法跨越其鸿沟。

这一变化的较为遥远的必然结果有待于以后几代人来阐述。路德本人的阐述并不一致。他认为，保持中世纪社会学说的内容同时拒绝它的约束是可能的，他激烈坚持慈善行为可能是拯救的成果，他又同样激烈地否认慈善行为可能有助于获得拯救。在他论述社会问题的著作中，既强调传统的基督教道德，同时又谴责它的有形的、制度化的准则，而且，在精神与措辞、形式与内容、神恩与善行之间所产生的可悲斗争中，至少他的意图并非否弃经济事务中的良知法则，而是极力用简化来纯化它们。他对中世纪的慈善团体、兄弟会、托钵修 99
会、节庆和朝圣的谴责，固然是针对实际上的滥用，也是他对一种观念进行驳斥的必然结果。那种观念认为除了虔诚履行日常生活普通职责之外，可以通过某种特殊机制的作用来获得美德。他认为，有《圣经》作为行动的指导已经完全足够，他要求取消教会法规乃是这一信念的自然的推论。虽然没有全盘否弃教会戒律，但他无法忍受它。他争辩道，基督徒无须复杂的机构来教给他应负的职责或在他忽视其职责时纠正他。他有《圣经》和他自己的良知；让他听从它们。“在……一切世间货物的交易中，最好的行动指南是，每一个与其邻人进行交易的人都对自己提出这些戒律：‘己所不欲勿施于人’以及‘爱你的邻人如爱你自己’。如果做到了这些，则一切都会井然有序；于是任何法律书、法庭、审判就都不再需要；一切事情都会平静而简单地恢复正常，因为每一个人的心和良知都会指导他。”[44]

“一切都会井然有序。”没有人会否认这一点。但是假如它不如此，又怎么样？感情真能取代理智，言辞真能取代法律吗？仅仅告诉个体说不存在问题，就能解决社会职责给个体提出的难题吗？如果说内心生活属于宗教领域是对的，是否一定可以推论说外部秩序对它毫不相关？中世纪的作家们为了弘扬基督教道德，带着他

们关于一个共同目标的价值等级体系的构想，试图（虽
然是不适当的）去发现一套准则；路德认为制度和法律
的世界与精神世界格格不入，因而挥挥手把它置于一
100 旁，岂不是放弃了（而不是去面对）弘扬基督教道德的任
务？一个天主教理性主义者对此作了回答，他先于路德
就已轻蔑地排除了法律和知识，他强调，教会禁止敲诈
勒索毫无用处，除非它准备劳神费心去规定禁令所适用
的交易。[45]可惜皮科克运用常识泼的冷水不可能被路德
所理解。他用笼统的话语谴责贪婪，夹带着数量惊人的
咒骂。但是，当人们要他对但泽当局是否将镇压高利贷
这个具体问题提供建议时，他就含糊其词了。“讲道者
只要宣讲福音规则，并让各人按自己的良知行动。让能
够接受它的人接受它；不能逼使他超出福音引导的自愿
者们，天主之神激励他们向前。”[46]

路德的无能为力不是偶然的，而是直接产生于他的基本思想，即认为把宗教外化在规则和法令上便是降低宗教。他抨击宗教法规学者的是非鉴别学，而在他们的学说中，证明他的批评有理的地方确实也数不胜数。不过，纠正坏的法律要用好的法律，而不是没有法律；是非鉴别不过是把一般原则运用于具体事例，它包含在一切尚在实施的审判制度中，不管是教会的，还是世俗的。如果说原则不能被运用，理由是它们非常崇高、不能因接触粗俗的商业和政治而被玷污，那么它们还剩下些什么呢？那就只有路德对富格尔家族以及对农民发出

的种种谴责；只有路德在他的小册子《论买卖交易和高利贷》中提出的对基督徒仁慈而单纯的田园诗的种种渴望。虔诚的言辞也许有教化作用，但它并不是圣保罗所 101
推荐的全副装备。

“为了生活和成义，灵魂需要的只是诺言，因此它只能因信称义而不能由任何善举来成义。……所以每一个基督徒首先要注意的应当是，撇开一切对善举的依赖，只是越来越加强他的信仰。”[47]路德的宗教前提的逻辑，比起他对以往的社会伦理的忠诚，对后代的影响要强得多，并且引申出它自己的不可阻挡的结论。它极大地深化了精神的体验，并且播下了由此将迅速长出令路德厌恶的新自由的种子。但是它在新教社会思想上铆上了一种双重性，随着它所蕴含的意义逐渐显露，抽空了宗教的社会内容，抽去了社会的灵魂。在光明和黑暗之间设立了巨大的鸿沟。人类无法一级一级向上攀登，而只能在拯救和罚灭之间作出选择。如果他对到达只有真信才能发现的险峻高峰不抱希望，那就没有任何人类制度设置能用来帮助他。路德认为，这便是无数人的命运。

他自己知道他已使世俗活动的世界危险地脱离了精神的约束。为了对付这个困难，他一方面承认这是人所无法克服的，因为人们会为一种神秘天命的崇高的无理性而欢欣，天命不可违，但也无法（除了少数人）服从；另一方面，他呼吁国家占领社会伦理这块领地，他的哲学在教会中找不到社会伦理地盘。“在此人们会问，‘那么谁能得救，我们又将在哪里找到基督徒？因为这样的话世上将没有商业。’……你看正如我所说，基督徒是世上罕有的人。因此严格、强硬的公民法则在这个世界上是必需的，以免世界变得野蛮，和平消失，交往和共
102 同利益被破坏……谁也不必想象，统治这个世界可以不用流血。公民之剑将是并且必将是红色的、染满鲜血的。”[48]

于是，战斧取代了火刑柱，权威被从祭坛上赶下来，在君王的宝座上找到了一个更加安全的新家。维护基督教道德的任务将从可疑的教会权威转到国家手中。对于独角兽和火蛇的存在表示怀疑，马基雅弗利和亨利八世的时代发现它的轻信在于崇拜那罕见的怪物，那敬畏上帝的君王。

三　加尔文

在宗教改革之后的两个世纪中，最具代表性、最有影响的新教教派，以某种途径继承了加尔文的学说。加尔文派不同于它所从出的路德派，它在不同的国家以不同的形态出现，成为一种国际性的运动。这场运动带来的不是和平，而是一场战争，它的道路上布满了革命。路德派是社会保守主义，恭从既定的政治权威，提倡一种个人的、近乎于清静无为的虔诚，加尔文派则是一种积极的、激进的力量。它的纲领不仅是要净化个人，而

且要让宗教的影响渗透到生活的各个方面，私人生活和公共生活各个方面，达到重建教会和国家、更新社会的目的。

这里不是详细论述有关加尔文派在政治上的巨大作用的地方。作为一种生活方式和一种社会理论，它从一开始就具有一种崭新而重要的特征。它设想了一种比较先进的经济组织，并在这种组织的基础上阐述它的社会伦理学。在这个方面，直接从加尔文派生的清教徒道德 103
家的教义与中世纪神学家的教义和路德的教义形成鲜明的对照。差别不仅在于得出的结论不同，而且开展讨论的层面也不同。不仅大多数中世纪的社会理论，而且路德以及与他同时代的英国神学家的社会理论，都是以农业社会的传统分层为背景。那是一种自然经济，而不是一种货币经济，它由农民和工匠在小集镇上进行的小规模交易组成，在那里，勤劳是为了养家活口，财富的消费紧跟着它的生产，在那里，商业和金融是偶然的附带现象，而不是保持整个体系运行的力量。当他们批评各种经济弊病时，所针对的正是摆脱那种自然状态的种种现象：冒险精神，攫取利润的贪婪，无休止的竞争。他们批评喧闹的经济贪欲扰乱了现存秩序的稳定。

这些观念是对肆无忌惮追逐利润的种种罪恶的传统驳斥，它们在瑞士改革家们的作品中留下了痕迹。例如，在社会观上介于路德和加尔文之间的茨温利坚持一种常常重复的论点，即私有财产来源于罪恶；警告富人

说他们很难进入天国；谴责康斯坦茨和巴塞尔宗教会议
（“当然，是按照圣灵的命令召集的”）热衷于用庄稼作
抵押品的土地抵押；而且一面强调在国家批准的时候必
须付利息，一面谴责它本身是违背上帝的律令的。[49]往
下还说到在苏黎世和日内瓦为抑制敲诈勒索所作的努
力。但是作者们对资本主义的这些强烈谴责并不是为了
提供一条实际生活准则，因为遵守世俗法规乃是个体的
104 义务，根据世俗法规利息是允许的，而且当这些谴责说
出来时，它们已经不再代表新教左翼的结论。

因为加尔文，特别是他后来的解释者，是顺应着潮流开始其航程的。他们不像路德那样以一个农民和神秘主义者的眼光看待经济生活，他们以务实的态度对待它，既不有意对农民社会的古老美德作理想化的解释，也不有意对资本主义商业金融冒险的纯粹事实抱怀疑态度。像早期的基督教和现代的社会主义一样，加尔文派大体上是一种城市的运动；像它们一样，在其初期，它在某种程度上是由移居外国的商人和工人从一个国家传播到另一个国家的；而且它的堡垒恰恰是那样一些社会集团，在它们看来，传统的社会道德规范及其把经济利益仅仅看作人类生活中一个微不足道的方面的态度，必定是言不及义、矫揉造作的。加尔文派信仰的总部在日内瓦，后来在大商业城市，如安特卫普及其工业资源供应地伦敦和阿姆斯特丹，拥有其最有影响的信奉者。正如我们对这样一种信仰的阐释者所能预期的那样，它的

领导者们提出了他们的学说，不是当然唯一的，但是对于从事贸易和工业，形成了那个时代生活中最现代、最进步要素的那些阶级来说，它仍然是根本的。

在阐释其学说的时候，他们自然从坦率承认资本、信贷、银行、大规模商业和金融以及商业生活其他事实的必要性出发。由此他们便与传统决裂了。传统认为，专注于“超出维持生计所必需的”经济利益应当受谴责，因此指斥经纪人是寄生虫，高利贷者是窃贼。他们则认为，贸易和金融的利润跟劳动者的收入和地主的租金一样体面，而在中世纪作者例如路德那里，这种利润 105
难逃不义之财的罪名。加尔文在给一个通信者的信中写道：“有什么理由说，经商的收入不应当比占有土地的收入大？商人除了他自己的才智和勤奋之外，还从哪里获得他的利润？”[50]布塞尔虽然谴责商人们的欺诈行为和贪心，却极力主张英国政府按照重商主义路线发展羊毛工业，实际上是和加尔文那些话的精神完全一致的。[51]

因为加尔文及其追随者最重视的是工业阶级和商业阶级的环境，他们的思想必须符合这种环境的实际需要。他们并非要放弃宗教使经济生活道德化的要求，只是他们所关切的要使之道德化的是这样一种生活，其中商业文明的主要特征被看作是天经地义的。他们的教义正是为了适用于这种形势而设计的。我们将会看到，早期加尔文派有其自己的处理经济事务的规则，而且是一种严格的规则。但是它不再怀疑整个经济动机的世界与精神的生活格格不入，不再认为资本家必定以其邻人的不幸作为自己发财的基础，也不再认为贫穷本身值得赞美……它也许可以说是第一种承认并欢迎经济美德的系统的宗教教义。它所反对的不是积聚财富，而是为了纵欲或炫耀滥用财富。它的理想是这样一种社会，人们严肃持重地追求财富，他们知道用坚韧的劳动来训练自己的品格，让自己投身于上帝能够接受的事业。

应当根据上述社会观的变化来解释与加尔文的名字
106 连在一起的高利贷理论。它的重要意义并不在于它所表明的经济分析的技巧上，而是在于它承认了一个强大的、正在成长的社会利益集团的值得尊敬的新地位，虽然它在实际上是压抑不住的，但是迄今为止在宗教理论看来，轻者说它未必妥当，重者则直说它是罪恶。精确地解释，那个著名见解令现代读者吃惊之处并不是它的纵容，而是它的严密。一位英国牧师在加尔文去世大约30年后写道："加尔文对待高利贷者就像药剂师对待毒药一样。"[52]这个辩护是公正的，因为无论是他给奥科兰帕迪乌斯的信，还是他就同一题目所作的布道，都没有显示对金融交易的任何过分的宽容。那种利息是合法的，但是它不能超出法定的最高限度，而且，即使规定了最高限度，对穷人仍必须无偿地提供贷款；借方必须和贷方获得同样的好处，不许强行索取过多的抵押品；作为偶然的权宜之计可予宽恕的行为，变成固定的职业来做就应当谴责，任何人都不能为了自己攫取经济利益而损害其邻人。对于作了这么些令人为难的限制的高利贷表示宽容，可能只是给虔诚的放债人提供了一种不冷不热的安慰罢了。

同时代的人们解释加尔文的意思说，可以适当要求借方把他用贷方的资本挣得的利润让一小部分给贷方，但强行勒索利息是不道德的，如果它使“贷方靠借方的汗水发财，借方的劳动却得不到补偿”的话。在很长一段时间里，这些教义不是被看作对金融事业的辩护，而是被看作对它的抨击。加尔文对高利贷理论的具体贡献也并不具有显著的独创性。作为一个精明的讲究实际的律师，他不像路德那样缺乏连贯性，也不受路德理想主 107
义的影响，他的教义在他自己看来很可能只是教会法学在这个问题上已经取得的一系列进展中的又一步。在强调区分从穷人的窘困中榨取的利息和经营得法的商人用借贷资本可能赚得的利息方面，梅杰（Major）走在他的前面；在赞同给富人贷款可以适当收利方面，他的立场跟梅兰希通所取的立场一样，虽然梅兰希通有些犹豫。加尔文这位组织者和严守纪律者被描绘成主张放松社会道德的人，这种说法还广泛流传。他可能会像另一场经济理论革命的创始人一样，对其推广者发出抗议说：“我不是一个加尔文主义者。”

不过，传说虽然在细节上常常失真，在实质上却往往是正确的。在把加尔文有关资本的论述看作一个分水岭这一点上，他的批评者和辩护者都没错。他所做的是，改变了讨论由以进行的层面。他对借贷道德的论述，不是作为一件需要诉诸某一种有关高利贷问题的特殊教义来作判决的事情，而是作为有关基督教社会各种社会关系的一般问题的一个特例来论述的，它必须根据现存环境来解答。他对这个问题的论述的重要特征在于，他把借贷看作社会生活中一种正常的不可避免的事情。因此他对人们经常引用的《圣经·旧约》和《教父书》中的那些段落不予置理，认为它们不适用，因为它们是为已经不再存在的状况构想的。他论证说，为资本付利息跟为土地付租金一样合理；但是个人的良知应当注意，别让它超出自然公平原则和黄金法则规定的数
108 额。总之，他从一个新的开端进行论证，他说永恒的法则并不是“莫要放贷”（*non fœnerabis*），而是“公平和公正”（*l'équité et la droiture*）。他从诉诸基督教传统转向诉诸商业常识，并颇为乐观地希望这种常识将会成为基督教的常识。按照这样一种观点，基督徒应避免一切勒索行为。但资本和信贷是必不可少的；从事金融活动者不是贱民，而是有用的社会成员；只要利率合理，只要能给穷人无息贷款，付息贷款本身并不比人类事务缺之不可的任何其他经济交易更具勒索性。把承认商业实践的现实作为出发点极为重要。这意味着，加尔文派及其衍生学派站在最能代表未来的各种活动一边，他们坚持，不是通过拒斥这些活动，而是通过不知疲倦地全神

贯注地为上帝的荣耀而利用这些活动所提供的机会，才可能并且一定能保持基督徒的生活。

加尔文派的社会道德学说正是在这种城市工业和商业实践的基础上构建的。如果从他们的神学背景开始研讨，那会是十分冒险的。不过，即使一位非专业者认为，很少有这样的体系，能够根据不可避免的逻辑从神学的前提推出实际的结论的话，他也能得到谅解。加尔文写道："上帝不仅预见到那第一个人的堕落，……而且按照他自己的意志安排了一切。"[53]出于"他的完全与人的功过无关的无偿的仁慈"，他选择某些个体作为他的选民，他们注定将永远得救；其余的人则"根据一种公正而无可指责但是难以理解的判决"被永远罚入地狱。[54]总之，拯救并不是人自己的工作，他对此无能为力，拯救是一个不偏不倚的神的工作。对拯救而言，人的努力，社会制度，文化世界，至多只是无关紧要，甚 109
至还会有害。它们使人不能专心于他的生存的真正目标，鼓励人依赖不可靠的东西。

这个目标不是拯救个人，而是荣耀上帝。为了达到这个目标，不仅要用祈祷，还要用行动——用奋斗和劳动来使世界圣化。因为加尔文主义虽然否定个人的功过，却是非常讲究实际的。诚实的工作并不是获得拯救的道路，但是作为已经得到拯救的一种证明，它们又是必不可少的。宗教伦理学的主要悖论由此得到一个特殊的例证。这个悖论是，只有那些赋有颠倒世界所需要的勇气的人们已经确信这一点，在一种更高的意义上，是上帝出于好意作了这种安排，而他们是上帝的恭顺的工具。在加尔文派看来，世界注定要显示上帝的崇高，基督徒的责任就是为了那个目标而生活。他的任务是既要约束他个人的生活，又要创造一个圣洁的社会。教会、国家以及他在其中生活的社区，不能仅仅作为个人获救的手段，也不能仅仅照顾他现世的需要。它必须是一个“基督的天国”，在那里，知道他们“一直被伟大的监工注视着”的人们履行着个体的职责，一条严格而广泛的纪律保护整个组织永不腐败。

在所有时代，当社会外部秩序与个体的良知或理性所承认的道德标准之间形成悬殊差别时，就会出现改革或革命的动力。这种动力很自然地出现在迅速取得重大进步的时期，如 16 和 18 世纪，因为这时人们最敏锐地感觉到这种差别。发动宗教改革的人们看到中世纪在金
110 秋时节终结，当时虽然有一切腐败和暴政，但在埃涅阿斯·西尔维厄斯(Aeneas Silvius)所画的纽伦堡和法兰克福的图画以及丢勒的木版画中，那个金秋依然美丽夺目。同时，一道经济繁荣的新曙光已经显现出来。它的前景是灿烂的，但它与一种犬儒主义的唯物主义相伴随，后者似乎否定了基督教所提倡的一切美德，而且由于它在基督教会的中心都市达到其高峰，就更加令人惊骇。人们被理论与实践之间的鸿沟所震惊，转向不同的道路，力图解除使他们不得安生的紧张状况。德国改革

家们走的一条路，劝诫人们回到原始的单纯。但是谁能忘却两个世纪的成就，谁能抹去科学已经揭示的新的世界呢？人文主义者走的另一条路，通过用理性战胜迷信、野蛮和贪婪，使人类逐渐走向新生。但是，谁能等待如此遥远的美好结局呢？难道不可能有第三条路吗？难道没有这样的可能，经济成功所要求的那些品质（节约、勤奋、严肃、俭朴）本身经过纯化和约束，说到底，就是基督教美德，或至少是基督教美德的基础？难道不能想象，跨越奢华俗世和精神生活之间豁开的鸿沟的可能性并不在于回避物质利益的黑暗王国，而是把它们奉献于为上帝服务？

瑞士改革家们渴望达到的是传统伦理价值观标准的革命；他们努力创造的是新型的基督徒品德。不是作为任何社会改革方案的组成部分，而是作为一种道德更新计划的要素，他们抓住由商业生活和商业事务所培育的习性，给它们以新的认可，用它们作为社会的基础，使
得一套超出罗马教会的行为准则能够保持一种品德，它 111
与服从罗马教会所造成的品德正好对立。它认为，罗马教会的统治者们作出的榜样，助长了奢侈和炫耀之风；而改革后的教会的成员们必须节俭、谦逊。它认定，不加区别的布施是虚伪的慈善；真正的基督徒必须制止行乞，坚持勤劳和节俭的美德。它让虔诚的人们相信，通过个体那些归结为一种商业制度的无味、俗套的慈善行为，他们的尘世生活便可以得到弥补，好像人可以同他

的造物主记一本盈亏账似的：真正的基督徒必须把他的生活组织成一个整体以便为他的上帝服务。甚至当它从那些追求利润获得成功的人那里收取贿赂时，它都指责追逐利润比宗教生活低下：基督徒经商必须高度严肃，仿佛它本身就是一种宗教那样。

且不论它神学上的长处和短处，这样的教义令人钦佩地设想要去解放经济能量，并把新兴的资产阶级组织成一个有纪律的社会力量，意识到它自己的标准与一个松弛的世界之间的差距，自豪于它的使命是持有经济美德的标准，并决定为它自己的生活方式打开一条开放的道路，为此可以使用一切武器，包括政治革命与战争，因为至关重要的问题并不只是方便或自利，而是上帝的意志。简言之，加尔文主义不只象征着新的神学学说和教会治理，而且象征着道德价值观的一种新水准和社会品行的一种新理想。也许可以说，它的实践的寓意是露天的采石场（*la carrière ouverte*），不是开采才能（*aux talents*），而是开采品质（*au caractère*）。

一旦世界按照他们喜欢的那样安排了，中产阶级会自认为是暴力的死敌、秩序原则的卫护者。而当他们的
112 胜利还有待于去争取时，则无论在哪里他们都是革命的先锋。人们并非凭空地说，在一个比较狭小的舞台、但是用同样可怕的武器，加尔文为 16 世纪的资产阶级做了马克思在 19 世纪为无产阶级所做的事，或者说，得救预定论满足一种渴望，即确信全世界的力量都站在上

帝选民的一边，这同在另一个时代要用历史唯物主义理论来满足的渴望一样。他把他们最大的优点与现有秩序的最差的弱点鲜明地对立起来，教他们觉得他们是上帝的选民，使他们认识到他们在上帝的计划中的伟大使命并下定决心去完成这一使命。新的法律被镌刻在人类的铭牌上；它不只是复述一段经文，而是塑造一个灵魂。与大多数欧洲国家喜欢争吵、放纵自己的贵族相比，或与奢侈而濒临破产的那些君主相比，加尔文深深扎根于其中的中产阶级，可以说是一个坚强的种类。并不奇怪，他们进行了好几场革命，并使新旧大陆六个不同国家的公共生活的政治概念和社会对策打上了他们的印记。

这一教义的两个主要组成部分是强调个人的责任、克制和禁欲，要求形成客观地体现基督徒品质的社会制度。这两者虽然在逻辑上是有联系的，但在实际上常常相互冲突。加尔文主义的影响不是简单的，而是复杂的，而且远远超出了那些纯粹加尔文派的教会的圈子之外。在加尔文派的戒律被拒绝的地方，其神学却被接受下来。英格兰长老教会和独立派教会的激烈斗争，并未妨碍那些从根本上厌恶整个宗教划一观念的人从有关一个明晰可见的基督徒社会的构想汲取灵感，在这个社会中，如他们中的一个人所说，《圣经》将“真正地、实 113
际地得到执行”。[55]从加尔文的学说既可以推出一种强烈的个人主义，也可以推出一种严格的基督教社会主义。究竟哪一种占主导地位，则取决于政治环境的不同和社会阶级的不同。它首先取决于这样一个问题：加尔文派是像在日内瓦和苏格兰那样，作为多数派，能够把他们的理想表现在社会秩序上，还是像在英格兰那样，作为少数派，在一个敌对政府怀疑的目光底下处于防御状态之中。

按照在17世纪深得英国上层阶级青睐的那种加尔文主义，从总体上说，社会事务中的个人主义是占优势的哲学。只有狂热者和鼓动者从新耶路撒冷突然降临在英格兰绿色宜人的土地上的想象中汲取灵感，而费尔法克斯的骑兵们很快就使他们清醒过来。但是，如果清教派的神学是加尔文的神学，它的社会概念，由于被商业时代的实际需要所冲淡，又为了适应领地贵族的行为准则而被弱化，已与那位导师的概念大相径庭。那位导师建立了一种教规，与它相比，劳德的教规，如劳德本人冷冰冰地评论的，[56]只是东拼西凑的东西。加尔文本人的学说和某些加尔文派团体的实践都表明，英雄的加尔文时代的社会伦理学欣赏一种集体的专政甚于个人主义。反抗中世纪教会制度的表现方式，意味着(在适合的环境条件下)一种比中世纪更严格更广泛的教规。如某些历史学家论证过的，如果自由放任主义(*laissez fair*)哲学的出现是加尔文主义在中产阶级中传播的结果，那么它的出现像讲求宽容的观点一样，所经过的并
114 非是一条直路。它被接受不是因为它本身受到的尊重，

而是在加尔文派发展后期强加在加尔文派头上的一种妥协，是它在商业利益集团的压力下被迫作出修改的结果，或者说是相互冲突的权力机构之间力量平衡的结果。

从它对贫民这个棘手问题的处理上可以看出这个制度的实质。传统济贫方法的改革即将发生——比维斯在1526年已经写下了他的著名作品[57]——而且，受到人文主义者和宗教人士的两方面推动，整个欧洲的世俗当局开始忙于对付一个威胁社会秩序的问题（说得好听些），或者一个道德的丑闻（说得难听些）。这个问题自然是一个强烈求助于宗教改革伦理精神的问题。极其关注这一问题的瑞士改革家的特点在于，他们不像政治家那样，把这个状况看作是一个治安问题，也不像那些更为明智的人文主义者，把它看作是一个社会组织的问题，而是看作一个品质的问题。加尔文赞同地引用圣保罗的话："不劳动者不得食"，像所有功利主义者一样激烈地谴责不加区别地布施，坚决主张教会当局应定期探视每个家庭，弄清它的成员是否偷懒、酗酒，或做其他不合道德准则的事。[58]奥科兰帕迪乌斯写了两本论济贫的小册子。[59]布林格痛惜，修道院的慈善以及一个分裂的大寺院用以维持一所学校、资助赤贫者的稳定津贴造成了行乞大军。[60]在茨温利1525年起草的苏黎世重新组织济贫的计划中，严格禁止一切乞讨行为；游乞者得到救济的条件是第二天离开该城镇；专门机构为病人和老人提供

115 生活必需品；当地居民，凡过于讲究衣着、不上教堂、玩纸牌或做其他不体面事情的人，没有权利得到救济。他的整个方案的基础是经常劳动的义务以及削弱工作动机的危险。他写道："靠劳动，现在没有人能养活他自己……然而劳动如此有益，如此神圣……它使身体健康强壮，治愈由懒惰引起的疾病……在今世的万事万物中，劳动者是最像上帝的。"[61]

在对贫民的攻击中，道德的动机和经济的动机未加区分。乞丐的无所事事既是违背上帝的罪过，也是一种社会的弊病；生意兴隆的商人的进取精神既是基督徒的美德，也是对社会有益的。宗教的热情和实用的精明的结合还促进了对赌博、诅咒、过分讲究衣着和大吃大喝放纵自己等行为的抨击。这个制度的本质不在布道或宣传，虽然它有大量的布道和宣传，而是试图把一种道德理想具体体现在一个有形社会的日常生活中，该社会应当同时既是一个教会，也是一个国家。在推翻了隐修制度之后，它的目标是把世俗世界变成一个巨大的隐修院，而在日内瓦，它在一个短期内几乎获得了成功。"在其他地方，"那个虔诚都市的诺克斯写道，"我承认，人们也真诚地尊奉基督，但是在任何其他地方我还没有看到过礼仪和宗教的如此真诚的改革。"[62]礼仪和道德是规定好了的，因为正是通过行为的琐细之处（*minutiæ*），人类之敌进入灵魂；王国的叛徒可能因为穿着尖头鞋或戴着金耳环而被揭穿，如在1793年另一种犯有缺乏爱国心(*incivisme*)之罪的人因为他们穿的短裤而暴露出来。规定意味着立法，而且，还意味着管理。能够概括这两者的词是教规。

加尔文本人把教规描述为宗教的神经，[63]通常认为他对它的重视放在第一位，正如路德对信仰的重视一样，这种评论是有道理的。由于是在加尔文派教会中制 116
定的教规，它的设计主要是为了保护圣事和加强道德审查，因而在范围和目的上都不同于罗马教会的教会法规，正如一个民间会社的规则可能不同于一个国家的法典一样。它以16世纪后半叶所采取的那种形式在日内瓦确立，乃是日内瓦议会与由牧师、平信徒组成的教会法庭之间将近20年斗争的结果。直到1555年后者才最终证明它有权把违规者逐出教会，并且直到1559年出版的《法典》才提出一个教会组织的方案和教规。不过，虽然实施教规的权力机构的组成这个问题的答案取决于政治条件，因而在不同的地点和时期各有不同，但是，必须坚持一种生活的法规，这是教规的实用的一面，从一开始就是加尔文派的精髓。加尔文在1548年10月(布塞尔为之写作《论基督的王国》一书的社会动乱时刻)写给萨默塞特(Somerset)的具有代表性的信，说的就是教规的重要性。他提醒这位摄政者，英格兰之所以出现麻烦，并不是因为缺乏布道，而是因为没能迫使人们遵从它。虽然暴力犯罪受到了惩罚，不道德的行为却得到赦免，而这些不道德行为在上帝那里是不允许的。他力劝摄政者确保“让人们井然有序，行为正派”，并且注意“使那些倾听福音教义的人们能够用生活的圣洁来证明他们自己是基督徒”。[64]

“用生活的圣洁来证明他们自己是基督徒”——不妨把这句话看作瑞士改革家们的箴言，而他们的社会重建计划则是对如何理解“生活的圣洁”之意的注解。正是按照这一精神，茨温利率先在苏黎世成立了一个由神
117 职人员、执法官和两名长老组成的道德约束委员会；强调把违犯基督教道德者逐出教会的重要性；起草了一份清单，列出应受逐出教会惩罚的罪名，除了谋杀和偷盗，它还包括不贞、作伪证和贪婪，“尤其是表现在高利贷和欺骗行为中的贪婪”。[65]正是按照这一精神，加尔文在《法典》中收入了一份新教《大全》和鉴别道德是非的小册子，使得最细小的行为都受一条普遍规则的强硬控制。正是按照这一精神，他起草了一份市政管理综合方案的提纲，覆盖了城市行政管理的所有方面，从为市场、行会、建筑、集市制定的规则到对物价、利率、租金的控制。[66]正是按照这一精神，他使日内瓦成为一个透明城市，其中每一个家庭都在一位精神警察的监督下生活，在一代人的时间内教会法庭和公议会携手工作，前者把醉鬼、舞女和蔑视宗教的人逐出教会，后者用罚款和监禁惩罚放纵的人，用死刑处罚异教徒。标志着日内瓦教会成熟的 1576 年法规的开头这样写道：“我们认为，最值得赞扬的事情莫过于，我主耶稣基督神圣

福音的教诲将保持其纯洁性，基督教教会将得到好政府和好政策的充分支持，青年人将得到恰当而可靠的指导，医院将井然有序地为穷人提供帮助：这一切要实现，必须确立某种生活的准则和秩序，使得每一个人都可以理解他所处地位的责任……”[67]它所有的目标是如此简单。“每一个人理解他所处地位的责任”——无论 118
在日内瓦还是其他地方，还有什么能比这更令人向往？当我们想到，为了达到如此值得赞扬的目标却引起经常使用酷刑，因为一个孩子打了其父母就砍去他的脑袋，在60年时间里烧死150个异教徒，这是可悲的。[68]宗教竟然能导致如此恶行（*Tantum religio potuit suadere malorum*）。

在其他地方，那些并未对正义显示出过分热情的政府，也使用过酷刑，也烧死过人。日内瓦——“自从使徒的时代以来世上所曾有过的最完美的基督学校”[69]——所独有的特征并不在于它决不容忍异端的冷酷无情，因为还没有人梦想过这种容忍是可能的。它的特征在于试图使上帝的法则甚至在金钱盈亏那样的问题上都占主导地位。根据人类的历史来看，人类对金钱盈亏问题注定要比伤亡问题看重得多。“没有一个[基督教团体的]成员”，加尔文在他的《法典》中写道，“会抓住他得的恩惠不放，只为他私人所用，而是会与他的伙伴们分享，他也不会从整个团体的共同利益之外攫取好处。因此虔诚的人把他有能力给予的东西都让他的教友们拥有。”[70]如此坚定地试图为宗教要求人类的全部利益，自然不会在与经济贪欲交战时有所踌躇，而后一代的教会则将在这种贪欲面前放下武器。如果说加尔文派以一种前所未知的热情欢迎商业世界归来，它是以征服者组织一个新领地的精神去做，而不是乞求去和一个依然强大的死敌达成妥协。《圣经·旧约》里有现成的道德体系和法律规范。撒母耳和亚摩利人的国王亚甲，约拿和尼尼微，亚哈和拿伯，以利亚和巴力的先知们，上帝唯一真正的先知音拉的儿子米该雅，以及尼八的儿子耶罗波安，他们使以色列走向罪孽，引起加尔文派热烈
119 的想象，正如布鲁特斯（Brutus）和卡修斯（Cassius）对1793年的人们所起的作用一样。日内瓦改革后的教会最初半个世纪经历了长期的努力，要组织一种与基督之国相配的经济秩序，其中牧师们所起的作用，犹如《旧约》中的先知对并未完全脱离埃及奢侈生活的以色列所起的作用。

除了对利息的有保留的宽容之外，加尔文派在社会政策的细节上未做革新，而且其纲领的内容完全是中世纪的。新颖之处在于对其应用倾注的宗教热情。负责处理违犯者的行政机构是宗教法庭，一个平信徒和牧师的混合团体。它谴责苛刻的债主，惩罚高利贷者、囤积居奇者和垄断者，训斥并用罚款对付蒙骗顾客的商人，衣料门幅过窄的制布商、供应分量不足的煤炭商、卖价超过当局规定的肉贩子、向陌生人多收工钱的裁缝、动手

术索要额外费用的外科医生。[71]牧师在宗教法庭上提出
所有这些问题，他们不断提出从严处理的要求。从 1564
年选举贝札(Beza)接替加尔文之职到他 1605 年去世为
止，几乎没有一年神职人员不提出有关立法的新的要
求，不对经济不公提出新的指责，不对形形色色古老的
贪婪之罪提出新的抗议。有一次，是对债主的过分宽容
激起了他们的义愤；另一次，是由于法国的大迫害使困
苦的教友大量涌入，造成了物价和租金上涨；还有一
次，是因为小酒店倍增，葡萄酒商要求抬高价格。自始
至终存在的是反对高利盘剥和高价勒索这两种孪生罪恶
的长期斗争。

在日内瓦，信贷是个举足轻重的问题，并非仅仅因
为那些使 16 世纪小生产者到处面临燃眉之急的相同原
因，而是由于，特别是在法国宗教战争毁掉里昂之后， 120
这个城市是一个相当重要的金融中心。它随时可能被卷
入战争。为了保证拥有必需的资金，它已经向巴塞尔和
伯尔尼大量贷款，公议会用这些资本做外汇生意和发放
贷款，利率定为 10%，后来为 12%。建立银行的事征询
过牧师的意见，他们表示同意；对以高利率向私人放贷
这一盈利的生意，他们表示抗议，特别是当这些贷款发
放给那些用贷款毁灭自己的挥霍者时。10 年之后，在
1580 年，公议会批准了一些公司创办人提出的计划，要
在日内瓦建立第二家银行，牧师们带头反对，指出巴
黎、威尼斯和里昂这些金融城市的道德腐败已表明贪欲

的危险，成功地撤销了这项计划。不过，平民问题自然是简单得多的问题。为了投资盈利而借贷的资本家能够照顾自己，牧师们解释说，他们不反对那些“借钱给商人们用于经商的人”。关键的问题是那些借钱放贷者，他们“只借钱给有需要的人”，他们借此利用穷邻居的窘困境地。[72]

牧师们不断痛斥这种丧失人性的人。在讲坛上他们以《新约》的名义谴责这些人，用的语言则主要来自《旧约》中不太温和的部分，如窃贼，强盗，豺狼和虎豹，他们应当被赶出城市，用石头砸死。“穷人哭泣而富人把赚得的钱放进口袋；不过他们为自己积攒起来的
121 是上帝的愤怒……有人在市场上喊道，‘求上帝降祸于那些给我们带来死亡的人’……上帝已听到这喊声……而我们却还在问这瘟疫的原因！……割人钱包者将受惩罚，但是上帝通过先知阿摩司宣称……‘饥荒正降临到我以色列子民的头上，啊，尔辈吞食穷人的人。’他所发出的威胁已经对他的子民实施。”[73]他们要求把第二次违犯的高利贷者逐出教会，如果觉得这样一种惩罚太重，那么至少得要求他在教会当众表明悔悟，然后再准许他参加圣事。他们提醒其同伴想起泰尔(Tyre)和西顿(Sidon)的命运，而且，由于对直接控制放债人一时感到绝望，他们提出通过消除产生受害者的原因来使放债人找不到受害者。欲枯竭溪水，必须堵住源头。人们借钱是因为“懒惰，愚蠢的奢侈，愚蠢的罪过，以及诉

讼”。在日内瓦建立审查制度，像在共和制的罗马一样，在穷人和富人中间进行调查，看每个家庭如何谋生，务必使所有 10 到 12 岁的孩子学一点有用的技艺，取缔小酒店和诉讼，并且“约束那些人无法满足的贪欲，他们竟然卑鄙到利用穷苦邻人的贫困来谋得财富”。[74]

这批可尊敬的牧师提出了他们的方案，不过他们对它的实现并不乐观，在结束时他们对城市元老表达一种虔诚的希望，不无一点嘲讽地说：“你们可敬的成员中没有人会被发现沾染了这样的恶习。”他们的忧虑是有道理的。日内瓦公议会由于它的布道者们忍受了许多事，直到贝札去世为止，它一直紧跟着他们。不过它的耐心是有限的，而且正是在商业伦理的范围里最快达到极限。它没有冒险质问神职人员过问商业和金融事务的 122
权利。布道坛是报纸和讲坛的合一；牧师背后有公众的支持，而且，意识到他们的力量，他们最后会用全体辞职的威胁迫使别人服从。它大量地表示同情，用的策略是让基督教社会主义的加农炮弹消耗在官方的拖延中，它的第一个反应通常是先稍微想一想。在神职人员看来，它的行动缓慢是它与金钱势力勾结的一个新证据，他们毫不迟疑地在布道坛上表达他们的义愤。1574 年贝札做了一次布道，他指责公议会的成员与囤积麦子的投机商互通情报。整个 1577 年牧师们都在责备公议会管理不严，最后他们谴责它是真正应对面包和酒涨价负责的人。1579年他们向它递交了一份备忘录，提出了一份新的道德律令和社会改革计划。

富足的资产阶级支配着日内瓦，他们不反对阻止衣着上的过分奢侈，也不反对鼓励公众参加布道以及把他们的孩子送去参加教理学习。但是他们听到对贪婪的谴责并不热情，在两个问题上他们非常执拗。他们拒不按照牧师们的要求为降低物价制止酒的出口，理由是为了买进口的麦子需要出口酒；而且，在一批富裕的债权人中，他们自然不愿向债务人的抱怨让步，债务人抱怨他们受到“双重高利贷”盘剥，因为他们被迫用一种增值的货币偿付贷款。他们答复说，钱会升值也会贬值，而且就连已故的M. 加尔文(是他批准了现在受到批评的法令)，也从未顾虑到那么多。自然，牧师们对这些借口感到愤慨。他们告诉公议会，投机商花费巨款来支撑谷
123 物囤积，他们发起一个反对贪婪的布道运动，配以适当的内容图解。同样自然地，公议会作出反击，指责贝札煽动对富人的阶级仇恨。[75]

由于一件个人的丑闻使情况变得更为严重。有一个执法官，他认为贝札的话只是个人的意见，非常轻率地要求公议会听审，结果他被认为有罪，被判付罚金，迫不得已丧失了他以10%的利率出借的50个克朗。很显然，当事情发展到了这样的地步，没有人能肯定他是安全的，不管他多受尊敬。公议会和牧师们对于他们各自的职责范围早就有了口角，并将在一两年后为了地方医

院的管理问题而闹翻。在这个事件上，公议会抱怨神职人员干扰了执法官的职责，并礼貌地暗示他们应当管好自己的事。

如此荒谬的建议——似乎竟有不属教会管的人类活动！——激起牧师们发表了相反的宣言，极其庄严地阐述了尘世耶路撒冷的全部教义。他们绝不会因为曾在教会法庭传讯那些以昂贵的价格出售谷物的人、因为不让他们中的一员参加圣事而表示后悔。所罗门不是说过“在粮食匮乏的时候囤积谷物的人有罪”吗？关于言辞过激的指责，肖韦(Chauvet)回答说，公议会最好先把先知们的书烧掉，因为他所做的不过是遵循了何西阿(Hosea)的榜样。贝札说：“如果我们保持沉默，人民会怎么说？会说他们是哑巴……至于引起丑闻的问题，过去的两年里有关高利贷的议论从未停息，而且，尽管如 124
此，只有三四个高利贷者受到过处罚……无处不知无人不晓，这个城市全是高利贷者，而且一般利率是 10%，甚至更高。”[76] 执法官们以新的形式提出抗议。看到一个通奸者被判绞刑他们一点不怕，并且宽大地把他的死刑改判为在城里游街，然后上着镣铐监禁 10 年。[77] 但是在提出让资本家像亚干(Achan)那样去死的虔诚建议时，他们的仁慈不见了。此外，惩罚的手段不仅残忍，而且危险。在日内瓦，“大多数人都是负债人”。如果允许他们品尝血的滋味，谁能说出他们的暴力到什么地步才会结束？然而，话只能说到这个程度，执法官们不敢断然拒绝，而是从《圣经》引证到《圣经》。他们告诉牧师们说，他们提议效仿大卫的榜样，当大卫遭到拿单(Nathan)的叱责时，忏悔了他的过错。牧师们是否用拿单的话作了答复，我们不得而知。

最新的政治理论对国家权力至高无上多有批评。作为日内瓦集体主义的依据的原则是教会权力至高无上。[78]宗教社区形成一个组织严密的社会，虽然它利用世俗当局如警察官员来实施它的指令，但它不只是对它们下达实行政策的命令，它本身就是一种国家，根据它自己的立法规定其成员所应遵循的行为准则，镇压违犯公共秩序和公共道德的行为，为青年人提供教育并为穷人提供救济。这种制度之所以能在一个短时期内在日内瓦实行，是因为教会当局与世俗当局之间的特殊关系。如果加尔文主义不是单独一个城市的信经，而是一个按照截然不同的原则组织起来的民族国家中的少数派的信
125 经，教会当局与世俗当局就不可能有这样的关系。除非这个国家本身被占领，反叛、内战或放弃控制社会的要求便是不可避免的后果。不过最后的结果久久没有出现。在16世纪，不管政治环境如何，加尔文派教会的主张是在每一个地方对其成员在生活方方面面的道德行为实行一种集体负责，尤其是在经济交易的领域要这样做，因为这个领域特别可能诱人陷入不道德的行为。

加尔文体系的衣钵最早由法国改革教会继承。它们1559年在巴黎举行的第一次教会会议上，采纳了一个法

规方案，讨论了一些涉及经济是非的困难问题，而且在以后半个世纪的教会会议上，类似的问题继续得到关注，直到，如法国加尔文派历史学家所说："他们开始放松约束，向当时的罪恶行为让步。"[79]一旦承认教会的成员资格要求遵守教会实行的经济道德准则，由此产生的解释问题不计其数，宗教社区把它的普遍原则运用于一连串不同的情境，因而势必要制定一套类似于判例法的制度。人们着手详细制定这样一个制度；但是在16世纪受到两方面的限制，一是经济结构比较简单，二是事实上除了日内瓦之外，教会会议所关注的并不是改革社会，而只是平息重大的丑闻，只是处理各教会要求给予具体指导的事情。

然而，即便如此，有待解答的难题也不少。教会对那些靠不义之财变富的人应持怎样的态度？是否可以允许非法劫掠者和欺诈行商者参加主的晚餐？教友们是否 126
可以与这样的人做生意，如果购买他们的货物是否参与了他们的罪孽？国家的法律允许适当收利息，教会应持怎样的态度？应当采取什么措施来防止工匠用假冒产品欺骗顾客，商人用过高的利润压榨顾客？是否允许彩票抽奖？用给穷人留下的救助钱投资生利是否合法？法国教会会议对这些问题所作的回答表明，他们坚持认为商业交易属教会管辖，同时他们本能地希望避免过分的苛刻。所有曾经不公正地从其他人身上榨取财富的人，必须先做出补偿才能获准参加圣餐，不过诚实的人可以购买他们的货物，只要销售是公开的、得到政府当局批准的。制造假冒产品的人应当受处罚，商人应当只追求“适度的利润”。在高利贷问题上，法国改革教会有明显的意见对立，正如同当时的英国、荷兰存在意见分歧一样，人们征求加尔文在这个问题上的看法。比较严厉的学派不愿听到禁止高利贷指的仅仅是“过分的、丑恶的”勒索，也不愿听到用资本的利息为穷人募款。不过，在法国和在别处一样，这些异常苛刻的时代已经过去，常识的观点盛行。要求教友们不要比法律规定的要得更多，不要违背慈善的精神。在这些限制范围里利息是不受指责的。[80]

在下一章中要谈到英国清教徒对这类问题的处理。在苏格兰，改革者们有关经济伦理的观点与宗教改革前教会的观点并无实质的不同，苏格兰的法规书谴责贪婪
127 时的激烈一如它所推翻的“可恶的罗马天主教会”。他们要求正派的人们满足于他们的租金，要求教会为穷人提供食物和其他必需品。它宣称：“按照上帝之言的命令去惩罚用强征暴敛压迫穷人，在买卖中用大斗进、小斗出欺骗穷人的那些人，正是上帝的教会应做的事。”[81]圣安德鲁斯教会会议对一个高利贷者和一个拖欠债务者的惩罚表明了对这些罪过所作的诠释。[82]在英格兰把救济穷人的义务完全转交给了国家的7年之后，1579年救济穷人成为苏格兰教会当局明文规定的义务。在农业地区，直到1846年，分派救济的工作仍由牧师、

长老和执事负责，这种做法是那个时代的遗风，那时苏格兰真正的国家不是由议会或公议会代表，而是以诺克斯教会为代表。

在说英语的社区中，贯彻加尔文教会-国家的社会法规最极端的要数新英格兰的清教徒神权政治。它的诉讼程序与加尔文日内瓦的严峻法则的相似甚于与当代英国清教徒的个体主义倾向的相似。在那个快乐的、没有主教的伊甸园里，人们只想“按照简明易懂的福音”去崇拜上帝并“受上帝之言的法律的支配”，[83] 真正的信仰者不仅要戒除“吸烟和不正派的时装以及过于讲究衣着”，还有“互相祝酒的陋习”，而且要拒绝神父们，他们批准了那种“臭名昭著的坏事……大多数人借此步入他们的所有贸易——尽可能地贱买贵卖”，[84] 这种态度可能与他们的更适合做生意的后代不完全一致。在马萨诸塞的早期历史上，一位牧师曾经呼吁人们注意老毛病
的复发——“利润而不是宗教宣传成为主要的目 128
标”——总督布雷福德(Bradford)不安地观察到人们如何增长了“他们外在的财产”，他说物质繁荣的增加“将成为使新英格兰毁灭的原因，至少是使那里上帝的教会毁灭的原因”。[85] 有时候上帝会惩罚剥削者。那个组织了美洲第一家垄断企业的移民(他拥有船上唯一的奶牛并以 2 便士 1 夸脱的价格出售牛奶)“由于在一次控诉压迫的布道中被追逐……而变得精神错乱”。[86] 那些躲过了上天的审判的人必须面对政府当局和教会，而在

殖民初期，政府当局和教会是一回事。

自然，当局控制着物价，限制利息的比率，确定最高的工资，责罚屡教不改的懒惰者；因为即使在他们从中逃离的奴役营中，这些事也是必须做的。上帝之子更为独特之处在于他们试图把同一个总的法规用于费解的商业利润范畴。马萨诸塞的当局规定，确定母牛的价格不是根据买方的需要，而是只要给卖方一个合情合理的回报。[87]对那些要价更多的人，他们感到愤怒，正如摩西下山发现选民们崇拜金牛时感到愤怒一样。他们必须从反对宗教自由的狂怒中匀出一点感情，用于反对经济自由。罗杰·威廉斯(Roger Williams)在他恳求宽容的动人演讲中谈及一种真正的相似之处，他争辩说，虽然勒索是一种罪恶，但是对这种罪恶必须留给政府当局慎重处理。[88]

且看罗伯特·基恩(Robert Keane)一案。人们普遍一致认为，他的犯罪行为是严重的。他在波士顿开着一
129 家商店，从中获利“有时……1 先令 6 便士以上；有时 8 便士以上；在有些小东西上盈利超过 2 比 1”，而且，他是“一个福音的古老信徒，一个有杰出才华的人，富裕且只有一个孩子，他到这里来本是为了良知的缘故，为了推进福音事业”。这个丑闻骇人听闻。投机商不受欢迎——“这个国家呼喊坚决反对压迫”——庄严的长老们深思后指出，贪婪的名声会损害初生的社区，它“处于世上所有教会和国家的极为仔细的观察之下”。

尽管如此，执法官们生性宽大。没有强行限制利润的实在法；要确定什么样的利润可算公平并不容易；索取市场所能承受的价格并不是基恩先生特有的罪过；而且，说到底，上帝的法律至多要求双倍的赔偿。所以他们宽大地对待他，只判他罚款 200 英镑。

如果基恩先生明智的话，本可以让事情到此结束。但是，像其他一些处于相同地位的人一样，他用种种借口无可弥补地毁了他自己。在被波士顿教会传唤时，他首先“流着眼泪承认并痛悔自己的贪心和堕落”，随后非常鲁莽地作解释，他争辩说，商人必须生活，如果他不可以用一件商品的额外利润来弥补另一件商品上的损失，他怎么能生活？对于这个论题，每一个虔诚的本堂牧师都禁不住要详加论述。波士顿的牧师抓住时机猛然袭击，乘机在下一个演讲日他的公众礼拜中指责这种虚假原则的谬误，并就此给出一些指导性法规。虚假的原则有如下一些：

> 1. 一个人可以尽可能贵地卖出东西，并且尽可能便宜地买进东西。 130
>
> 2. 如果某人因为海上意外事故等等而使某些商品受到损失，他可以提高其余商品的价格。
>
> 3. 他可以照买价卖出，尽管他过去买得太贵，尽管商品已经降价，等等。
>
> 4. 正如一个人可以利用他自己的技术或能

力，所以他也可以利用另一个人的无知或需要。

5. 某人用支出时间代替付款，他获得时间的酬报也就如同获得付款的酬报。

贸易的法规同样明确：

1. 一个人卖东西不可以高出通行的价格，就是说，这个价格是此时此地惯常的价格，并且是另一个人（了解商品价值的人）需要用它时所愿意支付的价格；是那种大家都愿意接受的所谓流通货币，等等。

2. 当某人由于缺乏技术等等而使商品受损时，他必须把这看作他自己的过错或挫折，因此不能把它转嫁到另一个人身上。

3. 如果某人由于海上意外事故等等受到损失，那是天意要让他受损失，他不能为了自己减少损失而把它转到别人身上；因为这样他似乎必须准备反对所有天意，等等，似乎他永远不该受损失；但是在商品匮乏的地方，那里的人们可以提高他们的价格；因为现在是上帝之手而不是人在控制商品。

4. 一个人除了他的商品的销售价格之外不应该再多要求什么，如以弗仑（Ephron）对亚伯拉罕（Abraham）所说：这土地就值这么多。

可惜在影响印第安人土地的交易中，没能记住以弗仑的例子，它本来似乎是特别合适的。然而，在同这些魔鬼的子孙谈判时，上帝的圣徒们把以色列（Israel）同基遍（Gibeon）的交易看作一个更恰当的先例。

这次讲道之后教会里进行了一场热烈的争论。在教义 131
大全的引证中，基恩先生应当被逐出教会这一点发生动摇。如果他是《圣经》经文所说的那种贪婪的人，那么他应被逐出教会是无可置疑的，而他最近可鄙地暴露了他的贪婪也是无可置疑的。问题仅在于，他的错误是由于无知或疏忽，还是由于他“违背良知和本性”而行动，一句话，他的罪过是偶然的还是一贯的。最后他受到罚款和警告而未被逐出教会。[89]

如果唯一保存下来的基督教文件是《新约》和宗教改革时期加尔文派教会的记录，要是设想它们之间除了措辞的一致之外还有一种更密切的联系，那么看起来多半是一种大胆的夸张。加尔文的制度是法规至上的、机械的、没有想象力和同情心的，是一个天才的法学家和组织者的作品，与其说它是基督教的，不如说是罗马式的，更不如说是犹太教的。它必定会比中世纪教会还要专横得多，正如雅各宾俱乐部比古代政权更专横一样。它的法网更加精巧，它的热情和效率都更高。它的敌人不只是行动和写作，而是思想。

使它受后代指责的那种专横，在它的拥护者看来却值得赞美。在自由与权威的斗争中，加尔文派牺牲了自由，并非出于无奈，而是非常热衷。因为加尔文教会是一支按照西奈的永恒命令回师迦南的大军，它的领导者的目标是占领应许之地，而不是安慰落伍者或鼓励掉队的人。在战时传统的对策是专政。对于赤诚的加尔文主义者来说，牧师的专政似乎是必不可少的，就像 1793 年的人们认为公共安全委员会必不可少，或热忱的布尔什维克认为无产阶
132 级专政必不可少一样。如果它在某个超出加尔文的文化和知识的范围而接受加尔文教规的地方达到顶峰的话，在使科顿(Cotton)和恩迪科特(Endicott)这样的人最终感到震惊的狂热的魔鬼崇拜甚至新英格兰的原始迷信中，只可能有这样的结果。

可以说早期加尔文主义的社会理论和实践的最大优点，在于它的前后一致。大多数暴政满足于挑动穷人。加尔文派并不怜悯贫穷；但是它不信任富裕，如同它不信任一切转移目标或削弱灵魂力量的影响一样，在它朝气蓬勃地厉行节俭的初期，它竭尽全力把生活变得使富人无法忍受。在人间舒适的乐园面前，它擎着一支燃烧的火炬，摩西和亚伦(Aaron)永不消散的阴魂搅得火光摇摇曳曳。[90]

如果有人如此迷恋于自己的私事，忽视公众和国家，那他就缺乏虔诚的感情，就得不到他所希望的安宁和幸福。因为，不管他是谁，他都必须生活在国家这个整体中，生活在教会这个整体中。

劳德：《对国王陛下讲道》，1621 年 6 月 19 日

第三章 英国国教会

起源于 16 世纪的那些教会的和政治的争论湮没了所有引不起长期兴趣的问题。但是，由社会结构和阶级关系的变动而引起的讨论是激烈的、持续不断的，它们的结果对于未来不无影响。在英格兰，如在大陆国家一样，新的经济现实与从中世纪继承下来的社会理论发生了尖锐的冲突。冲突的结果是，传统学说带着一种几近惨痛的激烈情绪重申自己的权威，但却在经济组织和宗教领域所出现的各种新概念面前节节败退，最终从一种好斗的信条衰退为某种虔诚的好古癖。直到内战时期，它们还像古老幽灵似的时常出没于教士们的唇边。随后风暴骤起，它们便像残烛一般熄灭了。

中世纪的英国曾经处在经济文明的外围，离开意大利和德国的重要商业路线及活跃的金融中心很远。随着地理大发现之后的商业革命，一个新的时代开始了。在好奇心的第一阵爆发之后，人们对于并未直接带回财富的探险失去了兴趣。直到半个多世纪以后，当新大陆的白银使整个欧洲都感到眼花缭乱时，英国人才想到，银子完全可以存放在伦敦塔而不是塞维利亚，于是开始热切地谈论起争夺美洲和东方的话题。

不过，与此同时，英国经济生活的所有其他方面都正 136
处于迅速转变的过程之中。外贸的增长主要是在 16 世纪上半叶，而且，随着制造业的发展，棉布取代羊毛成为主要的出口商品。随着商业的发展，商业所依赖的金融组织也发展起来，英国的资本大量涌入成长中的伦敦金融市场，而在以前这个市场被意大利的银行家所控制。在国内，随着都铎王朝和平时期带来的内贸发展，投机的机会增加了，于是兴起一个新的经纪人阶层来利用这些机会。在工业方面，商业资本家的势力越来越大，他一心维护尽其一切可能发展、以其所乐意的方式生产的自由。而当受到行业工会防御机制的阻碍，面对它们的行规、它们限制个体企业的有组织的麻痹状态以及它们粗暴的平均主义，他要么撤离只有经济一致的压力能够生效的自治市镇，悄悄地躲开行会的规则，要么承认行会组织，夺取它的治理权，并用它来建立一种制度，在这个制度下，工匠实际上成为雇主的奴仆，虽然名义上他是一个主人。在农业方面，乡村的惯常组织正从底部瓦解、并在顶部受到打击。因为，减轻了劳役(法国和德国的农民仍须服劳役)的富足的农民正在用交换和协议重新安排他们的地块。领主不再是小君主，而是成了精明的商人，正在把他们的领地出租给资本家农场主，迅速攫取放牧绵羊赚得的利润，急于清除阻碍它发展的共同限制网。16 世纪前 30 多年逐渐发
生、在 1540 年后迅速发展的价格革命，给商业，同时也给 137
工业和农业，注入了一种能量超出以往所有想象的病毒，

它既是刺激狂热进取心的兴奋剂，又是溶解一切惯常社会关系的强酸剂。

这是一个处于急速变动中的社会，它被新的野心所支配，又为新的恐怖所烦恼，在这个社会中，成功和失败都改变了其意义。除了动荡的北方，大地主的目标不再是随心所欲地使唤一群雇工，而是利用他的地产作一笔有远见的投资。富足的商人，曾经满足于在行会或城镇赢得一个体面而有权势的地位，现在则孜孜以求于创立独一无二的卓越产业，不需要行会或市镇的虚假的保护。除了面对始终存在的饥荒的威胁、以其微弱的力量与无情的自然搏斗的农民和工匠们世世代代的贫困之外，现在又增加了一个正在成长、但仍然很弱小的无产阶级的令人不安的不稳定状态。他们离开了他们在乡村或市镇的狭窄场所，社会力量的运动是他们既无法理解，也无法阻止或控制的。

一　土地问题

宗教改革时期的英国，被后代人看作有关教会治理与教义的激烈争论的源头，而在当时的人们看来，则是一口充满经济动荡与社会激情的沸腾的大锅。不过酿成这种震荡的材料已经堆积了三代人时间，而且在那个世纪中叶爆发的种种不满，除了货币的贬值以外，无论是圈地、把耕地变牧场，还是高利贷，行会的营私舞弊，物价的上涨，商人对工匠的压迫，垄断者的勒索，没有一种不曾在宗教改革议会召开之前很久就已引起过公众
138 的抗议，受到过公法学家的谴责，产生过立法决议和行

政决议。洪水本来已经越涨越高，宗教革命用一股令人难堪、虽然也是令人振奋的激流使之更加高涨。它对社会局势的影响是双重的。因为它造成了一场广泛的财富再分配，由少数肆无忌惮的人以暴力、恫吓和欺骗为武器来实行的财富再分配，继之而来的是其主要受益者带有偏心的管理不善行为，它激化了所有的问题，进一步加紧了对农民和工匠的压榨。因为它释放了一股写作的激流，不仅是关于宗教的问题，而且有关社会组织的问题，它引起的种种批评认为过去半个世纪的变化带来对新经济力量的广泛指责，引起人们振振有词地重申有关社会义务的传统理论。这两个方面的中心都是土地问题。因为正是对耕地的劫掠首先激起了这个时代的贪心，而且正是农民的怨愤成为社会震荡的最重要的基础。

在宗教改革之前这个世纪的大部分时间里，土地问题一直是一个严重问题。在 1460 年之后不久，沃里克郡一个小教堂的牧师第一次对圈地作了详细的书面描述。[①]随后是 1489、1515 和 1516 年的立法，1517 年沃尔西的皇家专门调查委员会，以及 1534 年更多的立法。[②]自始至终，文艺复兴的人们，如莫尔、斯塔基和一批不那么著名的作者不断地提出批评，为社会出现无政府状态而沮丧，并对一个愿意接受哲学家忠告的君主将要实现的奇迹感到乐观。

不过，要是早在没收寺院财产之前这个问题就已经

很尖锐的话，那么亨利和克伦威尔所纵容的狂暴破坏使
139 它变本加厉就不致成为严重的问题。无疑，对隐修生活方式的临终阶段还抱乐观态度，这是一个错误。说到底，僧侣是商人，而他们经常雇来为他们管理财产的俗人代理人自然会遵照周围农业世界的惯常做法。在德国，教会土地所有者的地产问题引起的反抗最为常见，也最为激烈。[3]在英国，只要看一眼星室法庭和小额债权法院的记录就足以表明，神职人员教化隶农，随意把副本土地保有者变为佃户，而且，正如莫尔抱怨的，把可耕地变成牧场。[4]

实际上，为了说明大量财产的迅速转移如何加重了农民的苦难，并不需要设想僧侣们虚伪做作的德行，或者新业主异乎寻常的苛刻。所有这些突然而广泛的财产再分配最糟糕的一面是，个体或多或少受到市场的支配，几乎不可避免地要像威尼斯商人般地提出割肉偿债的要求。资产值达 1 500 万到 2 000 万英镑(按现在的货币算)的地产转了手。[5]除了 1536 年以后进入市场的寺院土地之外，还要加上 1547 年行业公会和小教堂的土地。王国政府财政上的需要太迫切了，不能再由它自己来掌握土地并收取租金；一个需要某个政党来进行一场革命的政府，无论如何也不会采取审慎的路线。因此，它所做的，便是立即转让大部分土地，把资本当作收入来花费。在十年时间里，形成了一股土地投机热。许多地产都被贫穷的廷臣以极不合理的低价买去。其中许多

转手给了精明的商人，他们把从伦敦财经学校学来的方法用于管理土地；最大的单个受让人是理查德·格雷欣爵士。有许多土地被经纪人所得，他们买进一批批分散 140
的地块，把持着它们等待涨价，当有人出好价时就零零碎碎地卖掉；在伦敦，商人的团体(棉布商、皮革商、服装商、酿造商、蜡烛制造商)形成了实际上的辛迪加来开发市场。于是高额地租、逐出佃户、耕地变牧场便成为自然而然的后果，因为每一次转手，土地测量员都把价格标高，而最后的买主要是不压榨他的佃户，这种交易就无利可图了。[6]

说到底，地主为什么应当比王国政府更审慎呢？锡永隐修院苏塞克斯一块领地的受让人在回答农民抗议侵占他们的公地时说道："你们难道不知道，奉国王的恩典已经取缔了僧侣、修士和修女的所有房子？所以，现在到了我们绅士拆除你们这些倒霉无赖的房子的时候了。"[7]这样的论证虽然不合逻辑，用起来却非常方便，不可能不流行。当时人们的抗议可以从追溯农民与某些新地主之间的严酷斗争得到详细证实。这些新地主有：赫伯特家族在沃舍纳把整整一个村庄圈起来做花园，据说，出身高贵的西德尼(Sidney)要在那里写他的《阿卡狄亚》；艾博特的里普登(Abbot's Ripton)的圣约翰斯(St. Johns)；以及在惠特比寺(Whitby Abbey)土地投机商中排名第三的约翰·约克爵士，他的佃户们发现租金从一年29镑提高到了64镑，在将近20年的时间里他们一直向政府请愿要求纠正。[8]直到17世纪后期仍然重复着这样的传说，即寺院地产的受让人不出三代都灭绝了，这未必真实，但却并不令人惊讶。希望乃思想之源泉。

在那个时代，对圈地者和垄断者的普遍仇恨找到了宗教感情这个天然盟友，可以说，这种感情受一种传统的教育，认为获利的贪婪是一种严重的罪过，而且经济
141 利己主义的辩护并不能减轻裁定的罪名，反而加重了罪行。在英国和在欧洲大陆一样，理论上的激进主义和社会上的保守主义携手并进。对社会混乱状态的最严厉的抨击，不是来自旧宗教的虔诚信徒，而是来自新教左翼的神职人员。他们认为经济个人主义不过是那些损害了宗教纯洁性的放纵行为的另一种表现，他们把宗教改革理解为一种向早期宗教的道德禁欲回归，亦即回到早期宗教的体制和教义。求恩巡礼领导人用于描述解散约克郡隐修院的社会影响的动人词语[9]，与10年后拉蒂默、克劳利、利弗、贝肯和庞内特所作的谴责相比，还算是温和的。

他们的激怒是合乎常情的。阿斯克(Aske)眼中的绿树，在他们看来却是干枯的，巨大的失望更加剧了他们对于陷入社会不道德行为的恐惧。一切都曾是如此不同！那个造成宗教改革运动的是个古罗马的双面神伊阿努斯，他不是有两张脸，而是有好几张脸，其中一张脸渴望地期待着宗教复兴带来政治和社会的复兴。[10]在英

国，如在德国和瑞士一样，人们向往的宗教改革，不仅要改革教会，而且要改革国家与社会。净化不仅是要净化教义，而且要净化道德，要鼓励学习，传播教育，用大量的捐款来减轻贫困，通过复兴对福音的信仰来激发
精神与社会的复兴，这些，便是人道主义者和理想主义 142
者眼前浮现的美景，其中也有对控制舆论保持着警觉的政府的审慎支持。

它的消失并非没有斗争。在经济危机达到顶点之际，爱德华六世的导师、剑桥大学神学教授布塞尔在基督教政治手册中阐述了一个基督教复兴的社会方案。他写这本手册是为了向他的学生说明一个基督徒国王应如何建立一个基督的王国。它的轮廓非常清晰，论述非常详细，贯穿着加尔文弟子始终如一的精确性。偷懒成性者应当被教会驱逐、被国家处罚。政府，一个虔诚的商业主义的政府，应当复兴毛纺织业，引进亚麻织造业，应当坚持把牧场开垦为可耕地。它应当对商人阶层采取严厉措施。因为，虽然贸易本身是值得尊重的，大部分商人却胡作非为，确实，“仅次于骗人的牧师，没有一个阶层的人比他们对国家更有害了”。他们的工作就是高利贷、垄断，以及贿赂政府使它不管这些事。幸好，救治的方法很简单。国家必须规定价格，这是“非常必要而又非常容易的事”。只有“虔诚的人，忠于国家胜过个人自己利益的人”才可以获准参加贸易。每一个村庄和城镇都应建立一所学校，由虔诚聪明出了名的人当校

长。“基督教的君主们必须首先争取使有德行的人能大量存在，并分享上帝的荣耀……无论是基督教教会，还是基督教国家，都不应该容忍这样的现象，即把私人利益放在公众福利前面，或者为了追求私人利益而损害其邻人的利益。”[11]

基督教君主不必争取到处皆有的穷人。为了使宗教改革获得政治上的胜利需要一些阶级的支持，但这些阶级却以某些条件出卖他们的支持，这些条件会使一场社会灾难成为不可避免。暴发的未来贵族们紧紧咬住猎物
143 的身体不放，他们尝到了血的滋味，一场布道不可能让他们转身而去。爱德华六世的政府像都铎王朝的所有政府一样，为规定公正的价格进行了实验。它的金融顾问、精明的格雷欣(Gresham)对于只许虔诚的人经商有何见解，我们不得而知，只能猜测。至于学校，政府对它们干了些什么，利奇(Leach)先生已经告诉了我们。它不分青红皂白地清除学校，为的是把给它们的捐助分给它的侍臣们。按人口比例算，15 世纪末所有的学校可能比 19 世纪中叶所有的学校还多。“这些捐助被国家没收，许多至今仍被当时的政治家的后代们用来牟利。”[12]爱德华六世未予摧毁的学校是那些“爱德华六世文法学校”。

理想的破灭使人难以忍受。改革者们竟会问，打算以一场神圣的改革去实现社会正义的虔诚空想结果如何，这令人惊讶吗？天主教毁灭，教会特权被剥夺，六

个新的主教管辖区，用希腊文和拉丁文讲课，取代不忠实的教会法课程，改革教义和礼仪，与这些好事一起发生的还有一些不足为训的变化：许多教育被摧毁，许多慈善事业被中止，共同财产被侵吞，甚至在议会下院都引起抗议，[13]还有一场长达十年的欺诈的闹剧，一个巨大的土地辛迪加采用浮动政策为所有足够富有，或足够有权势，或足够卑劣者，提供优惠条件，让他们得到优先获利的机会。在改革还只是一种赌本时就投了资的人，自然关心它的安全性，并谴责反抗的农民是共产主义者，对财产权抱着神秘的敬仰，而这正是所有时代的暴发户（*nouveaux riches*）的特征。[14]那些不以金钱为崇拜对象的人们在小册子和布道中说了他们对商业的看法，这使体面的教会会众恼羞成怒。 144

克劳利公开羞辱租赁商人和高利贷者，他写道，病人在街上乞讨是因为富人攫取了医院的捐助款。他不隐瞒自己对凯特（Ket）领导下起事的农民的同情。[15]贝肯雄辩地数说寺院笨伯的种种劣迹，他告诉中上阶级，其实他们与僧侣的唯一差别就是他们更加贪婪，更加无用，更加无情地榨取佃户最后一个便士，更加自私地把所有收入都花在他们自己身上，更加缺乏对穷人的同情心。[16]利弗在圣保罗教堂讲道时说：“在废止寺院、修道院、学院和小教堂时，已故国王陛下的意图是（曾经是）非常神圣的，对此我们现在的国王的意图也是非常神圣的，而其他的目的，或者说托词，也都是极好的：这样一来，迷信地花费在无用仪式上和放纵地花费在无益食欲上的如此大量的物品，就可以转到国王手里，承担他的庞大费用，必然是用于公共福利，或部分地转到其他人的手中，以便更好地救济穷人、扶助学习、阐述上帝之言。尽管如此，贪婪的官员利用了这件事，就连那些确实划归救济穷人、扶助学习、改善必要的公共医疗条件的物品，现在也被用来扶持世俗的、邪恶的、贪婪的野心……你们这些人把这些物品据为己有，把它们从有害变为更加糟糕，并把其他更多的物品从有益变为有害，你们要知道，你们已经违背了上帝，欺骗了国王，抢劫了富人，坑害了穷人，把一种公共福利变成了一场公共灾难。”[17]

145 这的确是直言不讳。由于他们主张社会重建，他们的敌人都熟知他们是“共和政体者”（Commonwealth men）。以拉蒂默为鼓吹者、黑尔斯(Hales)为活动家的这个团体自然引起了指责，被说成是挑动阶级仇恨，凡是叫人们注意其原因的人通常都会遭到这种指责。他们活动的结果是任命了一个皇家委员会调查违反法令把耕地变牧场的情况，采取了要求保护耕地、重建农舍的立法，以及宣布赦免那些打破限制、自己掌握法律的人们。中上阶级犯了怒。那位议会大臣佩吉特(Paget)对出现一个恐怖统治时期早有准备，他悲观地预言，只要绅士们开始恐怖统治，德国的农民战争就将在英国重现；议会成员大部分拥有寺院的土地，他们愠怒不语；而那个时代掠夺性财产的化身沃里克（Warwick）则猛烈抨击黑尔斯，说他身为人口减少调查委员会中部委员会主席，执行了政府交给他的任务。一个提出起诉的绅士给塞西尔（Cecil）写道："先生，坦白地对您大人说，在单纯和贫困的借口之下，可能包藏着许多祸根。因此我担心在这些鼓吹共和政体的人及其追随者中就有这种情况。为了向您说明绅士们（我指的是最伟大和最低下的绅士）的状况，我深信不疑地告诉您，他们疑虑重重，几乎都不敢碰他们（即农民）中的任何人，不是因为怕他们，而是因为他们中的有些人被判刑后未受惩罚就离开了，因为那个名叫拉蒂默的鼓吹共和政体者已经得到其他人的原谅。"[18]

那个"名叫拉蒂默的鼓吹共和政体者"不知悔改。
在主教当中不很常见的幽默天才和抨击天才在他那里融
为一体，对压迫的义愤并不妨碍他以哄然大笑对待恶 146
魔，就像给罪犯佩上一个好色的怪兽饰，使他在来世受
到惩罚之前先在今世显出荒谬可笑。因此，当他的演讲
激得一个听众惊呼"圣母马利亚，真是个会煽动人的家
伙！"时，他感到很高兴，在他下一次布道时还用这个
插曲作为轻松的笑料，[19]随后，又突然严肃起来，加倍
地谴责继领主和提租者。难道基督没有宣布过对贪婪的
判决吗？

你以为我不会追索

你手上沾染的所有这些鲜血，
但是你要知道，永恒之火
已为地狱里的火炬做好准备。
为了你从穷人手中
拿走的房屋和土地
你将永远囚拘在地狱里。[20]

关于都铎时期土地问题的技术性细节，这些情绪激动的作者的讲话没有权威性，多亏利德姆先生(Mr. Leadam)和盖伊教授，现代的研究要纠正他们陈述的观点已经没有困难。关于促使人们提出根据商业原则重新组织农业的重大客观原因，他们既不感兴趣，也没有正确的了解。使他们震惊的不仅是他们那个时代的物质的贫困，还有它对原则的摒弃，而只有根据那些原则才能把人类社会与狼群区分开。他们的敌人不仅仅是诺森伯兰家族(Northumberlands)或赫伯特家族，而且包括一种观念，他们突然发起攻击，不是攻击抢劫和暴政，而是攻击这两者由以产生的信条。该信条认为，个体是他自己的绝对主人，在由国家认可的实在法规定的限度内，他可以着眼于他的金钱利益去利用它，没有任何义务为了他邻人的福利而耽误他自己的赢
147 利，也没有义务向一个上级的权威说明他的行动。简言之，这就是后来为所有文明社会所接受的财产权理论。

有关地主和农民各自的权利的问题，从来没有(至少在最近的几个世纪里)以如此尖锐的形式出现过，因为，既然负担租税的佃户是地产资本的一部分，把他们束缚在

土地上显然是对领主有利的。现在，由于羊毛工业的发展和货币的贬值，一切都改变了，至少在南方和中部地区改变了。人头税和婚嫁费已经取消；强迫劳动即使还未取消，也正在迅速减少。拥有土地的心理发生了根本的变化，在两代人的时间里，精明的地主不是利用他的领主权利对逃跑的隶农处以罚金或拘捕，而是一直在挑契据的缝隙，改变佃户的起租费，曲解向领主支付的租税，而且，如果他有胆量，把副本土地保有权改成租赁权。官方从1489年开始并将一直延续到1640年的反对人口减少的政策激怒了他，认为这是对财产权的不可容忍的干涉。他们抨击村庄习俗从下面、王国政府从上面强加的限制，他们违抗禁止人口减少的法令，他们顽强抵抗沃尔西和萨默塞特恢复旧秩序的企图，在这些行动中，造成农民革命的利益集团正给个人主义所有权概念的种子浇水，在内战之后，这种概念将席卷它面前的所有一切。由于这种学说否认道德权利的存在和必要，要靠它来让任何不如18世纪宗教那么柔顺的宗教停战谈何容易。一旦接受了这个理论，势必让所有关于社会义务(除了顺从之外)的布道沉默下来。如果财产权是一种无条件的权利，那么，强调它的义务就不过是得体地展示一种讨人喜欢、无伤大雅的比喻。因为，无论这种义务是被履行了还是被忽视了，这种 148
权利都无可置疑、不可废除地继续存在着。

一种宗教的社会理论必然会抱着怀疑态度看待所有主张给经济利己主义广大的自由活动范围的学说。在后者看来，活动的目的是满足各种欲望，在前者看来，人的幸福就在于完成上帝赋予的各项义务。由于它把社会秩序看作一种神圣规划的不完全的反映，当然高度评价使自然为人类服务的种种技艺。但是，它对目的的关注甚于对手段的关注，它认为世间的财物至多是实现一种精神目的的工具，它的立场和培根(Bacon)一样，他说知识的进步是为了追求“上帝的荣耀和减轻人的财产的负担”。在受这种观念培育的人看来，大领主把人们曾经劳动和祈祷的地方变成了荒原，新的农业体制则为了大领主的金钱利益而牺牲了村庄(一种互相帮助的伙伴关系，一种服务和防卫的合作关系，“一种小共和团体”)，这不仅是对人的蔑视，也是对上帝的蔑视。做出这种事的人是“那些根本想不到上帝存在的人，想把一切都抓在自己手中的人，什么都不愿留给别人的人，想要独自活在世上的人，永远不会满足的人”。[21]它的本质是企图扩大法律权利，同时拒绝法律的和准法律的义务。正是针对这种对不承担责任的所有权的新的偶像崇拜，一种正在发展但尚未获胜的教义，宗教改革的牧师们企求天降圣火。

他们的学说从所有权概念衍生而来，经院神学家对这个概念作了非常详尽的阐述，而且，在根据经验和自身利
149 益为它辩护时，强调它的使用处处受到社区权利和慈善义务的限制。它的实际应用是封建秩序的一种理想化描述，这种描述在更具商业特征、更加非人格化的土地所有制形式面前正逐步消失，它曾经是一种剥削的机器，现在成了保护弱者抵御强制竞争的支柱而受到欢迎。社会是一个权利和义务的等级体系。法律的存在是为了保护权利，同样

也是为了实施义务。所有权不只是经济特权的集合，它还负有责任。它存在的理由（*raison d'être*）不只是所得，而且是服务。它要确保它的所有者具有并且只具有这样的手段，以使他能够履行那些义务，不管是在土地上劳动，还是在政府劳动，而这与他在该体系中占有的特定地位相关。凡是要求过多的人，必掠夺他的长上，或他的仆从，或两者。凡是片面盯着经济潜在价值而利用其所有权的人，既歪曲了所有权的本质，又破坏了他自己的道德权利，因为他享有“每一个人的生活，却不履行人的义务”。[22]

所有者是受托者，他的权利来自他履行的职责，如果拒绝责任，权利就会失效。它们受到他对国家承担的义务的限制；它们同样受到与他对立的他的佃户们的权利的限制。正如农民不可能以他认为对他本人最有利的方式耕种土地，而要受村庄法律的束缚，种植村里需要的庄稼，并在收获之后把他的地向邻居的家畜开放一样，习惯法和成文法都要求地主放弃反社会的赢利，即要以损害邻人、削弱国家农业的方法获得的利润。他不可以提高租金或要求增加贡金，因为农民的职责虽然不同于他，却同样是必不可少的。总之，他不是一个食利者（*rentier*），而是一个干事的人，当他出于个人获利的贪心而牺牲他应履行的义务 150
时，教会应当指责他。“我们衷心地祈求你把你的圣灵注入那些占有土地、牧场和住所的人们心中，让他们想起他们自己是你的佃户，不可以猛烈增加他们的房租和地租，以贪婪的俗人的方式获得不合情理的贡金和收入……在出租他们的住房、土地和牧场时要规规矩矩，在来世他们才可能被永恒的住所接受。”[23]当贪婪的俗人按自己的心愿支配短暂的今世的财物时，一位虔诚的国王在1553年颁布的《私人祈祷书》中就这样考虑他们的永恒的幸福。

二　宗教理论与社会政策

如果一种社会哲学要成为有影响的哲学，它就必须像它所要控制的各种力量一样灵活与现实。面对汹涌的经济利益的攻击，一般化地诉诸传统道德和把历史理想化的态度显然是不足取的。纵使在缓慢发展的农业社会中所发生的变动，也使中世纪的社会理论感到震惊、困惑，陷于一种徒劳的、虽然是勇敢而雄辩的防御状态之中。英国教会最有代表性的人们依然坚持这种理论，但在这个世纪的中期之后，它被一种迅速兴起的商业文明所压倒，所有的传统观念似乎都被这种文明所一一淹没。同当时新经济运动与教会人士所阐述的经济伦理方案之间的斗争有着最明显的联系、持续时间最长的争论问题，并不是现代读者可能会料想的工资问题，而是信
151 贷、放债以及价格的问题。争端的中心就是当代人用高利贷这个词来形容的问题，大量较次要的丑行都可方便地、虽然不很确切地以那种邪恶的行当为代表。

培根用体现那个时代社会理想的特征的词语写道：“当国民财富由许多人掌握而不是在少数人手中时，金银珠宝才能愈显高贵。”[24]尽管财产越来越集中，用今天的方便的说法，都铎王朝的英国还是一个分配的国

家。在这个社会里，土地所有权，或大多数行业中使用的简单工具的所有权，并不是某个阶级的标识，而是一种社会的象征，这个社会中，典型的劳动者是自耕农、工匠、小作坊师傅。在这个英国政论家夸耀其独立和昌盛的小业主的世界里，与法国和德国“被收容的乞丐”大不相同，靠工资生活的人为数很少，他们散布在村庄和市镇之间的空隙地带。由于他们本身通常是农民的儿子，有指望轻而易举地获得他们自己的土地，至少，有擅自占用荒芜土地的机会，面对他们的雇主，他们经常处于强硬立场。一个时代特殊的经济隐忧，自然是它的特殊性质的对立面。除去纺织业的某些分部，那种为社会动荡提供燃料、引发社会改革计划、推动立法和管理活动的怨愤情绪，不是来自雇主对靠工资生活的无产阶级的剥削，而是来自生产者与地主、与同他进行买卖的商人，以及与使他陷入债务的当地资本家(常常是以另一种面目出现的商人)之间的关系。当收成不好时，农民仅仅为了维持青黄不接时的生活就必须借钱。工匠必须贷款来购买原材料，必须在他的货物卖掉之前获得预付款。年轻的零售商必须先凑集一小笔资本才能开店。 152
就连在当地市场购买谷物的雇农，也必须经常请求卖主“宽限几天”。因此，几乎所有的人，说不定在什么时间会需要放债人。放债人经常是一个垄断者(“钱的主人”)，一个谷物贩子，“一个有钱的牧师”，他是农民和工匠社会中唯一的资本家。自然，他很可能成为他们的主人。[25]

在这样一种环境下，人们普遍发出反对剥削的呐喊本不足为怪。日常生活中的怨愤情绪激发它在教会的教义中找到一个同盟，一个雄辩的、虽然是被解除了武装的同盟。由中世纪的教皇提出、经中世纪的经院神学家解释、又被 16 世纪的英国神学家所复述的关于经济行为伦理的教义，并不仅仅是一种形式的虔诚、对历史古训的习惯礼赞，而是由于这个时期商业和农业的急剧变化不仅没有缓和、反而恶化了有关经济行为的种种问题，它本是为了这些问题才被提出来的。它所针对的也并不仅仅是传道士和道学家矛头所向的贪婪的放债人这个特例。中世纪经济伦理准则的实质在于它强调公平交易——圣托马斯说过，当签约双方从合同中同样获利时，这个合同便是公平的。禁止高利贷曾经成为其教义的核心，并非因为放债人的盈利乃是敲诈勒索的唯一形式，而是因为在当时的经济条件下，它们是最为明显的勒索形式。

实际上，在中世纪和在 16 世纪一样，高利贷这个词并不具有它今天所带有的特定意义。像现代的奸商一样，那时高利贷者极不得人心，以致大多数不得人心的人都可能被叫做高利贷者，而且按照一般从事实际活动
153 的人的看法，几乎所有他认为是压迫性的交易形式都会被归入高利盘剥。详细阐释教会高利贷理论的人给这个词的解释同样是有弹性的。不仅从贷款中拿取利息，而

且垄断者的抬高价格，精于讨价还价的人的杀价，地主勒索高额地租，租户以更高的租金转租土地，削减工资或以实物抵付工资，拒绝给拖延的债务人折扣优惠，对贷款抵押品坚持过分的要求，中间人赚取过高的利润——所有这一切，在圣雷蒙德非常实用的 13 世纪手册中一概被谴责为高利贷；[26] 所有这一切都属于“不合法的讨价还价”、“诡秘狡诈”，三个世纪之后坐在陪审席上或在牧区教堂听布道的普通老百姓所说的高利贷指的就是这些。如果问他为什么高利贷是不正当的，他很可能引用《圣经》上的话来作回答。如果要他给高利贷下个定义，他可能感到为难，并可能会用一位议员的话来作回答，那个议员谈到 1571 年提出的议案时说道：“什么是高利贷一直含糊不清，我们对它没有真正的定义。”[27] 实际上，任何讨价还价，只要其中一方比另一方明显地得到更多好处，并充分地运用了他的权势，就被认为是高利贷。对民众情绪和教会教义的最好概括，包括在堂区居民对一个借出一先令就要收一便士利息的不受欢迎的牧师的广泛指控中——开天辟地以来所有穷人的呐喊——神学家贝内特“是一个大食利者”。[28]

事实上 16 世纪的神学家所继承的高利贷理论并不是一种孤立的诡辩机巧的怪念头，而是一个广泛的社会
哲学体系的从属部分，这种哲学激烈争论的中心就是高 154
利贷理论。以其含糊的逻辑论证为依靠的热情受到一种坚定信念的煽动，即认为有关的问题并不只是个法律名

词问题。它是整个中世纪思想体系的命运问题。这种体系想把经济事务当作一个价值等级体系的组成部分，后者包罗一切利益和活动，处于它的顶端的是宗教。

如果宗教改革是一场革命，这场革命几乎没有触动下层的教会组织和传统的社会思想体系。抵制酒馆、莫里斯舞或纸牌的诱惑，从 1530 年到 1560 年上堂区教会做礼拜的村民们，必定对教堂建筑的外观和礼拜形式的一连串变化感到困惑。但是没有什么使他意识到以教会为中心的社会制度有任何变化，或者那种制度强加给他的义务有任何变化。宗教改革以后和改革以前一样，堂区依然是使各种宗教义务和社会义务盘根错节交织在一起的一个社区。而且，他是作为一个堂区的居民而不是作为世俗当局的一个臣民来承担他的那份公共责任、履行命定由他来履行的那种公共义务的。他在日常生活的例行事务中见到最多的官员是堂区俗人委员会的委员们。大部分公共事务都在堂区教会处理，他在堂区教会了解到世界上所发生的种种事情。向他征收的税是以堂区的名义提出的。他的孩子所能受到的教育经常是堂区牧师或堂区的教师给予的。他所接受的与同伴合作的训练来自堂区所支持的共同事业。堂区拥有财产，接受遗产，出租牛羊，提供贷款，靠教会麦芽酒赚大钱，有时还参与买卖。[29]教会会籍和国籍一样广泛并且同样具有
155 强制力，政府出于某些意图利用堂区的教会组织，在以后的年代，当生活的宗教方面、政治方面和经济方面分

离之后，这些意图将被看作是世俗的。布道坛成了向公众传达官方信息、反复灌输忠顺思想的渠道。国家处理济贫问题时转向了神职人员和堂区组织，而且到了1597年，由堂区俗人委员们和堂区长一起选举了济贫征收员。

在涉及社会伦理问题的地方，当时的宗教思想和它的教会组织一样保守。在认为宗教包括生活的所有方面这个观点上，在有关宗教涉及的特定社会义务的理论上，英国国教会最有代表性的思想家们都不想同传统的教义决裂。由于对经济动机抱着根深蒂固的怀疑，他们把经济进取精神的每一种新的表现都谴责为一种新形式的贪婪之罪，他们坚持认为，经济关系和社会秩序的准则不能从实际的一时之需中去寻找，而应从教会所护卫所代表的真理中去寻找。在这些方面，尽管有革命介于其间，伊丽莎白统治时期宗教人士说的话，更像经院神学家说的话，而不像王政复辟之后将成为时髦的那些话。

一直到内战，人们不断谴责的问题始终是残暴的地主的压迫，他们利用其经济势力无情地杀价。利弗揭露了经纪人的勒索行为，他说："爱捣鬼的商人……［他］
使人们要买的所有东西都变贵，却又把人们自己诚实地 156
获得、必须讲个价钱卖掉的东西变得极不值钱。"[30] 尼古拉斯·赫明（Nicholas Heming）《关于合法使用财富》的论文成了某种权威著作，他阐述了公平价格理论，把呼吁缔约自由的论证不耐烦地撇在一边，视作为贪婪的一个借口："无论你用什么名目，你都罪大恶极……谁只要伤害了一个人，就应该受到惩罚；使许多人家走向毁灭，或者至少使他们陷于极端悲惨的境地，又该作如何想？你也许能找到办法躲开人们的威胁，但肯定逃脱不了上帝的审判。"[31]英国国教会圣职人员中的著名人物，如桑兹和朱厄尔，加入了有关高利贷问题的争论。索尔兹伯里的一位主教为威尔逊（Wilson）的书祝祷；坎特伯雷的一位大主教允许把莫斯（Mosse）尖锐的《控告》题献给他自己；17 世纪一位小册子作者列出一张一览表，有 6 位主教和 10 位神学博士（且不提无数身份低微的神职人员）在上一个世纪里撰述了形形色色敲诈勒索罪行的不同方面。[32]这个题目仍然是教会演讲者最喜欢的题目。在一个更为苛刻的时代，布道坛上不许讨论市场问题，认为那是很不合适的，但 16 世纪的讲道者不受这种惯例的束缚。"因为它是行政长官要处罚的事"，赫明写道，"因此布道者有责任谴责高利贷……首先，他们应当严肃认真地抨击所有不合法不公正的合同……让他们……根据教会的戒律改正协议中所有明显的错误……然后，如果他们不能纠正所有他们将在协议
157 中发现的谬误，那就让他们留神不要过分地搅扰教会，而应当把争议呈交给上帝……最后，让他们理智地告诫富人们，不要沉溺于炫耀财富而不能自拔。"[33]

一位英国国教会的圣职人员在谈到教会对高利贷的

谴责时写道："这是15世纪教会对上述问题的普遍看法，在这一点上不存异议。可怜而愚昧的基督教会，在我们生活的这个黄金时代之前绝不可能发现一种合法的高利贷。"[34]使研究这部分教义的学者感到吃惊的事实首先是它与过去的连续性。买卖、租赁、借贷应受由教会护卫的一种道德律的控制，在坚持这种观点上，宗教改革之后的宗教舆论与改革之前的宗教舆论并无不同。改革家们自身既未意识到从中世纪黑暗时期的经济愚昧中解放出来，也未意识到对基督教社会传统的经济伦理的摒弃，虽然18世纪的人把这种解放归功于他们，某些作家认为这种摒弃乃是反抗罗马教廷的结果。他们对自己与中世纪教会的社会理论之间关系的看法，表现在他们所诉求的权威上。曾经担任过一小段时间国务大臣的托马斯·威尔逊博士写道："因此我不想使所有人都成为教会法的敌人，因为教皇们是作者，就谴责那里所写的一切，似乎他们制定不出任何好的法律……不，我要明白地说，除了他们列举的那些，教皇们制定的有些法律是很合神意的。"[35]这些话出自一个都铎王朝的官员之口，也许是很有点辛辣味的。不过，从他们求助于教会的传统教义来说，威尔逊的话说明了有关社会问题 158
的讨论通常依然以此为出发点。

《圣经》、神父和经院神学家、教令、教会会议，以及教会法的注释者们——所有这些，而不只是第一个，在有关经济伦理问题上继续被当作决定性的权威来引用，虽然引用者对中世纪教会的神学和统治抱厌恶态度。威尔逊如何利用它们，只要看一下他的书就可明白。在他之后，在那个世纪后半叶对高利贷作了极为详尽论述的作家，在其作品前面列举了宗教改革前的权威的名单，长达好几页。[36]一份记录有关放贷法的修正的实用备忘录——一份看起来对政策有过一些影响的备忘录——的作者认为有必要插进一篇关于金融家的诡计和投机交易造成英镑贬值的文件，不仅有梅兰希通，还有阿奎那和霍斯廷斯(Hostiensis)。[37]甚至一个否认“教皇的法令”有任何价值的道德学家，也只会更坚定地强调在“激烈禁止高利贷的宗教会议法规和神父的说话”中包含的禁止冷酷交易。[38]客观经济科学正在研究农业、贸易，尤其是货币和外汇的专家手中发展着。但是神职人员如果读到这样的著作的话，也会把它们放在一边，认为是金钱崇拜侵入了基督教道德的领地，而由于他们顽固的蒙昧主义，将造成一种无可避免的思想后果，人们将把他们热烈的言辞看作是一种陈腐迷信的表达。如果有一个人考察当下的经济现实，就有十个人重新整理过去的经济是非鉴别学大作中被再三引用过的话语。布道连篇累牍，论文连篇累牍。所有的假设全在于，教会
159 有关社会伦理的传统教义同人们的良知紧紧相连，宗教改革之后与改革之前并无二致。

小册子和布道论述的不会是无人去犯的罪，也不会是人人皆犯的罪，书面的证据不能仅仅作为虔诚的言辞

而不予置理。不过，书面证据并不是孤立的存在。宗教改革使教会的政治、社会地位发生了巨大的变化，这一点无须详说；事实上，它成了国家的一条臂膀；开除教籍，使人永远名誉扫地的做法，正在迅速地丧失它还保有的一点威慑力；随着教会财产权的大规模移转，神职人员的四分之三从此由俗人赞助人举荐，不再可能表现太多的独立性。但教会法并没有被取消，而是被国家化了；整个 16 世纪大多数教会人士都假定它要被实施；而且教会法包括从中世纪继承来的有关平等缔约的整个立法部分。事实上，它不再由作为罗马教廷代理人的神职人员来实施，而是由代表王国政府权威的民法专家来实施。事实上，在禁止研究教会法之后，在可尊敬的莱顿(Layton)博士在牛津“把诡辩神学家放进一个三段论式”之后，它在各大学遭到了冷落。事实上，在从 1545 到 1552 年的七年里，以及 1571 年之后的年代里，议会立法明确批准贷款可以取息，只要不超出法定的最高额。但是就这些问题来说，这场改变教会法出处的大变动，并没有改变它的范围。现在它不是以教皇的名义、而是以国王的名义得到实施，但它的效力并未因此而减少。

正如梅特兰(Maitland)所指出的，[39] 靠近该世纪中叶有一段时间，民法曾步步紧逼普通法。正如托马斯·
史密斯先生向无人委托诉讼的律师保证的，民法提供了 160
一个大有希望的前途，因为它是在教会法庭实行的。[40]

虽然它本身没有禁止高利贷，关于高利贷它有许多话要说；伊丽莎白时期的一位民法博士编撰了有关这个问题的十分详细的专著。[41]一场俗人和教会意见分歧的现代争论，使人们熟悉这样一个论点，即不能借口国家的疏忽来原谅既是国家臣民、又是教会臣民的人们的道德心。它极力主张："国王的允准并不是教会当局的赦免。假定高利贷是不合法的……但民法允许，教会禁止。在这种情况下，宁选教会法……根据法律，并不强迫任何人去做高利贷者；因此他必须尊重和服从教会法，这是它们理应得到的，它们支配着他们的精神生活。"[42]

16 世纪时几乎所有论述经济伦理的教会作家都坚持这一理论。用一位小册子作家的话来说，他们的观点是，"根据英国国教会的法律……高利贷是被完全普遍地禁止的"。[43]当下议院在 1554 年请求主教们恢复他们的特权时，除了其他的事情外，他们坚决要求："必须根据过去用过的教会法惩罚高利贷者。"[44]在克兰默和福克斯(Foxe)起草的重新组织教会审判权的流产的计划中，高利贷被归入教会法庭要处理的罪行之列，而且为了指导法官处理一些经常会有困难的案例，还加了一个注解说，从通过自然成长过程生产收益的对象中得到的
161 利润不能包括在高利贷中。[45]大主教格林德尔(Grindal)给约克大教区俗人的训谕(1571 年)特别强调，人们有责任向主教披露那些借钱给人、要求还得比本金多的人，

不管交易打着怎样的幌子。[46]直到内战时期，主教巡视的文章都要求披露那些冷酷的人和高利贷者，连同醉汉、下流人、咒骂者以及男巫等等。[47] 1585 年颁布的把不肯悔改者逐出教会的法规，1604 年颁布的坎特伯雷大教区教会法，1634 年颁布的爱尔兰教会的教会法，都包括一项高利贷者应当受教会纪律束缚的条款。[48]

教会法庭的活动没有因宗教改革而中止，在整个下半世纪，它们继续在地方政府机构中发挥着一种重要的、虽然越来越不受欢迎的作用。除了履行基本的社会慈善义务之外，通过惩罚拒绝"付钱给穷人"的人，即"被发现没有慈悲心不肯捐助穷困者"的人，[49]他们也处理(至少在理论上)那些以敲诈勒索行为违反基督教道德的人。教会在这些问题上的审判权由立法明确地保留下来，教会的律师们一面悲叹普通法法庭的逐步侵蚀，同时继续主张某些轻微的经济犯罪应由他们来处理。尽管有不断高涨的反对浪潮，在巡视文章中提到这一类问题并不完全是一般形式问题，这是由反对神职人员干扰商业事务所表明的抗议，是由某些偶然的案例说明教会法庭继续在审理商业交易所表明的。确实，典型的高利贷者往往违反不止一种而是所有社会交往的行为准则。"托马斯·威尔科克斯(Thomas Wilkoxe)，"市民们抱怨说，"被逐出了教会。他使堂区的居民做礼拜时心神不 162
宁。他是个可怕的高利贷者，每周一先令要收一个有时是两个便士。他自己的父母都诅咒过他。他有两年的时间不领圣餐，每个星期天，当牧师准备去领圣餐时，他就离开教堂去收他每周的高利贷，一年中没有三次逗留到礼拜结束。”[50]会吏总是否非常适宜地按照教会的戒律制止了这件丑闻，我们不得而知。不过1578年埃塞克斯会吏总的法庭审理了一件牧师放高利贷的案子。[51]二十二年后，在巡视约克郡的一些堂区时，一个高利贷者与其他违犯者一起被披露。[52]甚至在1619年还发生过两个案子，放债人被伦敦主教的代理主教法庭传讯，罪名是“为了多赚钱而放抵押贷款遭到公众告发和反对”。一个被逐出教会，后来又得到赦免；两个都被告诫要改恶从善。[53]

不过，没有理由假定这些案子不是极端的例外；也不要试图根据越来越不得人心的教会审判的偶然活动来说明那个时代的观念如何实际运用于社会伦理。在所有的时代，教会的戒律都不过是关于宗教意见的影响的一条误导的线索，而且就一个时代的实践来说，当整个体系(除了高等宗教事务法院之外)都在衰败时，少量的法庭记录说明不了什么问题。要判断神职人员所阐述的教义在多大程度上被俗人的常识所接受或摒弃，必须转而去看表明个体、地方团体和政府如何处理商业伦理问题的记录。

163 在16世纪里，从事实务的人在经济品行问题上的意见处于比通常更混乱的状况。一个世纪以前，他有过敲诈勒索行为并被告知那是错的；因为它与上帝的律令相反。一个世纪以后，他要去勒索并被告知他是对的；因为它符合自然律。在这个问题上，如在其他一些具有更重要意义的问题上一样，宗教改革之后的两代人不幸没有这些充分的确信。他们行走在阴暗中，神学家们闪闪发亮的披挂在那里

> 发出
>
> 一点朦胧的光，恰似一个幽灵。

实际上，一些新的阶级利益和新的观念已经产生，但还没有完全淹没它们之前的那些利益和观念，任何一种意见，从愤怒抗议强加给他们一个借一先令要拿一便士的代理主教的虔诚市民的意见，到全世界金融业者的宗教自由主义（在他们看来，把生意和道德混在一起是一般人的妄想），都体现了伊丽莎白统治时期英格兰的经济伦理学。

就比较小的有产者来说，俗人的意见总体上与神职人员所阐述的教义相去并不很远，不像与个人主义之间的距离那么远，个人主义正开始在商业界领导人中间大行其道。与当时高涨的金融势力对立的，是农民和小资产阶级迟钝的保守主义，他们认为社会需要的是为各种惯常的关系辩护、反对革新，他们带着忌妒的敌意看待这一新生力量的成长，正如他们反对圈地地主的经济激进主义一样。
实际上，这是一种本能的自我保护行动。资本家的自由竞 164
争似乎威胁到耕田织布的小生产者的独立性。金融业者欺骗受骗者所经的路途上初看似乎铺满玫瑰；但是在它的终

点躺着——难以置信的噩梦——一个普遍的资本主义政治制度，在它中间，农民和小作坊主将被融入一个赤贫的无产阶级，而“伦敦这个城市的财富，事实上整个王国的财富，那时将被捏在少数几个心地残忍的人手中”。[54]

对于把公用地圈为己有、把可耕地变作牧场、向佃户索要高额租金的地主，当地人的愤怒并没效力，除非得到政府的支持。但是，对于垄断者，它能使传统的最高价格机制和市场调节发挥作用，尽最大可能对付高利贷者，在季审法庭的法官面前揭露他，从市里的金库预支钱款来帮助他的受害者，甚至在必要时设一个公共的当铺，给它发放贷款的专有权，以此保护居民们，反对极端的“高利贷者和敲诈勒索者”。当时最常见的善举，即建立一笔基金，向小商人提供无息贷款，乃是出于同样的动机。它的目的是使年轻的工匠或零售商人(放债者最爱找的牺牲品)获得不可缺少的“本钱”，没有它他就无法开张营业。[55]

政府所面临的问题自然更加复杂，而且它的态度更加含糊。随着财富和权势增长的商业利益的压力，它自己大声疾呼的金融需要，经济发展的简单逻辑，使它不可能考虑(哪怕它曾经想这样做)神职人员所要求的严格的经济纪
165 律。传统，天生的保守主义，对由圈地或由工业人口中的贫困引起社会混乱的忧虑，对它自己的使命是保卫贸易“良好秩序”的信念，无不同这样一种希望混合在一起，即希望通过对经济事务的控制产生可观的额外金融收入，使它自然偏向一种政策，力图把经济生活的各个方面都抓在一个世袭的君主政体手中。

在伊丽莎白女王统治下这个政体所采取的形式中，诉诸国家的公共政策的考虑，与诉诸教会的社会道德的考虑很难区分开来。作为宗教改革的一个结果，原先存在于教会和国家之间的各种关系几乎全都颠倒了过来。在中世纪，前者曾经是(至少在理论上是)有关公共道德和私人道德问题的最终权威，而后者则是实施其判决的警官。在16世纪，教会成了国家的一个部门，宗教被用来为世俗的社会政策提供道德支持。但是宗教革命并没有摧毁一个单一社会的概念，教会和国家是其不同的方面；而且，当教会法变成“国王的英国教会法”时，双方的审判权必趋向于融合。吸收了教会的权威之后，王国政府出于它自己的政治需要，努力维护传统的社会行为准则，以矫正塞西尔所称的“福音自由带来的放纵”。神职人员反过来又成了公共官员——在伊丽莎白统治下主教通常也是维护治安的法官——并依赖世俗的机构去实现宗教的一致，以及基督教 166
的道德，因为两者都是一个社会里的要素，在这个社会里，世俗的和精神的利益尚未完全彼此脱离。“我们说的共和政体，”胡克写道，“是指那个社会与其所有公共事务的关系，只有真正的宗教问题得到承认；我们说的教会，是指同一个社会，只和真正的宗教事务有关，不考虑任何其他的事情。”[56]

在经济、社会以及教会的事务上，伊丽莎白开始统治的年代是保守的重建时期。一个主要靠土地为生的民族的心理，与商业社会下的民族心理处于尖锐的对立之中。在商业社会中，当一切运转正常时，不断扩张理所当然被认为是生活的规律，新的领域不断被开拓出来，政治口号是鼓励积极进取。在农业社会中，每一代人必须相继置身于其间的生活空间极为有限；运动意味着骚乱，因为，当一个人地位上升，另一个人就被挤下去；政治家的目标不是促进个人的进取心，而是防止社会发生错位。正是在这样一种氛围下，都铎枢密院研究了社会政策和工业组织的问题。除了被金融利益转移注意力的时候，或者被诱入雄心勃勃但通常不成功的促进经济发展的计划之外，他们的理想不是进步，而是稳定。他们的敌人是混乱，以及被认为是引起混乱的原因的永无止境的贪欲，贪欲导致阶级对阶级的暗中侵害。为了国家的原因而猜疑经济个人主义，和教会人士为了宗教的原因而怀疑个人主义一样诚恳，他们的目标是让现存的阶级关系服从一个世袭政府既是限制性同时也是保护性的压力，把这些关系确定下来，警惕一切有损既定秩序的运动，注意遏止它们。

167 把等级去掉，让那弦走调，
听，跟着来的是怎样的噪音！……
用力应正确；不如说，正确与错误
（正义存在于两者无穷的争执之间）
应当失去它们的空名，正义也应如此。
于是一切都内藏于权力之中，
权力变作意志，意志化作贪欲；
而贪欲，一种影响全体的不谐和音，
得到意志和权力的双重支持，

到最后，吞没它自己。

尽管商业在这个世纪的后半叶迅速扩展，尤利西斯的话在很长时间内仍表明官方的态度。

这种概念的实际运用可以说是一个精心构造的体系，用一个类同的现代词来说，即“控制”。工资，工人的流动，加入贸易，谷物和羊毛生意，耕种的方法，制造的方法，外汇交易，利率——全都受到控制，部分受法令的控制，但更多的是受政务委员会的行政活动控制。在理论上，大大小小的事都逃不过一个无所不知的国家的眼睛。一个地主利用农民的无知和法律的不确定性圈起公用地或赶走副本土地保有者吗？政务委员会会在声明并不想阻止他根据普通法维护他自己的权利的同时，出面干预以阻止严重的压迫事件，防止穷人成为合法欺诈和威胁的牺牲品，运用常识和道德压力解决争端，提醒侵占者他必须“考虑什么是对国家有利、对公共福利有好处的，而不是追逐最大的利益即一个地主能从他的佃户中间得到的特定利润”。[57]物价因为收成不好而上涨了吗？政务委员会会严肃地谴责投机者的贪得无厌，说他们利用灾荒之机剥削公众的必需品，“那种样子更像狼和水老鸦，而不像自然 168
的人”；[58]会指示粮食食品委员会停止出口；会命令法官们视察谷仓，限量供应，并强迫农民按规定的价格出卖剩余的存货。欧洲大陆市场的崩溃使纺织工业区面临遭灾的危险吗？政务委员会会对服装商施加压力，要他们为操作工找到工作，“这是羊毛生产者、服装商、批发商必须遵守的规则，无论什么人，凡曾在有利可图的时候赚到过钱的人……现在必须，在贸易不景气的时候……承担一份公共的损失，因为这也许有助于公众利益，维持总的贸易”。[59]英镑在安特卫普的市场上贬值了吗？政务委员会会考虑限制兑换，甚至试图完全禁止私人交易以使外汇交易国家化。[60]地方当局在执行济贫法上掉以轻心吗？政务委员会会坚持要求就下列问题作出定期报告：惩治无业游民、救助无自立能力者、采取步骤提供设备雇用身强力壮者，对他们提出大量规劝，如果他们不改旧习，则以严厉的诉讼程序相威胁。小商人遇到了困难吗？政务委员会会充分了解商业情况、了解借方的困难何时会造成危机，努力施加适度的影响，或者以人们愧疚于罪恶昭彰的勒索为例证，或者劝导各方达成妥协。一个被控进行“冷酷可怕的交易”的抵押权人被命令归还他掠夺的土地，否则就要被带到政务委员会受审。一个“冷酷的昧良心的”债权人被弗里特监狱监禁。政务委员会指示诺福克的法官对一个“通过高利贷获取极不公正极其过分的利益”的放债人施
169 加压力。政务委员会要求埃克塞特的主教劝导其教区里的一个高利贷者对他的邻居表现出“更符合基督精神的慈善的关怀”。一个贵族曾经释放了约克大教区高级委员会监禁的两名犯人，他们“违反上帝的律令和王国的法律放高利贷”，政务委员会命令立刻重新监禁他们。任何一个政府面对大量正派商人陷于破产的事态都不可能无动于衷。在异乎寻常的萧条时期，政务委员会频繁干涉，不让债主过分催逼，以至于造成一种印象，似乎是非正式地宣布了

债务可延期偿付。[61]

都铎王朝政府以及更有甚者，最初两届斯图亚特王朝政府，都是善于把平凡的、有时是下贱的动机隐藏在一个堂皇原则闪闪发光的外表底下的高手。尽管它有无私关怀公众福利的崇高宣言，这个君主政体的社会政策不仅是设计非常堂皇、执行极为糟糕，而且常常由于部门利益的恶意催逼和空虚国库的不断需要而被滥用，成为严重损害其公开目的的手段。然而，它的基本概念——思想家们和少数政治家们从当下危机出发考虑整个制度的意义的哲学——与宗教人士所接受的教义有一种天然的相似。它属于一个等级分明的社会，其中各个阶级履行分配给它的职责，有一种安定的生活，也只有这样一种与它的地位相称的生活。一个劳动很辛苦、处于重大人身危险之中的人， 170
为了他的同伴们的福利而写道："上帝和国王没有让我们过我们这种穷困的生活，而是让我们和我们的邻人一起服务。"[62]神职人员强烈谴责敲诈勒索的中间人、贪婪的放债人、残暴的地主们的冷酷贪欲，他们从政府试图压制个人贪心和阶级冲突所用的手段中看到一种社会团结极为需要的黏合剂，并呼吁恺撒对上帝所憎恶的经济放肆行为加倍处罚。以防止社会动荡为己任的政治家们，从宗教中看到对秩序的维护，以及对危及秩序的贪心和野心所进行的矫正，还有非常适合于布道坛的论证强化了世俗处罚的威胁。对他们双方来说，宗教关注的都不只是个人救赎的问题。它是对社会义务的承认，一个复杂然而统一的社会的共同生活的精神表现。对他们双方来说，国家都不只是一个出于物质的需要和政治的便利而创造的机构。它是精神义务的世俗表达。它是个体的心灵与那个所有基督徒都被认为是其成员的超自然社会之间的联系。它的根据并不只是实际的方便，而是上帝的意志。

对那种哲学的最广泛、最合理、最崇高的经典表达，是胡克的著作。它对一个生性不豁达，迂腐、急躁、褊狭，却又不无严厉高贵气质的人（所有热爱某一观念——不管该观念如何不明智——甚于其自身安乐的人）意味着什么，则表现在劳德的布道和活动中。劳德思想上的局限性和实践中的错误无须强调。如果说他的缺点使他那个时代各种最强大的势力无法容忍他的话，他的优点又不合其
171 后各种势力的心意，历史对他也不比他的政敌们仁慈一点。不过，对一个大社团中所有各个方面必须团结一致的热诚信念，对公共义务的崇高的责任感，对追逐个人贪欲和局部利益的卑鄙自私行为的强烈愤慨，这些品质并不属于普通人的人性所要求特别提防的缺点，劳德不仅是大量地而且是过多地具有这些品质。他对统一的尊崇是一种偶像崇拜，他对派别的憎恶是一种迷信。教会和国家合一为耶路撒冷："国家与教会两者都是集合体，都由许多个体组成一个整体；两者如此密切相关，以致其中一个，即教会，只能存在于另一个，即国家之中；不，如此密切，以致在一个世俗的方面组成国家的同一些人，在精神的方面则构成教会。"[63]个人利益和公共利益不可分解地交织在一起。对统一的认可是宗教。统一的基础是正义："如果国王和长官们不执行判决，如果孤儿寡妇出于某种原因强

烈反对‘公正的君主’，上帝将不保佑这个国家。”[64]

社会是一个由许多不同部分组成的有机整体，政府的主要目标是保持它们的合作，在一个满脑子上述想法的人看来，每一种造成群体反对群体或个体反对个体的社会运动或个人动机，似乎并不是无法抑制的生命能量，而是混乱的窃窃私语。第一个要驱除的魔鬼便是政党，因为政府必定“不允许任何私下交易”，而“政党总有私下的目的”。[65]第二个是引导个体为发财致富、出人头地而奋斗的利己主义。“没有一种私人的目的，不会在这样那样的事情上妨碍公众；而且，假如利益到手，虽然它是由于‘为狄安娜女神立神龛’，它对他们并不重要，尽管以弗所正为它哗然。”[66]对劳德来说，他所认为的政治美德， 172
服从、忠顺、乐于为社会利益牺牲个人利益的精神，是基督宗教信仰的重要组成部分，也是私人生活的义务；而且，不像今天某些为社会统一而叹息的人，正如他乐意向地位卑下的人宣讲社会统一理想一样，他也乐于抨击那些阻挠实现这一理想的有财有势者。说得神圣，行为却不正，纯粹是伪善。人生来便是社会的一个成员，宗教使他献身于为他的同胞们服务。放弃这一义务便犯有政治上的邪恶之罪。

“如果有人如此迷恋于自己的私事，忽视公众和国家，那他就缺乏虔诚的感情，就得不到他所希望的安宁和幸福。因为，不管他是谁，他都必须生活在国家这个整体中，生活在教会这个整体中。”[67]对于持有这样一个信条的人来说，经济个人主义几乎跟不遵奉宗教一样可恶，对它的镇压也同样是义不容辞；因为两者似乎都与一个国教合一的社会的稳定格格不入。因此，很自然，劳德在社会政策问题上的言论和活动表现出一种强烈的偏向，赞成以一个独裁主义的国家来控制各种经济关系，这种独裁在个人治理的十一年里达到顶峰。在那个时期，部分是延续传统的保护农民、保持谷物供应的政策，部分是出于不太光彩的财政原因，政府比往常更积极地掠夺使人口减少的地主。政务委员会同情地考虑农民为企求保护和救济而进行的请愿，并于 1630 年对中部地区五个郡的法官发出指令，要求退出所有在最近五年内圈的地，理由是它们造成人口
173 减少，在灾荒年代特别有害。在 1632、1635 和 1636 年，任命了三个委员会，对巡回审判法官发布了反对圈地的特殊指令。总而言之，在英国的某些地方，遵照政府的命令，曾经被闲置长草的土地重新得到耕种。在从 1635 到 1638 年的四年里，一份大约有 600 个违犯者的名单送回给政务委员会，对他们课以大约 50 000 英镑的罚款。[68]劳德诚心诚意地赞成这一政策。在他的私人通信中，有一封信表达了他对圈地的憎恶，他所暴露出的倾向引起克拉伦登委婉的责备。克拉伦登说这位大主教“对防止减少人口委员会的支持稍微过分了一点”，[69]因而使自己失去人望。劳德自己是委员会的一名活跃的成员，当地主阶层向普通法求助，他总是带着蔑视不耐烦理会。在他沦落之时，他的敌人们提到他的不必要那么尖锐的责备，他给一个圈地地主课以罚金时锋芒毕露。[70]

防止圈地和减少人口只是一种总政策的一个组成部

分。根据这个总政策，一个仁慈的政府不为劳德所称议会争论的“噪声”所阻碍，要努力把社会义务公平地压到大小人物身上，并要防止公共利益因私人获利的极度贪欲而牺牲。伦纳德小姐曾经描述过，政务委员会专心致志地处理保证粮食供应充足和价格合理的问题，济贫问题，此外，还有工资问题；昂温教授记述了政务委员会力图保护工匠不受商人的剥削。[71]在1630—1631年间，它发布了修正过的《伊丽莎白政令录》，指示法官把服务市场、控制物价看作自己的职责，指定枢密院的一个专门委员会为济贫委员会，后来成为一个独立的委员会，并且为更好地实 174
施济贫法而发布了一个《政令录》。在1629、1631还有1637年，它采取步骤以保证东英吉利纺织工人的工资得到提高，并惩罚了一个以实物支付工资而臭名昭著的雇主，把他监禁在弗利特监狱。身为北方政务委员会主席的温特沃斯(Wentworth)保护那些投资利益受到哈特菲尔德·蔡斯让资金外流威胁的平民们，并努力坚持更严格地施行羊毛工业的管理规则。[72]

这样的行动，即使主要是受政府明显的利益所驱使，因为政府已经有许多敌人要对付，要防止普遍的不满，它似乎也是要提醒人们注意劳德对富有阶级的意见不感兴趣，劳德相信，大卫王室的神圣使命是要教育一个驯良的人“为了公众的利益放弃私人利益”。因此，不足为怪，当星室法庭对一个囤积谷物者课以罚金时，劳德利用这个时机说教，说被告已经“犯下可耻的罪过，先知曾以非常有力的措辞称之为暴敛诛求的罪过”，说饥荒不是由上帝而是由“冷酷的人们”造成的；[73]当枢密院（显然不无成效地）敦促法官强迫东英吉利布商提高纺织工人工资时，劳德参与了枢密院会议；劳德还担任济贫委员会林肯郡分会委员，[74]那是1631年1月任命的。

劳德在回答塞耶和塞尔勋爵的抨击时说道：“在审判
175 法庭上，或在大人物聚在一起解决问题的会议桌上，一个主教可以比许多布道者在好些教区所能做的更公开、也更有启迪地传布福音。”[75]教会已经放弃它对控制社会的权利要求，但它发现它的教义对于国家所运用的原则并非毫无影响，由此获得了某种补偿。经济事务中个人自由兴起的历史——用一个以假定为论据的论证——与它在更重要的宗教领域的发展走的是有点相同的路线，而不是同它没有关联的。宗教是一件私下的和个人的事，这个概念直到一个世纪以后才出现；在那个世纪，宗教自由通常意味着国家指定宗教的自由，而不是个人按照他的喜好崇拜上帝的自由。那时宗教的词语虽然被保留着，宗教对社会制度的解释虽然常常为人们所笃信，超自然力量的认可已越来越湮没在以国家的理由和公众的需要为基础的教义之中；要到这个时期结束时，经济自由是一种自然权利的主张才会出现。“耶路撒冷……并非仅仅代表城市和国家……也并非仅仅代表寺庙和教会，而是共同地代表这两个方面。”[76]把维护公共道德与一个无能的政府时断时续的活动视作一回事，教会便把它的房子建立在了沙滩上。无须先知的禀赋便可预见到，城市垮掉之后，必定是寺庙的瓦解。

三　个人主义的发展

虽然直到长期议会开会时，国教徒的一派仍在继续提出传统的经济伦理学主张，它已日益成为向陌生一代呼吁的过去的声音。一种曾使宗教高出于一切世俗事务之上的社会理论的表达，比它曾经作为其中一个要素的综合体更经久，并且作为一个古老的断片，残存于一个 176
个人主义日益发展的时代。对这种个人主义来说，共同道德的观念和主教、会吏总们认为与其宗教一致的教会纪律一样讨厌。流行的惯例与自称的教会教义之间的冲突，几乎是 1550 年到 1640 年期间经济文献的最平常的论题；事实上，它是其中许多冲突的原因。无论教会可能说些什么，在信仰时代的顶峰，人们贷款已经要求获取利息，并索要市场所能承受的价格。不过在那时，除了大的商业中心和罗马教廷或世俗政府的巨额融资以外，它们的交易是小规模的、个别的、为应付某一急需或捕捉某一机会而偶然采取的手段。16 世纪英国的新事物是，以前偶尔使用的方法，现在已编织在伊丽莎白后期发展起来的工业商业文明的结构中，而且其随后的巨大发展赋予了英国社会独特的品质和氛围。五十年后，哈林顿(Harrington)在一段著名的文字中描述过，都铎王朝和土地所有制的大众化造成的封建贵族的毁灭，如何为资产阶级共和国准备了道路。[77] 他所提到的内战前的经济变革也许可以有更广泛的运用。伊丽莎白时代经历了纺织业和采矿业资本主义的稳步发展、外贸的大幅增长以及与之相连的股份制企业的大量涌现、由放债人控制的存储银行的开始建立、以及由安特卫普的沦落和政府自身财政需要所促进的伦敦金融市场的发展，这个
177 市场拥有几乎现代的手段：投机、期货和套汇。前途在于那些随着该世纪后期商业发展而迅速获取财富和权势的阶级，它们的宗教抱负和政治抱负是(在两代人之后)推翻君主政体。

一个有组织的金融市场具有许多优势。但它不是社会道德或政治责任的学校。金融本质上不具人格，而是有关机会、安全和风险的事，它同其他一些因素一起，削弱了由教会的教义和邻居间的社交礼仪所培养的那种意见，那种意见认为“精明的讨价还价”是“刻薄的行为”。在宗教改革后的半个世纪里，由于货币贬值、战争以及建立在破坏性条款上的外债，造成英镑在国际市场上的价格暴跌，结果国际汇兑状况成了困扰政论家和政治家们的问题。货币问题和信贷问题比大多数经济问题更容易用机械论的因果关系来讨论。正是在由物价上涨和汇兑状况所引起的长期争论中，后来被经济学家们视作自明的、普遍有效的心理学假说第一次被锻造出来。

马利纳(Malynes)写道：“我们看到，一件事情如何推动着、促进着另一件事情，就像在一个有许多齿轮的钟里面，第一个齿轮转动着推动第二个齿轮，第二个齿

轮推动着第三个齿轮，如此等等，直到最后一个齿轮推动仪器敲击时钟；或者就像一群人挤在一个狭窄的地方，第一个人被他后面的那个人推挤，第二个人又被跟在他后面的人推挤。”[78]对现代商业精神不可能有比这更贴切的描述了。保守的作家们谴责它培植一种寡廉鲜耻的个人主义，不过，无须说，他们的谴责是有道理的，但也是无效的。对于贱买贵卖的村庄商人或借出九 178
十夸脱却要收还一百夸脱小麦的当铺老板来说，“人的恶行瞒不过全能的上帝”这种告诫也许会使他们心生畏惧。对于一个大布商，或像帕拉维奇诺(Pallavicino)、斯皮诺拉(Spinola)这样的资本家，或掌管政府在安特卫普的生意的托马斯·格雷欣来说，这些意见是愚蠢的，高利贷的利息在他们看来不是坏的道德，而是坏的生意。在信贷界，资金的运转不是为了应付某个遭到不幸的邻居的暂时困难，而是没有太多顾忌的商人们一种有利可图的投资，他们照顾他们自己，并期望其他人也照顾好自己，他们很少赞同那些反映互助精神的教义，而互助精神在构成英格兰农村的普通村镇的邻里小圈子里是非常自然的。

他们的经验产生了一种自然的结果，没有正式宣告任何经济个人主义的理论，他们必须大力反对种种传统的限制，憎恨传道士和大众运动企图把慈善和“问心无愧”的教义运用于大规模交易的客观机制，并努力使公共政策更符合他们的经济实践。在伊丽莎白统治后期下院有关自由贸易的争论，支持了中上阶级出于私利提出的对反对减少人口法令的抗议，而 1597 年通过的最后法案，明确允许让土地闲置为牧场以便使它得到休息。[79]至少从该世纪中叶起，比较先行的经济理论家对于由地方当局或政府规定价格的做法已表示怀疑，到了世纪末，这种做法引起抱怨，因为它削弱了农民种植谷
179 物的动力，结果恰恰与愿相违。[80]随着市场的扩大，对于做羊毛和谷类生意的中间商的控制，虽然在理论上是严格坚持的，在实践中却显然失败了。格雷欣抨击对高利贷的限制，并正式保证，凡同意他的主张向公众提供贷款的金融家，可以获得保护免受法律诉讼。[81]他也不可能比这干得更好了，因为这个城市的意见是威尔逊的《问答》中的情绪："什么人会那么糊涂，一点好处都没有就把自己的钱拿出来？谁不想最好地利用他自己的钱？"[82]有了这么一股理论的东风，扬帆航行的人们离开缔约完全自由的日子就不那么遥远了。

最重要的是，经济利益已经引起政治理论的注意，当洛克最终把它系统化时将证明，国家如果干预财产权和商业，就会取消它自身的生存资格。1604 年下院的一个委员会宣布："所有自由的臣民，生来就有土地继承权，也有自由从事他们的职业、投身于那些行业并赖以为生的权利。经商是所有行业中首要的也是最富有的一行，与所有其他行业相比有更广的范围，也更重要，把它限制在少数人手里，是违反自然权利与英国公民的自

由的。”[83]不完全地体现在实在法中的自然公正原则，作为权威的根据，被可能表现、也可能不表现公正原则的实在法所取代，与这一过程相类似，社会理论抛弃了有关一种客观的经济公平准则的全部概念。中世纪的作家们援引自然法作为对经济利己主义的道德限制。到了17世纪，发生了一场重大的革命。“自然”开始意味着人的贪欲，而不是上帝注定的事，那个时代的个人主义 180
援引自然权利，把它作为应当让利己主义自由发挥的一个理由。

从国家政策的一种倒转，可以看出这些实际需要和思想变革所带来的后果。1552年的法案曾经禁止一切利息，认为它“正如《圣经》中许多地方所明示的，是一种十分可恨可厌的恶行”。在议院的一场争论之后，这个法案于1571年被废除。争论表明了这个与哲学家思想方法不同的人对20年以前曾经获胜的理论家们的反感，他坚决认为法律不应当给商业强加一种空想的道德。[84]强索利息不再是一种犯罪行为，只要利率不超过百分之十。不过，万一发生下列情况，债务人认为付利息会危及他未来发展机会，他还是可以通过民事诉讼来要回他所付出的超出本金部分的钱。国家对高利贷的这种有保留的宽容自然影响到宗教舆论。国王是基督教会的最高统治者，一个忠心的教会也很难比它的首领更挑剔。适度的利息，即使没有法律的保护，至少也不是违法的，而要给根据议会法案浮动的尺度调整其程度的恶行定罪也非容易。客观经济学正开始它打破幻想的历程，采取的形式为有关公法学家们对物价的上涨、金融市场的机制、贸易的平衡等问题的讨论，不是为了强调某种道德，而是要为那些关心利润运作的人们分析会产生丰厚利润的各种力量。由于加尔文对利息的宽容，传统教义的批评者可以争辩说宗教自身的意见也不确定。

这些发展不可避免地影响了神职人员有关经济伦理
181 学的讨论的调子，甚至早在 16 世纪末之前，虽然他们做梦也没想到要放弃对过度的讨价还价的谴责，但他们的谴责作了种种保留。布林格的《几十年》在他死后的十年里出了三种英文译本，1586 年的教士会议要求下级教士人手一册、人人学习。这本书指出一条中间道路。他憎恶贪婪之罪，和中世纪的任何作家一样毫不妥协，他以全部旧式的热情谴责压榨穷人的压迫性契约，不过他对经济动机的态度要比他的大多数前辈宽容一些，而且他赞同加尔文，承认在谴责利息为高利贷之前，必须要考虑贷款的条件和借贷双方的立场。

一直到内战时期，比较严格的宗教学派仍然墨守传统理论。保守的神职人员利用 1571 年法案中宣称“上帝的律令所禁止的一切高利贷都是罪恶、都令人憎恨”的条款论证说，法案实际上什么也未改变，为了实际需要，国家把阻止那些它认为不宜禁止、但它不鼓励不支持的讨价还价的事留给了教会正是遵从这样的教义，一位谨慎的教士拒绝助理牧师职位直到他确定将要付给他

的钱来自地租而不是来自资本的利息为止。[85]但是，即
便如此，仍存在各种难题。金汉姆的教区牧师遗赠给伯
福德的穷人一头母牛，这头牛被“安排出租一两年，每
年租金 4 先令”，租金用于帮助穷人。但这样的安排有
其不便。牛是会死的，而这头公共的牛“很可能因为灾
祸或饲养不当而死亡”。[86]如果这头牛即刻变卖成现
钱，穷人们不是会对他们的钱更放心么？于是它被卖给 182
了原先租用它的人，而收益就花在穷人身上。这是高利
贷么？把钱投资于商业，为那些本身不能用钱做生意的
人如寡妇孤儿提供一份收入，这是高利贷么？如果购买
地租或分享贸易利润是合法的，为一笔贷款索取费用为
什么就特别有罪呢？为什么放款人应该无偿地提供贷款
呢？放款者本人可能是穷人，他把钱放进了有钱的资本
家的口袋里，而资本家则用这贷款去垄断羊毛谷物或去
交易所投机。

对这些问题，自由派神学家们回答道，关键的问题不是法律字面条文禁止助长无益的本性，而是在经济事务中要像在其他事务中一样遵从基督教的慈善原则。他们的对手援引《圣经》经文和教会的法律，争论说，高利贷与租金和利润这样的报酬不仅有程度上的不同，而且有性质上的不同。只要不是敲诈勒索得来的，租金、利润在道德上便无可非议。他们坚持把高利贷解释为“一笔贷款索取的所有超出本金的收入”。有关这一论题的文献可谓卷帙浩繁。但是几乎在它被生产出来之前

它就已经过期了。因为，无论神学家和道德学家是谴责一切利息还是仅仅某些利息与基督教伦理相违背，他们的分歧本身已蕴含这样的假设，即经济关系属于一个归根结底由教会统领的领域。经济事务是伦理行为的一个部分，而且像其他的部分一样，要根据精神的准则予以评判；无论国家认为对人的弱点可以作怎样的让步，基督教会的成员资格总是包含着一种经济道德标准；无论教会当局由哪些人组成，采取必要的行动使人们明白他
183 们的社会义务，乃是教会当局的职责——这样的教义仍然是所有各派宗教思想的共同基础。遭到人们怀疑的正是这一最终以宗教为基础的整个社会理论的概念。正当相互竞争的权威们为正确解释经济伦理进行着争论时，他们的侧翼被俗人的强大舆论力量所包抄，后者争论说，经济是一回事，伦理是另一回事。

各种各样的敲诈勒索行为都被概称为高利贷，它使有关讨价还价要“问心无愧”的全部争论达到白热化程度，而这样的问题只是新兴的商业文明对教会提出的无数质疑的一个例证，教会的社会伦理则依然明言是《圣经》、教父和经院神学家的那一套。为了回答这些质疑，写了许多书，书里穿插着引自《圣经》和宗教法规学者的话。其中许多书是博学的；有些可称为有趣的。但是，即使在它们自己的时代，除了它们的作者之外，它们是否能满足任何人也是值得怀疑的。事实是，尽管提出商业交易必须服从道德律的观点是真诚的，表现这

一要求的实际伦理准则却是为了对付完全不同于 17 世纪商业化英国的环境条件而锻造出来的。

一切政治问题中最关键、最困难的问题是公共道德与私人道德之间的区别问题。这个问题表现在国与国关系上是极普通的。但是，问题的实质在于，对于影响大多数人的决策和对于只涉及少数个人的决策，很难运用同样的道德标准，因此，一当经济联系变得大为错综复杂，社会单位不再是孤立的生产者，而是集团时，它就 184
以几乎同样尖锐的形式出现在经济生活领域。用马基雅弗利的方式争论说，商业有一套准则，私人生活有另一套准则，是要给肆无忌惮的纵欲行为打开大门，在这种行为面前，精神只能退避三舍。争论说两者之间根本不存在区别，是要制定一条普遍适用的原则，而在实践中遇到过上述困难的人都不会承认它的普适性，同时暴露了道德观念本身已不足信，因为让它承受到几乎无法承受的压力。感情用事的实际结果往往是对现实政治中的卑鄙小人作出暴烈的反抗。

随着 16 世纪金融和国际贸易的发展，教会面临的就是这个问题。假定我应当爱邻如己，在现代大规模组织的条件下，仍然有待解决的问题是，究竟谁是我的邻人？我到底怎样才能使我对他的爱实际生效？传统的宗教教义对这些问题没有提供答案，因为它甚至没有意识到它们会被提出来。它曾试图把经济关系道德化，把每一笔交易都看作个人品行的一个例子，涉及个人责任。

在一个不具人格的金融、世界市场和资本主义工业组织的时代里，它的传统的社会学说并没有具体的东西可提供，而只是重复旧话。为了成为有效的理论，它们本应当从头仔细思考，并用新的活的语言加以表述。它曾经努力保护农民和工匠，反对放债人和垄断者的压迫。面对靠工资为生的无产阶级的种种问题，除了毫无意义地复述、重复它的传统忠告，诸如主人对仆人的义务、仆人对主人的义务之外，它什么也干不了。它曾经强调人
185 人皆弟兄。但它没有想到要指出，作为在 17 世纪开始发展的新经济帝国主义的一个结果，英国商人的弟兄是被他拐到美洲做奴隶的非洲人，或被他剥夺了土地的美洲印第安人，或被他以不够维持生活的低价买去细布、丝绸的印度工匠。对于运用它的道德原则的实际困难，宗教还没有学会抓住这个令人舒坦的公式安慰自己：对于经济生活中的事务来说，不存在道德原则。但是，对于人们为了经济目的而大规模联合（这将越来越成为未来的普遍情况）所涉及的问题，教堂的讲坛上以传统方式提出的社会学说起不了什么指导作用。它们在实践中的无用，为它们在理论上的被废弃准备了道路。

总的来说，它们被废弃是因为它们应该被废弃。教会的社会教义已不再值得考虑，因为教会本身已不再思考。一旦内战的混乱消除之后，经济行动中的活力和经济思想中的现实主义智慧这些品质将成为 17 世纪的特征。当人类面临在令人高兴的活动和禁锢在一大堆干巴

巴的无用公式中的虔诚之间作选择时，它将选择前者，尽管那种活力是兽性的，那种智慧是狭隘的。在培根和笛卡儿的时代，各种各样喧闹的兴趣和热切的观念突然涌现，首先在经济投机事业的萌芽中取得成果，在这中间将生长出新的政治算术学。英格兰教会的社会理论扭头不看实践世界，而去凝神注视旧的学说。其实如果那些学说的原作者和它们后来的解说者一样不了解现实的话，根本不可能提出那些学说。自然，它被挤到了一 186
边。它被忽视了，因为它已变成可以忽视的了。

这个失败是根本性的。在没有宗教改革运动、没有清教徒运动、没有妒忌它的权利并急于去除教会权利的习惯法的那些国家里，它是得到公认的。但是在英格兰，所有这三样都有，而且从16世纪最后四分之一时期开头起，企图坚持传统道德的教会当局不得不考虑一种趋势，即完全否认他们有实施审判的权利，尤其是涉及经济事务的审判权。不仅有我们所熟知的普通人的反对意见，说堂区牧师对商业一窍不通——“不要去对无知的神职人员证明何种契约合法、何种契约不合法”。[87]更重要的是，还有普通律师反对至少一部分的教会惩戒手段。1605年班克罗夫特向枢密院抱怨说，法官们力图把教会法庭的裁判权限制于遗嘱案和婚姻案，并断言，自从伊丽莎白即位以来颁布了500多份诉讼中止令，中止宗教裁判控诉院的诉讼程序，其中最多只有二十分之一能够被确认为正当。[88]两年后一篇论述民法与教会法的论文的作者写道："照现状说，两者都不知道自己的审判权限，而是一个从另一个手中夺，那样子就像是在两军对垒的战场上。"[89] 高等宗教事务法院的审判权也是同样遭遇。教会法庭最后或者向它上诉，或者向代表法院上诉。从 16 世纪下半叶直到 1616 年解除科克(Coke)在高等法院的职务，法官们不时地用诉讼中止令延迟高等宗教事务法院的诉讼程序，或释放
187 被它监禁的罪人。例如，在 1577 年，他们根据人身保障法令状释放了被高等宗教事务法院定为高利贷罪的一个囚犯。[90]

最为根本的是，有一种关于教会的理论发展起来，它否认了由主教和会吏总实施惩戒这个原则本身。宗教改革之前的两个世纪里，俗人对牧师的道德审判权的默认已经变得越来越勉强。伊丽莎白时代，随着一场以从事贸易的商人阶级为中心的清教徒运动的迅猛发展，对人口中相当大比例的人来说，那种审判几乎已成了令人厌恶的事。当然，他们讨厌它的理由不只是它偶尔干预商业事务。但是他们的态度带来一种不可避免的结果，由于对整个传统的教会惩戒原则的蔑视，对这个原则的那种特定运用也就失去了信任。清教徒运动并不意味着社会关系进一步松弛。相反，在它的早期，至少在理论上它主张对个人生活进行更严格的约束，无论是在工作方面，还是在享乐方面。但是它不承认使这种约束得以实施的机构，认为那是反基督的。在下院讨论 1571 年

的高利贷法案时，提到教会法便遭到抗议，说教会法在这个问题上的规定已被废除了，“不应当再服从它们，也不应当再记住它们”。[91]在以后的两代人时间里，对这种制度的反感不断上升；当法院冒昧地用开除教籍作为惩罚手段时，人们干脆不予理睬；[92]到了17世纪30年代，在劳德的《制度》（*régime*）一书影响下，低声的怨言似乎将变成一场大旋风。接下来是长期议会，上下两院都猛烈谴责神职人员干扰国家事务，通过立法废除了高等宗教事务法院，剥夺了普通教会法庭的刑事审判 188
权，最后，随着主教制的废除，把它们彻底清除了。

佩恩写道：“自从牧师过多地参与俗人的事务以来，就没有多少好日子。”[93]在王政复辟之后，这是王党党员和圆头党党员都能同意的一种定论。它必然不仅反抗神职人员的实际权力，这种权力毕竟早就式微了，而且反抗那种认为包括控制经济私利在内的整个宗教概念，劳德称之为“教会的主体”。桑德森(Sanderson)的著作和杰里米· 泰勒(Jeremy Taylor)的著作继承一种早先的传统，雄辩有力地重申，基督徒由他的信仰决定必然遵守一种生活规则，它表现在平等缔约和对邻人慈悲。[94]不过，认为教会有权拥有一种独立的社会价值标准、可以把它作为准则运用于经济界实际事务的概念已变得越来越淡薄。结果是默默否定了精神在商业交易和有组织的社会关系中的意义。这个结果并非直接的，也非预期的，但却是必然的。否认宗教有权提出它自己特有的社会理论，这种态度本身成了最专制、对各种理论最有破坏性的态度。不妨把它叫做宗教冷淡主义。

在英国内战之前变革已经发生。王政复辟，特别是英国革命，完成了这个变革。在 18 世纪，研究英国国教会关于社会伦理的教义，几乎已成多余。因为它没有带来独特的贡献，而且，除了少数几个反常者，教会作
189 为一个独立的道德权威，它的准则可能与社会惯例尖锐对立的概念已经被抛弃了。

一个没有自己的哲学的社会公共机构必然会接受碰巧正在流行的东西。在一定程度上给 18 世纪的社会思想定调的是新的政治算术学，它在王政复辟时期已开始成熟，而且，在英国自然科学的第一个伟大时代即牛顿、哈雷和皇家科学院的时代，可望它从数学和物理学而不是从宗教或道德获得灵感。它更是与洛克的名字连在一起的政治理论，不过被许多模仿者通俗化和败坏了。社会并不是一个由具有不同的职能、因为产生于一个共同目标的相互义务而联系在一起的阶级所组成的共同体。它是一个股份公司而不是一个有机组织，股东们的责任是完全有限的。他们加入它为的是保证永恒的自然法则已经授予他们的权利。国家的作用各有不同，但不是超自然的制裁作用，它的存在是为了保护那些权利，而且通过维护缔约自由，确保它们有充分发挥的余地，就此实现它的目标。

这些权利中最重要的是财产权，而财产权主要地，

当然并非唯一地，与上层社会人士联在一起，他们掌握
着社会实体的、有形的“资产”。不认购公司股票的人
没有分享利润的合法权利，虽然他们有要求上层阶级施
舍的道德权利。于是有把几乎所有低于贵族、中上阶级
以及不动产终身保有者的人都称作“穷人”的奇怪用
语。而穷人，众所周知，有两种类型，为了他们的上司
而工作的“勤勉的穷人”，以及为了他们自己而工作的
“懒惰的穷人”。于是有没完没了的讨论，关于“劳动 190
的穷人”是应当归入“生产的”还是“非生产的”阶
级，他们是否真正值得养活。于是认为某种公共政策能
够使他们的命运得到实质性改善的建议遭到愤怒的拒
绝。“在财产权得到大力保障的地方，没有钱的生活会
比没有穷人的生活容易些……因为该做的事是不让穷人
挨饿，所以他们不应当获得任何值得保留的东西”；“除
了他们的贫穷之外，没有什么东西能激励穷人成为有用
的人，对于贫困予以救济是明智的，予以根除则是愚蠢
的”；“要使社会幸福，必须有大量的人处于贫穷困苦的
境地”。[95]从 1714 年印行的一本书里引用的这些话并不
具有代表性。但是见微知著，这些话犹如草茎之倾伏，
权可显示当时社会风向之一斑。

在这样一种环境之下，社会的情绪自然是低调平和的，而热情，即便不是一种道德的过错，也是一种理智上的失误和趣味上的偏差。宗教思想也免不了受同样的影响。这不仅是因为教会和国家一样继承了革命赠予的

遗产，重造了一个贵族社会的特征，一如它重造了它的阶级组织和经济不平等，而且它往往喜欢把那种对财富和社会地位卑躬屈膝的习惯理想化为一种美德，这种习惯在实行民主政治制度半个多世纪之后，依然是英国人特有的陋习。同样重要的是，事实上除了某些群体和某些问题之外，它接受了流行的社会哲学并改写自己的教义去适应它。使得政治理论具有宗教特征的时代已经让位给另一个时代，现在宗教思想不再是一个傲慢的导师，而是一个恭顺的学生。劳(Law)以无与伦比的才智
191 重申了基督教意味着一种独特生活方式的思想，像他这样引人注目的例外，或像韦斯利关于《金钱的用处》的布道这样的抗议，仅仅加深了人们认为他们总体上默许传统道德的印象。不能说流行的宗教思想就是被深思熟虑所缓和，或偶尔被对低劣者的同情所软化的道德，那样说有失公正。它与一种社会哲学自然对应，这种哲学拒绝了目的论，并以一种受经济动机推动、自我调节的机制的比喻，取代了把社会看作一个由同样服从于某一神圣目的的不同阶级组成的有机体的理论。

这样一种态度，以及它对表面上相互冲突的利益集团经济上协调一致的强调，给道德论辩留下的余地不大。改革家的材料的确是足够丰富的。可以料想到，早期商业资本主义的那些现象——只要想想在 1720 年达到顶峰的金融方面的胡作非为——会使 18 世纪并不过分敏感的良心都感到震惊。两个世纪之前，富格尔家族

受到传教士和神学家的谴责；而与操纵南海公司股票投机骗局的人们相比，富格尔家族可算是老实人了。实际上，宗教舆论对此丑闻无动于衷。传统的社会伦理学体系是在一个比较单纯的时代制定出来的；在银行、航运、股份制企业的商业化英国，它仿佛是、并且被称为是中古时代的迷信。从王政复辟以后，它就悄悄地衰落了。主教派的诉状中不再控诉高利贷者和囤积居奇者。1658年首次出版、在以后一个世纪里被广泛阅读的题为《人的全部责任》的通俗教本，[96]仍然把敲诈勒索和压迫算作罪行，但却坦白地放弃了对它们下定义的企图。即使传教士还没有公开接受自然人的观点，如18世纪一作家所说的，"生意是一回事，宗教是另一回事"，但 192
是对于他们之间冲突的可能性保持沉默，就意味着他们的结论并非相去甚远。实际上，反映当时特点的学说是这样一种学说，它在经济道德规范上没给宗教教义留下地盘，因为它预先表明了一种理论，即亚当·斯密后来在他关于看不见的手的著名论述中作了概括的理论，它从经济利已主义中看到一种上帝的安排在起作用。迪安·塔克(Dean Tucker)这样写道："国家的贸易，好的道德规范和好的政府，不过是上帝设计好的一个总方案的组成部分。"沃伯顿(Warburton)刻薄地评论他说，宗教就是他的生意，生意就是他的宗教。

自然，根据这样一种观点，教会没有必要坚持对商业道德的要求，因为好的道德规范与商业智慧是一致的。现存的秩序，除了政府颁布的缺乏远见的法令的干扰之外，便是自然的秩序，而自然确立的秩序就是上帝确立的秩序。在世纪中叶，大多数有教养的人都会从教皇的诗行里找到他们的哲学：

于是上帝和自然构建了总框架，
并使自爱与合群成为一回事。

同样很自然，这样一种态度妨碍对各种制度作批判考察，而且留给基督教博爱的范围只是生活中的某些部分，它们可以保留给慈善事业，正是因为它们不属于正常人际关系那个更大的领域，在那里私利的刺激提供了充足的行为动机和行为规则。因此，教会的社会福利工作在于给非战斗
193 员和伤员提供救助，而不是鼓舞主力部队。它在 18 世纪的特有表现是救助穷人、照料病人以及开办学校。虽然有对贫困阶级精神康乐的真诚的、或许有点表面的关怀(这种关怀使福音派运动复兴)，宗教已经放弃批判和建设的基本脑力工作并把它交给了理性主义者与人道主义者。

人们有时表示惊讶说，在人们通常不很贴切地名之为“产业革命”的广泛的经济重组中，教会竟然没有更有效地给予激励和指导。它没有给予激励和指导，是因为它并不拥有它。无疑，有一些具体的情况可以为它的沉默作解释——纯粹的无知和无效，假想的政治经济学学说，以及在 1790 年之后，由于受到法国的影响，所有的人道主义运动都采取了恐怖行动。不过要对它的态度作出解释，不能

从当时的特殊环境去找，而应从一种趋势的流行中去找。这种趋势承认阶级关系的既定秩序，认为它不需要在任何更高的法庭面前辩护，它使得宗教不是成为它的批判者或告发者，而是成为它的镇痛剂、它的辩解者和它的苦役。重新陷入反常的残酷行为的情况并不存在。实际情况是，认为教会拥有一种独立的价值标准、可以用它修补社会制度这个观念本身被抛弃了。在战斗开始之前很久投降就已经发生了。虽然嫌恶早期工厂制度，总体上却能持默许态度，这是由于一种精神上的盲目，这种盲目并非一种新发明，而是一个世纪的习惯。

上帝和约瑟同在，他就百事顺利。

《创世记》（39：2）

第四章　清教运动

16 世纪末，宗教理论与经济现实的分离早已变得十分 197
明显。与此同时，随着宗教理论的兴盛，一种新的思想体系也正在成熟。这种思想体系注定要对所有传统价值进行革命性的改变，要在整个社会义务领域点燃一盏新的、贯透一切的明灯。在一个不断扩张的世界里，在一个对前景迷惘不清的教会基础上，经过两代人带有试探性的含糊表达后，掀起了清教运动的猛烈风暴。森林倾覆，橡树折腰，满地干叶被狂风席卷。这不是冬天的大风，也不是春天的风暴，而是暴烈却又富于生机、无情但又温情、由渴望和忏悔汇合而成的奇怪而响亮的音符。那对米设的居民是拖延，对基达的居民是黑暗。与此同时，在号角呜呜声中、在军队的厮杀声中、在教堂石刻被拆毁声中，怀着对上帝的谦卑之情和对人类的傲慢之心，圣战者席卷战场、血染战袍。

当提坦巨神化为灰烬，大地一片沉寂。在这片巨大的沉寂中，在 18 世纪奥古斯都式的宁静中，我们听到一个声音，它说“仅仅以一种商业的观点看”，①宗教自由是一种巨大的优势。显然，一个新世界已然诞生。这个新世界

诞生于神秘的思想、预言家的热情、知名的和不知名的英雄的辛劳和痛苦、世俗的野心和通常的贪欲。在这个新世
198 界，由于再不会有查理一世的“全面专横政策”，由于财产得到保障，由于合同不可违反，由于行政部门循规蹈矩，所以，商人的明智投资很容易产生有利的回报。于是，赞美成功生活的墓志铭尽情嘲笑往昔的梦想，因为怀有那种梦想的年轻人不追求成功，只追求殉道者或圣徒光荣的失败。

一　清教和社会

流传到英格兰的加尔文教义主要有三大内容：长老制、公理制、关于神和人的本性的教义。虽说长老制和公理制都涉及神和人的本性，但后者却传播得更加广泛、更加深入、更加具有影响力。从母体产生的这三大分支中，长老制历史最长，它曾在伊丽莎白时期引起过轰动，人们希望，通过苏格兰人的精心培育，长老制能够成长为一种国教，产生出被镌刻在青铜板上的信条，但至少在其原来面目上，长老制根基不深。公理制强调每个教会都有自己进行组织的权利，强调不受国家干涉的自由，这种教义不论在旧世界还是在新世界都留下了关于公民自由和宗教自由的不朽遗产。第三条分支就是清教。它并不局限于某一个教派，它不仅体现在英国国教会(如果说英国国教会确实算作一种清教的话)，而且体现在从国教会分化出来的其他教会。它不仅决定了关

于神学和教会治理的观念，而且规定了政治思想、商业关系、家庭生活和个人行为的细节。

清教精神的成长、胜利和改革是 17 世纪最根本的运动。清教，而不是都铎王室与罗马教廷的决裂，才是真正的英国宗教改革。正是通过清教同旧秩序的斗争，才出现了真正现代意义的英格兰。清教在政治事务方面取得了巨大的成就，但它在人的内心世界方面取得的成 199
就更为重大，与之相比，政治只能算作它可怜的支架。高耸的冰山使旅行者感到敬畏，那是因为支撑冰山的巨大体积使他一眼望不到边；同样，清教在教会和国家中掀起的革命也无法与它在人的内心引起的革命相比。它在议会的嘈杂声和战场的轰鸣声中大声疾呼的口号，在孤寂的夜晚被人修习，正是在这样的夜晚，雅各同上帝的天使摔跤，希图在逃亡之前求得祝福。

> 我们错了，对如此壮观之物，
> 我们展示的却只是暴力。

在班扬（Bunyan）和福克斯（Fox）的神秘主义中、在克伦威尔忧郁的情调和燃烧的能量中、在弥尔顿“不能动摇，不受诱惑，不被吓倒”的胜利宣告中、在追逐私利者和变节者生活的世界里，深藏着的是灵光和愚昧，后人对它既可投以敬畏也可投以惊恐的眼光，但却无法测量其深度。

清教的各种特性就像一面三棱镜，它那光彩各异的颜色其实只不过是一束集中光线的折射而已。如果说清教内向的、精神的魅力逃过了历史学家的眼睛，那么它外向的、可见的标记却随处可见，无论在市场、会计所、兵营、学生寝室或推选祈祷者的场所处处可见清教的标记。清教徒蔑视圣事主义的虚浮表现，在他看来，尘世的辛劳本身就变成了一种圣事。清教徒就像一个不断努力以图驱除萦绕心头恶魔的人，他在拯救自己灵魂的努力中，动员
200 了天堂和尘世的一切力量。仅仅通过他不断扩张的精神力量，清教徒不仅重新塑造了自己的特性和习惯以及生活方式，而且重新塑造了家庭和教会、工业和城市、政治制度和社会秩序。他意识到，自己只不过是一个陌生人和流浪者，匆匆地从短暂的今生奔向来世的生活。天主教的虚浮已经蜕变成一种冷漠的幽灵，滞留在永恒的疆域之外，清教徒则极度厌恶这种虚浮，他们带着极度的精神痛苦转而注视那些重大的事实：上帝、灵魂、获救和罚入地狱。一个清教徒如此谈论他对清教的皈依，“它使世界在我眼中变得就像一个空壳，既没有生命，也没有关爱。它摧毁了我追逐文学名声的雄心，那是我童年时代的罪孽……它为我设定了学习方法，从此我就受益匪浅……它使我首先去寻求神的天国和他的公正，使我把这件事看得非常必需，并且首先决定我的最终目标”。[2]

受到这种“最终目标”意识的控制，清教徒无法停留在仅仅对其进行反思上。对神的沉思曾被最伟大的经院哲学家描述为最大的幸运，但对于罪人而言，这种幸运却太为崇高，因此，他们不仅要对神进行沉思，而且要通过在

这个已经被黑暗势力控制的世界所作的工作来荣耀上帝。“通往上帝之城的道路就从这个充斥喧闹集市的城镇经过，想要到上帝之城去的人如果不想经过这个城镇，那就必须离开这个世界。”[3]这是一条可怕的旅程，悬崖丛生，妖魔横行，因此，他要驱除一切障碍，把自己从头到脚武装起来。在必要的情况下，娱乐、书籍，甚至同朋友的交往都必须放弃。因为，即便是瘸了腿、肢体残废地进入永恒生活也要好过肢体健全却被扔进永恒之火。他像巴克斯特和福克斯一样四处搜索，寻找能对他的灵魂讲述生活意义的人。他从牧师那里寻求的不是赦免，而是命令、
劝诫和警告。传教——早期清教最发人深省的事情——是 201
忍饥挨饿的一代人呼唤启蒙、呼唤教育、呼唤明智的宗教。正是因为大多数“布道产生了宗派，大多数祈祷导致了虔诚”，[4]因此，尘世的权势者拉起了百叶窗，堵住从清教徒的讲台上刮出的狂风。他对自己的生活进行约束，使它合理化、系统化。早在我们听到循道宗教徒(Methodist)这个名词之前一百年，“方法”(Method)这个词就已成为清教徒的格言。他使自己的使命变成一种精神的磨难，因为精神磨难也正是上帝的活动场所，他受到上帝的召唤去劳作。

清教徒的内心有一种感受，“如果惹怒上帝要比得罪整个世界更使人感到可怕”，[5]因此，他是一个天生的共和主义者，因为，在这个世界上他没有任何可以作为主人而拥有的东西。如果掌权者能够听从上帝的命令，那就没有问题，如果不听从，就必须把他们碾为尘土，上帝的选

民则将在这些废墟上建造基督的王国。最后，所有这一切——祈祷、劳作、苦行修炼、对自我和他人的控制、创伤以及死亡——相对于一个人灵魂的拯救都显得微不足道。“于是，我看到除了从毁灭之城有一条通往地狱的道路之外，甚至从天堂之门都有这样一条路”[6]——当清教徒濒临死亡时，这些可怕的话就一直萦绕在他的脑海中。有时这些话会使他肝肠寸断。更有甚者，神恩甚至会撒播到罪人的首领身上，从而使他的意志忐忑不安。因为正是意志——无论是组织起来的意志、修炼得来的意志、受神启示的意志，还是全神贯注于崇拜时保持静祈的意志，或者激烈行动时使用过度的意志，总之是意志——才是清教的本质，为了增强并且组织这种意志，宗教狂热巨大的武器库中所有的手段都被动员起来。清教徒就像钢制的弹簧，被一种内部的力量紧压着，当它弹起来的时候会把一切障碍击得粉碎。有时这种压力太强烈，因此，当它内部的力量被释放时，它自己也会粉身碎骨。

202 精神随意地吹拂着，社会各个等级的人都觉得，自己的心灵随着精神的呼吸而得到提升，不管是贵族、乡绅还是织布工人，“当织布工人站在他们的织布机前时，他们也会在面前放一本书，或者互相开导”。[7]然而，如果说宗教狂热和道德热情不受通常的阶级和收入分类的限制，我们的经验却证明，在某些环境下，它们会比别的情况下爆发得更加强烈。同时，因为人既是肉体的，又是精神的，因此，不同的宗教经验会对不同社会和经济环境下的不同需求做出反应。在现代人看来，清教精神选定的位置是社会中以下这些阶级：他们经济独立、受过教育，而且对自己的社会地位感到自豪；他们决心过自己的生活，决不屈从尘世的权威；对于那些因为品德上的缺陷或经济上的无助而比他们缺少决心、缺乏活力、缺乏主人气质的人，他们表现出某种傲慢的轻视。在封建精神由于遇到城镇的生活和新的知识潮流而被弱化的地方，有些中上阶级的人就是如此表现。有些自耕农显然就是如此表现，他们"受到崇高精神的感染，不做任何人的奴隶"，[8]特别是在东部可以终身保有不动产的郡县。这些人就是城镇中以及因为纺织业和制铁业的分散而被部分工业化地区的经商阶级。

有一个人如此描写 1654 年时的布里斯托尔（Bristol），"国王的目标和党派受到处于这个城市中两个极端的人喜爱；一个极端是富人和有权人，另一个极端是地位最低下的人。中间阶级则根本不喜欢它们，而这些中间阶级才是真正的、最好的市民"。[9]厄舍（Usher）教授对 17 世纪初清教牧师在各地分布的统计数字表明，在英国各地，正是这些阶级才是清教的中坚力量。他的统计数字显示，在知道名字的 281 个牧师中，35 个属于伦敦和米德尔塞克斯郡， 203
96 个属于诺福克、萨福克和埃塞克斯这三个从事制造业的郡，29 个属于北安普敦郡，17 个属于兰开夏郡，只有 104 个属于其他各地。[10]这种现象给人造成非常深刻的印象，因此激起了那些关注比一般社会学原理具有更深刻精神意义的事物的同时代人的评论。巴克斯特写道，"这些中上阶级的大多数佃户，以及被别人称作暴民的最穷的人，确实追随中上阶级，而且拥护国王。站在议会一边的是（除他们自己外）大多数地区的一小部分（按某些人的看法）中上阶级、不动产终身持有者，以及中产阶级，尤其是在那些依靠织布业和类似制造业的行会和地区”。他用不断地同更大的贸易中心通信联系的自由化影响来解释这种事实，并且引用了法国的例子，在法国，“正是商人和中产阶级的人才是新教徒”。[11]

最引人注目的例子当然是伦敦。伦敦为议会的军队提供经费，一直到英国革命时期，伦敦都是典型的“反叛的城市”，它把4个不顺从国教的新教徒送回1661年的保王党议会，派它的市长和高级市政官陪同上议院议员罗素把《除外法案》从众议院送到上议院，在长老制被禁止很久以后仍然保护长老派的牧师，照顾主张宗教宽容的辉格党，在1681年的风暴袭来时为辉格党的领袖提供庇护所。然而，这种事情在英国各地几乎都可以看到。一个充满敌意的评论家认为，清教的兴起是“借助于伦敦（煽动
204 性派别的窝巢和发源地）及其遍布王国的贸易，用它的商品把这种感染性的影响传播到各个城市和社团，从而毒害了全国”。[12]在兰开夏，各个从事纺织业的城镇——“兰开夏的日内瓦”——犹如从罗马天主教海洋的包围中升起的清教诸岛。在约克郡，布拉德福德、利兹和哈利法克斯；在中部，伯明翰和莱斯特；在西部，格洛斯特、汤顿和埃克塞特、英格兰西部纺织业的中心都市，这些地方都是清教的中心。

把产业阶层和商业阶层同宗教激进主义联系在一起，

这确实是英国国教会和保王党不断谈论的话题，它们在历数每一方的罪恶时都能发现另外的讨厌上述两者的理由。克拉伦登尖刻地批评“控制了绝大多数社团的宗派分裂情绪，以及对自己拥有财富的骄傲情绪”；[13] 在英国内战以后的一代人时间，市镇的政治和宗教都受到怀疑。牛津的主教警告查理二世的政府，不要对他们显示任何好感，理由是“贸易联盟”是“很多宗派和反叛集团的窝巢”，而且“我们后来那些可悲的混乱局面主要就是在商人的店铺里策划的”。[14] 佩皮斯(Pepys)略带苦涩地评论了国教会牧师回到自己城市的教堂时所遭到的怒目而视。甚至有人断言，朝廷的侍臣们对伦敦的大火感到兴高采烈，把它看作促使这个叛逆的中心陷于瘫痪的天赐良机。[15]

1660 年之后，政治算术变得流行，它的奉行者被过去 50 年的经验和荷兰——17 世纪欧洲经济的导师——的例子所触动，开始以有点类似现代社会学家的方式对经济进步与民族精神特征的关系进行研究。他们用冷静的、不带感情色彩的、对大吹大擂的神职人员非常讨厌的，甚至有点绅士的讽刺感确认了对主教和长老下的判断，但却从中 205
得出了不同的结论。使他们的分析成为人们关心议题的是宗教宽容的问题。他们毫不关心它的精神意义，却在以下事实中找到了赞成宗教宽容的实际理由：那些站在清教运动前列的阶级，同时也是克拉伦登法典使其承受最大牺牲的人，正是那些领导商业和工业企业的人。他们认为对这个问题的解释非常简单。一个农民社会的宗教可能很一致，因为它的经济制度就很简单，很统一。具有多样性的商业社会能够避免不断的摩擦和阻碍的唯一办法，就是能够自由地吸收来自不同来源的多种成分，让这些人群能够自由地追求自己的生活方式，而且——在当时这是同一回事——信奉他们自己的宗教。

英国人，正如笛福(Defoe)所说，乃是精于改良而弱于发明的民族。英国的经济组织早就有足够的调节能力吸收从阿尔瓦逃亡出来的佛兰德织工，以及从法国被驱赶的胡格诺派教徒。然而，传统的教会制度却不能用同样的态度容纳百川。不仅对这些外国的难民，即便是本国产生的宗派它也无法消化。劳德改变了伊丽莎白枢密院把贸易的多样性看得比宗教的统一更重要的政策，对梅德斯通，桑威奇和坎特伯雷[16]的外国工匠进行骚扰，这种情况在每一次强制宗教归顺的事件中一再发生，一直持续到1689年。“监狱里充塞着最富裕的商人和居民，成衣商被赶出自己的房子，他们雇佣的成千上万男女工人只能挨饿。”[17]辉格党对托利党政策的灾难性后果的控诉，不免使人想起，法国的省长们对于撤销南特敕令后遍及法国的苦难图景所作的描绘。[18]

206 由于经济利益和强迫归顺政策之间的冲突如此明显，因此，当时的经济学家本该阐明补救的原则，说明宗教迫害同国家的繁荣不协调，因为，宗教迫害主要落在经济进步的先驱者身上。一份关于这个主题的小册子的作者说，“这种性质的所有法律”不仅“完全违反基督教的原则和规则”，而且还“对我们国家的贸易和利益都产生了破坏性后果，因为它压迫最勤勉的劳动者并把他们赶走，减少了我们国家的人口并使之衰落，而我们这个国家其实有能力雇佣比现在多十倍的人来工作”。[19]

坦普尔（Temple）对于尼德兰连省共和国（the United Netherlands）的研究冷静而又清晰，他发现，它成功的原因之一在于，除了罗马天主教之外，每一个人都可以信奉自己喜欢的任何一种宗教。[20]德拉·库尔（De La Court）引人注目的著作用约翰·德·维特（John de Witt）的名字传世，书中也讲述了同样的观点。[21]配第（Petty）指出，英格兰最繁荣的城镇就是那些最不尊奉英国国教的城镇，然后他引用欧洲、印度和奥斯曼帝国的证据证明，虽说经济发展同任何宗教都是相容的，但那些发展经济的阶级却总是由那些异教的少数派组成，他们“信仰的观点与官方制定的不一样”。[22]有一份1671年的小册子写道，“天主教天然不具备商业倾向，与此相反，在新教中，越激烈的教派，他们对于贸易和工业的兴趣就越大，而且认为无所事事是不合法的……英格兰的国内利益在于，驱除城市和农村中的所有障碍以推进贸易，提供一切能够对此有所帮助的法律，把这种法律制定得尽可能简单，尤其要给予所有不信奉英国国教的新教徒以信仰自由，但拒不给予天主教徒这样的自由。”[23]

如果说，经济学家欢迎宗教宽容是因为它对于贸易有
利，那么托利党对商人阶级的不信任则由于以下事实而加 207
重，因为商人阶级对于宗教宽容的要求最为强烈。斯威夫特谴责了作为这些令人作呕的信条的一个部分，即“宗教不应该在新教徒之间造成隔阂”的格言，以及“在任何情

况下都要优先照顾有产阶级而不是土地阶级”的政策。[24] 甚至迟至 18 世纪，对“长老派、银行和其他社团”陈腐的嘲笑，仍然出现在一个叫博林布洛克(Bolingbroke)的政治家的小册子中，莫利(Morley)管他叫做政治骗子中的大王。[25]

“中间等级”，“中等阶级”，“中间类型”——这些社会阶层当然包括各种各样的经济利益和个人等级。但在清教的发展阶段，在英国内战之前，有两个原因使得这些名词并不完全等同于我们今天赋予它们的意思。首先，除了某些特别的行业和特别的地区，英国很少有大规模生产，因此也很少有大量失去财产、靠工资生活的无产阶级。因此，典型的工人通常仍然是小作坊主，他自己仍然在织布机前或锻铁炉旁工作，他们的地位就如巴克斯特对基德明斯特所作的描述，“那里根本没有非常富裕的商人……镇里的地方法官中极少有人年收入达到 40 镑，大多数人的收入不到这个数字的一半；有三四个生意最好的作坊主在 20 年中赚到 500 到 600 镑，但是，一旦遇到赖账的人，他们就可能损失 100 镑。”[26] 他们与富裕的批发商或布商在财富方面虽不相同，但在经济状况和社会习惯方面却很相似，他们之间只存在程度上的差别而并非本质上的不同。在产业界，地区之间的纵向差别仍然比阶级之间的横向差
208 别明显。那些拥有自己的工具、自己控制生意、因而有理由被描绘成独立生产者的人在人口中占的比例，要比资本主义社会中大得多。

第二件事实更具有决定意义。商人阶级作为国家中的

一股力量仍然非常年轻，因此还没有把自己当作一个独立的阶层，他们具有独特的宗教和政治观点，他们不是因为出身和血统，而是通过他们的社会习惯、行规以及整个道德生活体系，从而与不敬神的宫廷以及挥霍的贵族相区别。除了瑞士和荷兰，英国的阶级分离阶段比欧洲其他国家都短，因为需要分离的并不多。到 17 世纪后期，部分是因为导致了英国革命的斗争，更主要的原因是，通过商业和金融对于财富的再分配，以前的竞争对手已经逐渐混合成包括双方在内的富豪阶级。越来越多占有土地的中上阶级把自己的儿子送去经商；“温顺的、通常撒谎的商人”则理所当然地希望从破产的贵族那里购买一份地产。乔治时代的英国使得伏尔泰和孟德斯鸠那样的外国人非常吃惊，他们觉得英国就像资产阶级的天堂，富裕的商人很轻易地就把没落的贵族挤到了一边。[27]

然而，这样的结果出现在英国内战这道巨大的分水岭之后，而且主要是由于革命的温和性质。在清教的萌芽期，商人阶级虽然很强大，但在当时，他们还不是社会的统治力量，这种地位要过一个世纪之后才被他们取得。他们可以回顾刚刚过去的历史，当时他们迅速获得的财富被
别人用怀疑的眼光看待，被当作一种异己利益的出现，使 209
用肮脏的手段追逐反社会的目标——这种利益在一个组织良好的国家里几乎没有位置，因而受到保守的政治家严厉指责。他们生活时代的政府会进行干涉、非常低效、奢侈、不断重复一些大言不惭的原则，形成使这些严肃、朴素的人们非常厌恶的形形色色的手段。声誉较差一些的廷

臣和没什么头脑的乡间士绅，则一边请求他们给予按揭贷款或放宽贷款期限，心里却辱骂他们是暴发户、放高利贷者和吸血鬼。即便在 17 世纪后半期，出于政治和经济的原因，这些食利者和金融家的影响仍然引起了害怕和嫉妒。一位对专门从事借贷的清教资本家满怀愤慨的小册子作者写道，“就是通过这种谋略，他们逃避了所有什一税以及其他应该付给国王、教会和穷人的税（那本是滋润良心最好的甜酒）；他们不愿意承担与现实的地产相关的任何服务和官职；他们逃避效忠公众或私人忠诚的誓言和约束……他们既享受尘世对于精明活动的称赞，同时又享受着轻易、虔诚地发财的精神乐趣……让他们的敌人承受不节俭的责备，同时还得承受家道败落的悲惨遭遇。他们使很多贵族和中上阶级处于完全的臣属地位（当作他们可怜的副本土地保有者），使这些人丧失诚实，丧失公正，经常按照他们最无耻的意愿来保护这些人的利益。因为独占现金和信贷，事实上是由他们为土地定价，为市场制定法律。因为手头拥有现金，他们能够命令官方机关从而施加广泛影响……他们为自己的窝巢——股份公司——添砖加瓦。”[28]

这种哀叹是元老院的贵族对迅速崛起的骑士阶层的抗议，是贵族对平民的抗议。在保守的贵族阶层中，这种哀
210 叹十分自然。在整整一个世纪的时期中，这个阶层感受到权力和荣耀从自己的手中滑落，为了能够保住这些东西，他们只能最终引咎辞退，从而得以与自己的对手分享这些权力和荣耀。而具有自己的宗教和政治意识形态的商业

界，则不断地把现实的权力集中在自己的手中。他们冷笑着追问，“要不是绅士们不节俭，商人又如何能够发财”[29]；他们发泄着一个充满活力、成功的、按他们说来并非很无耻的阶层对一个懒惰的阶级愤慨的轻视；他们对于城市的情况还没有经验；他们缺乏能力，因此用几乎是不道德的手段对商业事务进行管理。过去的胜利、今天的强大、对未来的信心、对自己的自信、与自己软弱对手的区别——这种区别就如同一团黏土中的一把铁锲——这一切使得他们(借用一句现代的术语)具备了阶级意识。现代无产阶级感到，尽管自己的处境很悲惨，目前的状况很无奈，但他们的事业会由于一场不可避免的革命所具有的不可抵抗的力量而通向胜利。同样，清教的资产阶级也明白，反对上帝选民的地狱之门不可能获胜。上帝会使他们的事业取得成功。

有一面能够折射出社会特性和命运的魔镜，社会的各个等级和各色人物都要对它注视良久，直到冲突的尘埃或成功的喧嚣使它影像模糊。在这面施过魔法的镜子中，自身的轮廓都被映照成令人陶醉的诱惑。因为，在这面镜子中，你所看到的并不是事物本身，而是在人的眼睛里和人的心中出现的形象。封建贵族看过这面镜子，他们看到一个优美、具有骑士风度、荣耀的世界。君主也照过这面镜子，或者说劳德和斯特拉福德寻找过这面魔镜。他们看到
一个正从圣人和家长般的君王的兽角形酒杯中痛饮物质的 211
繁荣和精神教诲的民族——这个民族“把国家装扮得更加强大富饶……使教会更加兴旺……使贸易增加得几乎使我

们成为基督教世界的交易所……所有外国商人纷至沓来，只为寻找这个王国仓库中堆积的东西”。[30]在那遥远的时代，工匠和劳工也会对着魔镜看，他们看到的是一群志同道合的人，有同伴意味着生，没有同伴则意味着死。对于17世纪初的中产阶级，对于这个正在崛起但尚未胜利的阶级，这面施过魔法的镜子就是清教。这面镜子显示的是一幅严肃得近乎苛刻、但却并非没有感染到一种有节制的得意的形象——这是严肃的、热情的、信奉上帝的一代人，轻视虚浮，按时劳作，定时祈祷，节俭而又兴旺，对自己和自己的天职充溢着得体的自豪，深信艰苦劳作就是通往天堂之路，这是一群和荷兰的加尔文教徒一样的人，他们在经济上的成功同他们钢铁般的新教主义同样著名——“富有思想、严肃、颇具耐心的人，深信劳动和事业就是他们通往上帝之路的职责。”[31]随后，微风吹拂，镜子模糊。很久以后这种形象才受到质疑。

二　神圣的戒律对抗贸易的宗教

清教是英国中产阶级的教导者。它强化了他们的道德，把他们应付一时之需的缺点神圣化，却并不将之连根拔除，清教使他们确信，无论道德还是瑕疵，都有全能上帝不可抗拒的伟大律法作为依据。没有上帝的预知，锤子就无法在煅铁墩上锤击，甚至连一个数字都无法加进账本。但是，清教又是一所奇怪的学校，是一所只教授一门课程的学校。清教的所有社会反应，那些犀利的、持久的、深刻的社会反应，绝不能仅仅概括为支

持个人主义这样一个简单的公式。韦伯在一篇著名的论
文中阐述了他的观点，他认为，英格兰式的加尔文主义 212
是资本主义之母。特勒尔奇、舒尔茨－盖福尼茨(Schulze-Gaevernitz)和坎宁安(Cunningham)这些权威人物也支持这样的解释。[32]然而，人的内心其实隐藏着神秘的矛盾，它们互不相容，却共同相处。当枯萎的组织躺卧在我们手中时，其精神的黏结剂仍然使我们困惑不解。

每个人的心中既有社会主义，又有个人主义；既有集权主义，又有对自由的追求；正如在每个人的心中既有一个天主教徒，又有一个新教徒。在人们为了共同目标组合而成的群众运动中，也存在这样的情况。清教内部具有保守的、传统的因素，同样也有革命的因素；既有接受铁一般纪律的集体主义，又有公然蔑视人类日常惯例的个人主义；既有收获人间果实的精打细算，又有能使万物翻新的宗教狂热。因为长期生长在一起，它们之间的不和谐被隐藏起来，但在内战的熔炉中它们又被分解，长老派和独立派、贵族和平均派、政治家和商人以及空想主义者都用困惑的眼睛盯着这个曾被他们当作朋友并肩前进的怪物。随后，辉煌和幻象都烟消云散；日常俗事的力量占了上风；金属在模具中冷却；清教的精神抖落了辉煌和幻象，最终得到备受尊敬、体面的定位。但是，清教社会哲学中的每一个要素都同样举足轻重，因此，战斗并不是在倾向于一种观点的清教和倾向

于另一种观点的国家之间进行，而是清教本身灵魂中两大竞争倾向之间的决战。问题在于掌握它们之间的联
213 系，关键是要理解，究竟哪些原因导致一些因素兴盛，又是哪些因素导致另一些因素衰落。

有人说过，“清教的胜利扫清了使用金钱的所有限制或指导。”[33]说它扫清了由现存体制施加的限制是对的。无论是宗教法庭、高等宗教事务法院还是星室法庭在1640年后都无法再起作用。然而，如果说，它打破了劳德的教会和斯特拉福德的公国制定的戒律，那么，它这样做只是为了建立自己更加严格的戒律。它本来会因为经济个人主义和宗教宽容受到中伤，但清教组织计划的大致轮廓则既不赞成商业事务方面的绝对自由，也不赞成精神事务方面的绝对自由。从伊丽莎白上台到英国内战，说这段时期的清教徒是经济自由或社会自由的朋友，这种说法的不准确在它大多数批评者的眼里一目了然，他们锱铢必较地对清教徒进行辱骂，唯有高利贷算是个例外。

神圣的戒律其实就是清教徒的藏经壁龛。它在雷电轰鸣中传授给日内瓦的摩西，它必然归结为苏格兰、英格兰和法兰西的约书亚(Joshuas)的主题思想。诺克斯(Knox)制造了它的苏格兰版本；卡特赖特(Cartwright)、特拉弗斯(Travers)和尤德尔(Udall)撰写了阐释它的论著。班克罗夫特揭露了它对于官方宗教秩序的危害。[34]“戒律”这个词的基本含义是“教会治理的指南”，规

定了“邪恶的人可以根据其错误的性质通过宗教谴责进行纠正”；[35]清教徒在16世纪的长老大会的程序表明，通过良心的压力，并且最后借助于精神的惩罚对生活进行规范的思想是这种制度非常重要的部分。在伊丽莎白统治初期，伦敦的教派成员称，他们的目标并非仅仅“自由、纯粹”地宣讲福音，也并非仅仅做宗教仪式， 214
而是“不要肮脏的教会法，只要严格修行，使大家都赞同我们的主耶稣基督天堂的、壮美的话”[36]。这种对立表明，它所蕴含的不仅仅是字面上的对立。班克罗夫特注意到，当一个信教的人犯下罪行的时候，长老首先采用的措施是告诫，然后才是开除出教会。有些长老大会留下了自己的记录，其中的一本备忘录证实了他的说法。[37]

所有这些早期的运动到16世纪末几乎已经全都烟消云散。但这些思想却植根在长老制的根基之中，它们在教会统治的制度中重新出现，目空一切的苏格兰地方长官在威斯敏斯特会议中并未使这种制度获得决定性的胜利，他们左有独立派，右有埃拉斯都派。高等宗教事务法院的毁灭，由神职人员管理所有人间事务制度的毁灭，以及随着主教统辖制度最后被废除而使得宗教法庭本身的毁灭，这一切在英国留下了一片空白。无法忍受这种情况的贝利(Baillie)写道，“亨德森先生对我们教会的戒律已经写了一篇很短、但却非常需要的文章。”[38]1646年6月，兴趣不高的议会通过了条例，该条例经过三年冗长的争论，然后出现在议会关于教会的戒律和管理委员会上，该条例允许长老暂停犯有丑行的人的教会资格。独立派对这个条例没有好感，议会对此也很冷淡，因为议会不想承认长老具有神圣的权力，因此，这项制度从来就没有站稳脚跟，至少在伦敦就根本没有证据表明，长老或长老大会行使过任何管辖权。但在兰开夏的部分地区，这项制度却似乎至少到 1649 年一直在
215 起作用。肖先生认为，由于政治环境的改变，尤其是军队的胜利才阻止这项制度继续发生作用。[39]

“戒律”包括一切关于道德行为的问题。当大多数经济关系还不是一种客观机制的自动反应，而仅仅是村庄中或市镇中邻居之间仁慈、礼貌问题的时代，经济行为自然也成为其中一个部分。加尔文和贝札用一种新的热情，要使中世纪关于教会文明的思想永久化，他们力图使日内瓦不仅成为教义纯洁的典范，而且成为社会正义和商业道德的典范。那些吸取他们思想营养的人在相对较差的环境里继承了这种传统。当热心仿效日内瓦的人发现，有可能实施比政治家的改革更彻底的目标时，布塞尔就在这时写出文章，鼓动对社会经济生活的所有方面都进行重建，从而使教会和国家合而为一。[40]英格兰的清教经过一番犹豫之后，接受了加尔文对于适度利息的宽恕，但另一方面却并不打算支持仅仅受到俗人欢迎的放松戒律。纽斯图伯(Knewstub)求助于“上帝的工具、加尔文先生”的教导以证明，经常放高利贷的人应

该“被赶出人类社会”。史密斯对这样的观点进行了渲染。巴罗(Baro)因为信奉清教而失去了教授资格，他指责“富人和一些地位更高贵的人通常的做法，那些人从事高利贷，他们看不起穷人，压迫穷人和需要帮助的人”。卡特赖特是伊丽莎白时期最著名的清教领导人，他说高利贷是“对上帝和教会的犯罪”，他还提议，犯这种错误的人应该被禁止参加宗教仪式，直到宗教大会对他的忏悔表示满意才可以恢复参加宗教仪式。[41] 最理想的状态就是教皇的训令中表达的内容，即要满足于最 216
少的收入，克制财富的诱惑。斯塔布斯(Stubbes)写道，“每一个基督徒在上帝面前都受到良心的制约，必须尽力赡养自己的家庭，但务必不能让过度的欲望超过界限，不能超过真正神性的界限……因此，上帝要我们远离贪欲和无节制的欲望，不能在今天就想着明天，因为(上帝说)艰苦劳作就是为了挣够当天之所需。”[42]

17 世纪上半叶从清教徒角度写作的、最有影响的社会伦理学著作是阿姆斯(Ames)的《良知》(*De Conscientia*)，这是一本基督徒行为的指南，希望为教派内的兄弟提供类似中世纪《富人与穷人》所提供的实践指南。《良知》后来成为一本标准的权威著作，被后来的作家一再引用。由于被伦敦主教禁止布道，阿姆斯在荷兰生活了二十多年，他在那里的弗朗内科大学谋得一个神学教授职位，当时的荷兰是欧洲商业的首都，他在这个国家的社会生活经历使他的社会教义越加峻刻。作为时代限制不可避免的结果，他承认，不可能区分投资商业资本的利益和投资土地资本的利益，因为人们在这两者之间的投资并没有区别。和加尔文一样，他否认利息在本质上受到《圣经》或自然理性的禁止。然而，他和加尔文一样对自己的嗜好施加了限制；他要求，对借给穷人的贷款不应收利息，他认为，基督徒最理想的投资就是由贷者和借者共担风险，而且仅仅要求“根据上帝对借钱者使用钱的祝福程度公平分享利润”。他关于
217 价格的教导也不乏保守气息。“希望买得便宜卖得贵是常见的想法(正如奥古斯丁所看到的)，但这是一种常见的邪恶。”卖东西的价格不得超过公共机关规定的最高价，不过卖得比它低是可以的，因为最高限价是为了保护买方。如果没有法定最高限价，就必须根据市场价格和“谨慎并且品行良好的人的判断”。不可利用购买者的需要这种优势，不可为自己的货物制定高价，不可仅仅因为花了大力才得到货物而把它们卖得更贵。[43]清教徒关于圈地问题的观点同样很尖锐。[44]

这种教导也并非只是牧师迂腐的表现。它在悔罪精神中找到共鸣，它在布道大会的行动中留下了某些印记。如果说迪尤斯(D'Ewes)是无法抵御超常进取意识的牺牲品，那么，在公共事务中，他还是一个扮演了并非不起眼角色的人物。迪尤斯不仅把烧毁他父亲房子的大火归结为上帝对于非法获得财产的惩罚，而且特别在自己的遗嘱中规定，为了避免遭受诅咒的污点，应该为儿

女们设下规定，不能把他的资本按照固定的利息——从
而是高利贷形式——进行投资，而只能是购买土地或年
金的形式。[45] 16 世纪 80 年代在戴德姆聚会的长老大会
关注的主题中，有一部分是关于仪式、教会的管理、正
确使用礼拜日等问题，还关心一些更重要的问题，如 16
岁的男孩是否可以在教堂里戴自己的帽子，根据什么迹
象断定某人是女巫等。但会议还讨论了认定流浪罪的条
款；建议教派成员把自己的行为限制在“最神圣的行当
（制衣）上”；建议在城镇规定普遍教育的计划，对那些
付不起钱的穷人的孩子由教会收集的钱支付费用；敦促 218
每个正派家庭主人为两个（如果能力有限，就为一个）
“以基督徒的方式工作、在自己的职业上很诚实的”穷
邻居提供帮助[46]。在一份很长的、由威斯敏斯特会议制
定的需要受罚不准参加宗教仪式的罪行名单中，我们不
仅可以找到酗酒、诅咒、辱骂、崇拜和制作偶像、寄送
和携带决斗书，在主日跳舞、赌博和游玩，相信女巫、
男巫和算命先生等罪行，还包括敲诈、教唆和贿赂等更
加严重的罪行。[47] 在兰开夏郡的贝里长老大会（改变有
多大！）对这些经济错误看得更重。经过激烈争论后，
它于 1647 年决定，“放高利贷是邪恶的罪行，屡教不改
者要开除出教会。”[48]

当时的传统要求，好人应该把货币兑换商从教堂中赶走，铺平上帝之路。“上帝给你荣耀，唤你达到权力和信任，期望你忠于这种信任。你每天都站在坟墓的边

缘；你处在永恒的边界；你的鼻孔中充塞着自己的呼吸；因此要用两倍乃至三倍的勇气热心做好事……停尸床对于一个失职的地方官员该是多么可怕的地方！懒惰的仆人该受到什么报应？难道不该永远禁止他见到上帝？”[49]就是在这样一个时代，索尔兹伯里市长使用了这样的语言要求威尔特郡法官关闭四家酒馆。于是法官就把它们关闭了。

企图在客观戒律中清楚规定社会道德，这种做法只有在神权政治国家中才有可能。然而，尽管神权政治有华丽的词藻，在彼列（撒旦的别名）的子孙们回来掘掉它的坟墓、在它的圣地上撒满垃圾之前，神权政治已经退
219 出了历史舞台。当对国教持不同观点者的权利还没有完全得到保护的时候，神权政治的失败乃是一件幸运的事情，因为这是宽容的胜利。但它还意味着，教会的戒律已经让位，而通过国家的行动促进改革则具有了可能，这种改革在贝尔朋议会期间达到高潮。法律改革、婚姻改革、财政改革、监狱改革、释放债务人等提案在各个议会委员会中争奇斗艳；议会之外的激进派则絮絮叨叨地反对社会和经济特权，这种言论后来一直到宪章运动时期才再一次听到，而在保守的克伦威尔眼里，这些言论仅仅预示着无政府主义。通过教会强迫实施道德戒律，这是早期加尔文主义的特征，从这种思想转化到后期清教运动的经济个人主义，其实是通过独立派的民主鼓动才得到实现。出于对整套神学戒律和强制归顺机制

的憎恨，他们竭尽全力通过政治行动达到同样的社会和道德目的。

这种转变具有划时代的意义。如果说英国社会民主运动真的有一种来源，这种来源就应该在新模范军里面找到。然而，试图制定一种经济伦理纲领的企图中所蕴含的思想——认为生活的各个方面和包容一切的宗教正相符合的理论——根基很深，因此，不可能仅仅通过政治变革把它驱除，也不可能通过经济发展这种更强大的手段达到这种目的。虽然已经从现实世界被驱赶出来，虽然它在现实世界一直是一个陌生人和旅居者，但它却在观念世界幸存下来。它在 17 世纪下半叶的成功，使它获得更多的肯定，这完全是因为，人们清楚地知道，只有通过布道和宣讲，才能把这些观念传达到听众的耳朵里，除此之外，别无他途。在这些成功者中，最博学、最实干、最有说服力的就是理查德 · 巴克斯特。

巴克斯特自己已经告诉我们，他是如何想尽办法把 220
实践的指示提供给基德明斯特的教派成员。“每个星期四的晚上，我的邻居中最有兴趣、同时也有机会的人会到我的家里聚会，他们中有一个人会重复布道的内容，然后，他们会提出布道中使他们产生怀疑的地方，或者那些与良知有关的问题，然后我就解决他们的疑问。”[50]不管从形式还是从内容看，他的《基督徒守则，或者实践神学以及良知案例大全》（*Christian Derectory, or a Summ on Practical Theologie*）[51]都是一本很出色的书。事实上，这本书就是一本集清教徒的《神学大全》和《道德大全》于一身的书。它的论证方式直接源自中世纪的《大全》，而且它很可能就是最后一部重要的英国类神学著作。正如巴克斯特在导言中所说，该书的目的是“解决实际的良知问题，并且把理论知识简化成严肃的基督徒实际行动”。该书分成四大部分：伦理学、经济学、神学和政治学。其目的是为基督教徒的是非鉴别制定规则，因此它很详细、很精确地为处于不同生活境况中的人如何采取正确行动提供了实用的指南：律师、医生、教师、士兵、主人和奴仆、买方和卖方、地主和佃户、贷者和借者、统治者和被统治者。该书的一部分材料来自宗教改革前后时期的学者对同类问题的论述，巴克斯特则有意要延续一种伟大的传统。但是，这本书主要是一本现实主义的书，它的方法使人们得以认为，这本书是为了回答作者所属教派成员向他提出的问题而写的。该书的目的不是用权威来压服别人，而是求助于基督徒读者开明的常识来说服对象。因此，它并没有忽视这个世界存在的事实：英国的商业由身
221 处遥远市场的东印度公司进行操作，贸易一般都依赖信用进行，制铁业是一个规模巨大的行业，要求大量资本投入并且为合法的投资者提供有利的投资机会，地主和佃户的关系由于伦敦大火而陷入混乱。它同样没有忽视对那些从商业生活中得到机会的人进行道德教育的问题。它的出发点是复辟时期的商业环境，它的教导适用

于“罗马或伦敦，而非愚人的天堂”。

巴克斯特接受了自己所处时代的现实，这使他教导的内容给人留下更深刻的印象。为经济行为制定一种是非鉴别标准的企图显然表明，经济关系只是被他当作人类行为中的一个部分，每个人对此都负有道德责任；他没有把经济关系当作和伦理判断无关的客观机制的结果。因此，巴克斯特不愿意承认那种方便的二元论，二元论把个人的行动解释成无法控制的力量产生的结果，从而使个人摆脱了责任。巴克斯特强调，基督徒由于自己的信念而一定会接受特定的伦理标准，这些标准无论在经济交易领域，还是在人类活动的其他领域，对人都具有约束性。对于通常的反对意见，即认为宗教同商业没有任何关系——“每一个人都会恰好得到自己能得到的，唯一的保障就是买者自己当心”——他的回答直截了当，他认为这种做法在基督徒中间行不通。不管世俗的法律如何空泛，基督徒必须首先考虑为人准则和公众的利益。因此，他自然绝不允许牺牲别人为自己赚钱，而某些商业的赚钱途径从一开始就被他排除在外。“采用任何形式的垄断或贸易都是不合法的，因为那是以公众或许多别人的损失才使你致富。”

然而，基督徒不仅必须避免由垄断商、市场垄断者、垄断组织的组织者所从事的巧取豪夺这类明显的罪行，他还必须用一种为公众服务的精神经商。他经商必 222
须既为自己也为邻居得好处，如果邻居比自己穷，他就应该更多照顾邻居的利益。他绝不能企图“以低于其所值的价格获得他人的物品或劳动”。他绝不能“利用别人的疏忽、错误或必需来剥夺他人的劳动，从而不正当地”为自己的商品确保一个好价钱。如果商品的价格有法律规定，他就必须严格遵守法定的最高价；如果没有法律规定，他必须遵照按一般估价规定的价格。如果他发现有买者愿意多出价钱，他“决不能过分利用这种便利或对方的欲望，而是应该很高兴自己能够使对方按照平等的、公道的、诚实的条件愉快地得到货物”，因为“只要对方愿意给价，自己的商品就能值这些钱，这是一种错误的规则”。如果卖方预见到未来的价格很可能会下降，他绝不能利用自己邻居的疏忽来赚钱，相反，必须把真相告诉对方。如果他预见到价格会上升，他可以保住商品不卖，当且仅当——这是一种有点尴尬的例外——不会“对公众造成损害，比如……因为稀缺而囤积居奇，以及……拿出来会有助于防止这种匮乏”。如果他是从穷人手里买东西，“那就不仅要考虑公正，更要考虑慈善”；买主不仅必须支付该商品所值的全价，如果卖主因为无法拒绝他的出价而受到损失，他就应该为对方提供贷款或说服别人为他提供贷款。决不可在商品上动手脚以便获得比其所值更高的价格，在任何情况下都不能掩盖自己商品的毛病；如果他不幸购买了质量低劣的商品，他“不可以通过同样的手段弥补（自己的）损失，……就好比不应该由于自己的钱包被人偷了就去偷别人的钱包”。巴克斯特认为，贸易中的竞争不可避免。但是基督徒决不能“出于贪婪的欲望，导致穷人的伤害……或者破坏有节制的人从事交易时遵守的适当的 223
民事法则”，从而为自己赢得有利的交易。相反，如果“一个贪婪的剥削者”向一个穷人出价低于商品的价值，“基督徒就有责任为该穷人提供等值其商品价值的价格，使他免受剥削者的剥削”。

规定卖方和买方之间契约的原则，同样适用于其他一切经济关系。就为贷款进行支付这个意义上讲，对于基督徒而言，高利贷本身并非就算非法。高利贷的非法是因为，贷方不允许借方“得到因其辛劳、危险或贫穷所要求得到的那一部分利益，相反却……心安理得地靠对方的辛劳为生”；或者贷方不顾对方的不幸仍然坚持要割他胸前的一磅肉；或者出于仁慈本可免费的贷款却仍然要求得到利息。凡此种种，高利贷就成为非法。主人必须为自己的利益管教他们的奴仆，但如果“剥夺仆人或劳工的工资，或者付给比应得更少的工钱，那就是明显的压迫和不公正”。作为一个自耕农家庭的后代，用他自己的话说是，“摆脱贫穷和富裕的诱惑”，[52]因此，巴克斯特对于土地权的伦理，自然具有很强烈的意识。值得注意的是，他按照一般的“压迫，尤其是对佃户进行压迫的”规则来处理这个问题，在这里的压迫被定义为，“伤害那些无法抵抗或保护自己的地位低下的人”。“各个地方的富人无一例外，都无耻地骑在穷人头上，强迫他们遵从自己的意志，为自己的利益服务，不管这种利益是正当的还是错误的……对农民进行残酷压迫的地主尤为冷酷。如果一些人能够拿出足够的钱购买一个郡里所有的土地，他们就认为自己可以为所欲为，并且为佃户开出苛刻的条件，使他们沦为自己的奴
224 仆……压迫者就是反基督徒，就是反对上帝的人……他们不仅是魔鬼的代理人，甚至就代表了魔鬼的形象。”如同他对价格的讨论一样，巴克斯特分析地主和佃户关系中涉及的良知问题的要点在于，任何人都不可以通过伤害自己邻居而为自己得到金钱上的利益。除非在特殊情况下，地主决不能按市场上最高的价钱出租自己的土地：“在一般情况下，英格兰的普通佃农本该降低租金，这样可以使他们生活得更舒服，他们就可以开开心心地劳动，可以在家里自由地供奉上帝，可以关心自己心灵的拯救，不必整日劳作，担惊受怕，使自己活得像一个奴隶而不像一个自由人。”地主不能光顾改良（或圈用）自己的土地而不考虑给佃农造成的影响，不能驱逐佃农而不给他们赔偿，不能以这种方式导致人口下降；新来者也不能通过提出“可以交付比自己更高的租金，或比地主有理由索要得更高的租金，从而挤走原来的租户”。简而言之，基督徒不仅要避免“没道理的、令人费解的、令人良心不安的、从而妨碍他履行自己职责的事情”，而且必须管理好自己的事务，不仅“要避免损失，更要避免罪行”，而且首先要使自己的良心得到

安宁。

所有这些教导中，最使现代读者感到吃惊的是其中的保守主义。尽管已经经过了两个世纪的经济和政治革命，但是，基督教信仰中的社会伦理观点发生的变化却何其之小！就在《基督徒守则》出现几个月之后，理财法院的中止在本已非常复杂的伦敦金融网上扯开了一个洞，并且使欧洲的货币市场感到一阵惊慌。然而，巴克斯特虽然并不是一个老古董，但他却用和中世纪的经院 225
神学家同样的调子谈论讨价还价中的公平、公正价格、合理的租金、高利贷的罪恶等问题，虽然他的结论并不一样，而他与后来的基督教神学家，例如圣安东尼诺的区别几乎就同圣安东尼诺与阿奎那的区别差不多。7 年之后，班扬出版了《恶人先生的生平与死亡》（*The Life and Death of Mr. Badman*）。在书中嘲弄的罪行中就有巧取豪夺，“这是做生意的人最常做的事，他们没有一点良心，只要处于有利地位，就会把自己的邻居作为掠夺的对象”，“唯利是图者的贪婪罪行，他们用批发价把穷人储备的粮食全部买光，然后再卖给他们，从中获取惊人的利益”，放高利贷者的贪婪罪行，他们冷眼旁观，直到“穷人掉进他们嘴里”，还有“那些叫做当铺老板的卑鄙坏人，他们把钱和东西借给那些为生活所迫不得不借的穷人，然后使用种种诡计使自己借出的钱在一年中获得 30 镑和 40 镑，有时甚至是 50 镑利息”。克里斯琴（Christian）和克里斯蒂安纳（Christiana）看到恶人先生在他贝特福德的商店里对穷人巧取豪夺，然后他们就拿着自己的东西和旅行的背包去一个遥远的城市，他们记得，勋爵本人也为折磨他们、压迫他们的原因进行辩护，经过佐哈的儿子伊夫隆（Ephron）以及戴维（David）和基普塞特的奥尔蒙（Ormon the Jebusite）等人行为的教导，他们发现了一种“邪恶，就是卖得太贵，买进太便宜”。[53]雷根斯堡的伯特霍德（Berthold）神父在他400年前在德国作的辛辣的布道中，也讲了同样的话。“生意就是生意”，商业交易的世界是一个具有自己法律的封闭世界，这种观点的出现虽说比通常认为的时间要早得多，但它们并非如人们认为的那样很轻易就取得了胜利。清教徒和天主教徒一样，都接受了这种把所
226 有人的利益和活动都置于宗教范围之中的观点。清教徒和天主教徒都尝试过用基督教的理论为经济活动鉴别是非这桩工程浩大的任务。

清教徒尝试过。但他们做得甚至不如教皇和宗教神学家成功，而这些人的教义则一直被他们并非无意地重复着。他们的失败自有原因，这种原因并非仅仅来自商业环境顽固的反对所导致的障碍，像一切重大的失败一样，其失败原因还植根在清教的灵魂之中。德行总是被邪恶征服，但是，只有受到其他更有力、更有效、更协调的德行的挑战，它的发展道路才算完整。在播撒过良种的土地上，长出来的并非仅仅是莠草。因此，根本的问题并不在于一种宗教禁止何种规则，而在于它究竟尊

重并且培育哪种品德。基督教伦理对于买卖之间迅速蔓延的罪行所呈现的无数伪装表达了告诫，对这种告诫，清教的品德并没有直接表示反对，它仅仅提供了一个光滑的表面，使得这种神学的告诫没法长久立足。巴克斯特阐述的基督教道德非常精细、非常真诚。但它们就像被飞鸟从遥远肥沃的土地衔来的种子，结果却掉落在冰川上。这些种子立刻就被封冻在冰河里。

“资本主义精神”同历史一样古老，它并不像人们有时所说，是清教的产物。但它确实在后期清教的某些方面找到一种激励因素，这种因素激发了它的力量，增强了它原本就具备的朝气。初看起来，下面两者之间的对比极其强烈：一边是加尔文在日内瓦实行、并在其他地方由其信徒以较温和的形式宣传的铁一般的集体主义、几乎军队一般的纪律、严峻苛刻的规定；另一边则是英国内战后的商业界不耐烦地拒绝所有对经济企业进行传统限制的态度。事实上，这些不同的成分一直存在，只不过这些成分混合的比例一直在变化，并且在不 227
同的时间受到不同温度的影响。正如人的品德特性一直会受到压制，要到发育成熟才会释放出来，在清教中也有一种倾向，它在日后成为以社会道德或公共利益的名义反对控制经济关系运动的潜在同盟军，但这种倾向一直要等到政治和经济的变革为其发展准备好和谐的环境才会释放出来。一旦这些条件得到创造，那么，能够看到这种变化的也并非仅仅是英格兰。在所有国家中，无论是在荷兰，在美国，在苏格兰，还是在日内瓦本身，加尔文主义的社会理论都经历了同样的发展过程。它在一开始是集权主义统治的灵魂。但到最后却成为一种几乎可以称为功利主义的个人主义的载体。如果说，16 世纪的社会改革家因为加尔文严峻的经济制度而称赞他，那么，他在复辟时期英格兰的后代中的一派人则会谴责他为经济管制之父，另一派人则会称赞加尔文社会的商业企业，称赞它们在经济道德问题上摆脱了陈旧的偏见。但这些射出精神之箭的人却很少知道这些箭究竟会落到什么地方。

三　经济美德的胜利

一个知晓精神之艰辛的人写道：“黑暗中的一束光就会使它充满生机。正是精神在我黑暗的心中播撒了阳光。”[54]如果说，上帝对个人灵魂的启示是一切宗教的中心，那么，清教神学的本质却在于，它不仅把这种启示作为中心，而且使它包罗万象，除了这种神圣的、唯一的精神交流，世上其余一切全都被它变成虚浮的废物。只有神恩才能拯救人，而这种恩泽则是上帝直接的礼物，无须任何人间的机构居间插手。选民无法通过任
228 何自己的行动激发这种恩泽；但他们可以使自己的心灵准备好去接受这种恩泽，并且在得到恩泽时欢呼雀跃。只有驱除心中会干扰自己单独祝祷注意力的全部杂念，他们才能使自己的心灵做好最佳的准备。好比工程师，

为了疏导即将冲来的大潮，要把一切渠道都堵住，只让大潮从一个通道倾泻而出；又好比画师，为了使淡色调的画面得到显现，就把所有深色调的画面都放置到暗色之中；清教徒尽巨大的努力，使自己集中心思、克制欲望，从而使自己的心灵和天堂传来的声音合拍。为了得到一切，他放弃了一切。当尘世的所有支柱都被拆除，灵魂就直接矗立在上帝面前。无限要通过一种减损的过程才能达到。

面对如此一种完全沉浸在强烈体验中的观点，无论是宗教体系和神学体系，还是人类关系的整个世界，以及在其所有理想主义的财富和对人类无限创造性的追求中所体现的社会制度的各个层面，这一切都以一种新的、冰冷的光显现无遗。精神之火在尘世微微燃烧；但是，清教徒(除非他是诗人或圣人)却通过自己的灵魂之窗观看着一片没有沾染任何春天气息的景色。他看到的是禁止进入的、寒霜凝结的荒野，冰雪封盖，通向坟墓——这是他在孤独的星光下必须用自己疼痛的四肢去征服的荒野。清教徒必须孤独地走自己的路。他无法得到任何帮助：没有牧师，因为只有选民才能用自己的精神去理解上帝的话语；没有教堂，因为堕落的人都属于尘世的教堂；没有圣事，因为举行圣事是为了增加神恩，而不是为了给人以精神养料；甚至没有上帝，因为耶稣基督已经为选民而死，造物主的伟大，也许只能通过把一小部分选民之外的一切人永远罚入地狱才能显现。[55]

清教徒的生活是身处敌意的恐怖之中的战士的生229 活。他在精神上承受着北美大陆第一批定居者在肉体上承受的艰险：背后是大海，面前是未经驯服的沙漠，两边是非人性的敌人。如果说，天主教和英国国教会看到的精神世界就像君临于粗糙感官世界之上的祝圣仪式，用天堂里神圣、熟悉而又美丽的光触摸泥泞的土地上生长的万物；清教徒则为消逝的天堂和堕入罪恶的造物哀叹。天主教和英国国教会看到的社会是神秘的，由不同等级和阶层的人群组成，通过参与基督徒世界的共同生活而变得庄严；清教徒看到的则是充满生机的精神世界与陌生的、冷漠的、敌视的物质世界之间阴冷的对立。天主教和英国国教会敬畏高雅的秩序：过去和现在、人和人、人和上帝都通过共同参加教会的慈善工作、节日和斋戒、祈祷和仪式互相连接在一起；清教徒则满怀惊恐地和人类肮脏的道德破布说不。简而言之，天主教和英国国教会在圣事中得到安乐，清教徒则从为他灵魂设置的陷阱退出。

> 我们得到的只是我们给予的，
> 自然只在于我们的生命之中。

因为把永恒的秩序蔑视为非精神的，在大多数情况下，清教徒通过自己的蔑视不光使永恒的秩序，甚至使自己都更少具有精神性。

离群索居去追求上帝的人，除非有三倍的勇气应付追求征途的艰辛，否则找到的都不是上帝，而是魔鬼，这种魔鬼往往和他们自己十分相像，这真是非常尴尬。清教徒道德的自我满足磨砺着他的意志，却销蚀了他的社会团结感。因为，既然个人的命运只是依靠他自己和造物主的私人交往，还有什么需要人类进行干预的余地？作为耶和华 230
而不是基督的儿子，他更多是把上帝作为法官尊崇，而不是作为父亲爱戴。他很少对犯错误的弟兄表示同情，更多的是对该遭天罚的人“不知感恩”的盲目性表示出极大的愤慨。他是一个精神贵族，他为了自由而牺牲博爱，他从自己关于个人责任的理想化观点中抽象出一种个人权利的理论，经过世俗化和普遍化的处理，这种理论将成为世界上最具有爆炸性的理论。他还从中抽象出一系列伦理价值观，在这些价值观中，传统的基督教美德几乎全部被颠覆。又因为清教徒更看重实践，他又把这种价值观作为一种动力，带进日常的商业生活和政治生活。

尽管人的所作所为并不能使人免费得到拯救，但这毕竟是一种证明，表明这种礼物已经被赠予。因此，作为手段被拒绝的东西又作为结果重新提出，清教徒以超凡的精力投身实践的行动，他平息了自己所有的怀疑，意识到自己是上帝的选民。一旦开始行动，他就按照无情的逻辑，把自己信条的所有性质和限制都付诸行动。他在自己的工作场所听到上帝要其劳动的召唤，于是，他立即为自己设定了活力和秩序的原则，这种原则使清教徒无论在战争中还是在商业竞争中都成为不可战胜的人。由于确信人的品德远胜于环境，因此，他在失败者的贫困中看到的不是需要怜悯和援助的不幸，相反，却看到一种需要谴责的道德失败；他没有把富人当作怀疑的目标，——虽说和别的馈赠一样财富也可能会被滥用——而是看到一种祝福，奖励活力和意志获得的胜利。受到自我检查、自我约束和自我控制的锻炼，他成为一个实践的苦行僧，他的胜利不是在修道院里获得，而是在战场，在会计所，在市场。

231 这种倾向当然具有无限多的特性和重点，但最终却在这些中产阶级和商人阶级中间找到它的社会载体，他们是清教精神的避难所。他们“因为自己的产业和美德而变得高贵，”[56]从而被弥尔顿描述为进步和启蒙的标准承担者。我们已经非常习惯于把英格兰当作经济进步的杰出先驱者，于是我们往往会忘记，这种角色其实是它最近才得到的。这种角色在中世纪属于意大利，在16世纪属于西班牙王国的尼德兰托管地，在17世纪则属于联省王国，最后则属于荷兰。

莎士比亚和培根时代的英格兰，就其经济组织和社会风貌而言仍然主要属于中世纪。它的兴趣主要在于保持传统的消费标准，而不是为将来的生产积聚资本。它有一个轻视经济美德的贵族阶层、处于开放地块村落混乱的组织状态中自给自足的农民，以及一小批正在成长中的、非常保守的工匠。在这样的社会中，清教就像酵母，使整个社会骚动起来。清教在松散的社会组织中穿行，就像克伦威尔的铁军在鲁帕特亲王纪律散漫的骑兵队中横冲直撞。在爱尔兰，清教的因素非常不合时宜，因此它根本无法被社会吸收，结果，清教留下了一个伤口，溃烂长达三个世纪。清教在英格兰产生的效果既有刺激性，又有滋补性。清教具有自己的社会行为标准，这种标准部分来自商业阶级的利益，部分则来自它对上帝的本性和人的命运的观念。这些标准同英格兰社会封建主义的残存因素和专制国家的政策都形成尖锐的对立，因为专制国家的理想模式是一种有次序、分等级的社会，这种社会的不同成员在世袭君主的压力和保护下保持各自的传统地位。清教用自己的 232
影响来削弱封建残余因素，用直接的进攻推翻专制国家，通过这种方法，清教成为一种潜在的力量，它为商业文明准备好了道路，这种文明最后在英国革命中取得了胜利。

有人抱怨，旨在推翻教会统治的宗教极端主义与一种经济极端主义密切相连，这种经济极端主义仇视以宗教或社会政策名义强加在个人自身利益之上的限制，这样的抱怨早在伊丽莎白统治初期就由更为严格的宗教派别提出过。[57] 17 世纪的学者们重复了他们的指控，认为清教徒的良心由于关注商业事务而丧失了它的敏感。有些人更是被这种现象弄得手足无措，从而无法对此做出历史的解释。他们通常所使用的例子——被认为是普遍倾向于纪律松弛的象征——就是清教牧师在适度利息这个特定问题上的放纵态度。这些描绘得很生动的故事说，[58] 这种现象是玛丽一世迫害的结果。逃到大陆欧洲的难民无法在一个陌生的国家开始自己的生意。如果他们被生计所迫进行投资，然后靠投资收益生活，那又有谁会对出于这种原因而犯下可原谅的过错说三道四呢？后来的作家又为这种图景添加了细节。其中一位作家认为，在议会解散期间财富的重新分配，以及贸易在 17 世纪中期的扩展，导致了信用交易的大幅增加。放贷生息——“一种偷偷摸摸并且被禁止的事情”——不仅罗马天主教徒和英国国教徒在干，而且诚实的清教徒也在干。对这种事情的指责反倒使“教派”中不太认真的成员得到了好处。由于对政治已经失望，他们着手进行放贷，他们没有从理论上证明高利贷的正确，却用实际行动捍卫了高利贷。“他们没有背上放弃信仰的丑闻，但却想出了一条权宜之计，他们声称，虽然高利贷这
233 个词听起来很肮脏，但对于寡妇、孤儿以及其他丧失劳动力的人（其中主要包括受到迫害的圣徒），高利贷确实可以容忍，因为可以借此赚钱，而且是为生活所迫。”显然，加尔文教关于适度利息合法性的教义，受到这批伪君子的热烈欢呼。“教会成员对待高利贷的态度就像土耳其人对待一夫多妻制的态度，怀有各种热情的牧师以身作则，他们都希望被当作第一流的上帝的遗孤。”[59] 清教据说要揭露魔鬼的原形，这也并非表示它对适度利息的道歉。清教徒本身也抱怨说，相比未经改革的宗教徒的活动，清教徒在讨价还价中过于冷酷，对穷人过于苛刻。有一个清教徒在 1653 年写道，“罗马天主教徒很可能会挺身而出反对这一代人的许多做法。这些依据坏的原则做事的人居然会比根据好的原则行动的基督徒做得更好，这真是一件可悲的事情。”[60]

这一切就是各个时代政治小册子的作者们眼中的历史。现实的历史不如它生动，但却具有更重要的意义。加尔文主义从一开始就由两大要素组成。加尔文本人把这两大要素结合在一起，但它们却包含了日后不和的种子。加尔文主义一方面对商业企业的生活给予完全的认可，对这一点，大多数早期道德学家表示了怀疑态度；同时又用审判官般的约束对它加以限制。加尔文主义是日内瓦这个规模很小、信念相同城市的信条，在这里，加尔文主义的第二个要素占据主导地位。但在更加多样化的英格兰，因为有无数互相冲突的利益需要平衡，而且长期以来其政治统治又很软弱，因此，占据主导地位的是第一个要素。然后，到了 16 世纪后期和 17 世纪初，英格兰出现了商业和金融扩张的浪潮：公司、殖民地、纺织行业的资本主义、采矿业的资本主义、金融行业的资本主义。在加尔文时代 234
仍然被保守政治家牢牢控制的英格兰商人阶级借着这股浪潮，终于攀上荣誉和财富的顶峰。

随着清教运动转向自身，这两大要素自然就分道扬镳。清教中的集体主义、半共产主义因素从来就没有适应过英格兰的国情，于是这个层面悄悄地离开了人们的视线。后来，这个因素在商人和地主反感和惊恐的反应中，在英伦三岛共和国期间以大众鼓动的形式最后冒了一下头。同商业世界气味相投的个人主义，成了进入英国的清教最鲜明的特征。当它变成一种政治力量后，清教立刻就发生世俗化，并且达成了妥协。它的信条不再是试图在人间建立一个“基督的王国”，而是一种个人特性和行为的理想，这种理想通过准时履行公共和私人职责得到实现。它的理论是纪律；它的实际结果则是自由。

鉴于英格兰的社会和政治条件，这种转变是不可避免的。胡克已经指出过长老制和英格兰社会等级制度之间的不相容性。[61]即便日内瓦的创建者在17世纪初抛弃了加尔文政权的宗教集体主义，我们也不可能期待英格兰这个贵族的、同时又日趋商业化民族的地主和资产阶级（尽管加尔文主义的神学对他们具有很大的吸引力）会用赞许的眼光看待加尔文主义信条中蕴含的社会教义。在斯图亚特王朝最初两个国王统治时期，经济利益和政治理论从两个相反的方向对他们施加巨大的影响。威尔逊《关于高利贷问题的布道》一书中的商人发现，“商人的行为决不能受到
235 神父以及不懂他们行为的人阻挠”。[62]都铎王朝的控制一直吸引着历史学家的注意力，但在其井然有序的现象背后，一种个人主义的运动却一直在不断发展，这种个人主义表现为对传统政策的反对，这种传统政策通过检查圈地、控制食品供应和价格、干涉货币市场、监管工资和学徒合同等措施，企图使经济关系一直保持不变。在17世纪的前40年期间，出于权宜之计和原则的考虑，商人和有产阶级对这种雄心勃勃但效率低下的经济家长式统治制度越来越不满。宗教和经济的不满表现得最为明显的也正是这一批人。清教关于精神力量的理想描述表现为商业和工业的活动，这种清教把不满现状的孤立的人汇合成流，以一种高贵的宗教和社会哲学为契机，驱使他们前进。

导致清教运动与王权冲突的原因，并非仅仅在于清

教是某种关于神学和教会统治信条的阐述，而是因为它捍卫着涵盖社会生活各个方面的观点和利益。正如大多数英雄主义的意识形态一样，清教的社会和宗教因素事实上并非互不相干，无论在它的支持者还是反对者眼里，它都只是一个问题的两个方面。“贪婪的廷臣、侵吞财产的牧师、鬼鬼祟祟的规划者、卑劣的贵族和绅士……所有这些人，只要他们能够听完一次布道，穿上教会的服装，进行一场谈话，或者诸如此类事情的人——这些人都是清教徒。”[63]这不是一种理论的冲突——系统的、理论的个人主义只是在复辟时期以后才在英格兰得到发展——而是互相冲突的经济利益和不相容的社会生活观之间的冲突。

查理一世的政府迟疑不决地追求的经济政策有点类似 236
柯尔贝尔 1661 到 1685 年期间在法国发展的制度，只不过柯尔贝尔的制度更加坚定。这种政策赞成一种人为的、国家促进的资本主义——这种资本主义的基础是确保特权，并对愿意出钱的公司发起人作出让步，与此相连系的则是一种精密的国家控制制度，尽管这种制度的产生部分是出于对公共利益真正的关心，但却常常散发出一种令人作呕的铜臭味。这种制度的特征表现在：确保特许制度、重新恢复皇家对交换业的垄断（伊丽莎白时期伦敦城为此进行过长期斗争），试图通过行政举措强制人们服从控制纺织品贸易的法规（该法规制定精细，但并不可行），试图减少食品投机，对圈地的地主实施打击，对使用欺诈手段或破坏规定工资额的雇主进行打击，对实施《济贫法》中玩忽职守的法官实施打击。除了这些措施之外，政府还不时插手一些更加宏伟的计划，比如建立郡级的粮仓，将某些行业收归王室，甚至最终对纺织业实现了国有化。[64]

斯特拉福德(Strafford)写信给清教徒劳德说：“这个国家人民的真正天才总是领导他们进行反抗，不但从民间而且从宗教角度反抗权威机构向他们颁布的一切法令。”[65]与这种把经济活动变成为政府及其扈从获取利润工具的企图——以及政府时不时地保护农民免受地主剥削、保护工匠免受商人剥削、保护消费者免受掮客欺负的企图——相对，被政府阻挠和限制的利益周而复始越加顽强地表现出来。税收一直是人们关注的焦点，这个问题事实上只是争
237 论中的一个因素，而这场争论更深刻的原因则在于不相容的社会哲学的冲突。清教商人发现自己的生意因为贪婪的廷臣实施的垄断而被毁灭，因此，他们指责劳德和他对教皇说的奉承话。清教金融家发现，自己作为金银-经济人的生意由于重新建立古代的皇家交易所而受到阻碍，于是，他们通过下议院的决议寻求保障，声称，国家把这种特许权授予荷兰贵族，并且禁止未经授权的人进行的金银交易做法是不公平的。清教的放贷者受到高等宗教事务法院惩罚，他们抱怨主教对尘世事务的干涉。清教的布商在很多事情上受到英国政府派来指导业务的人横加干涉，因此，当威尔特郡的工人把一个非常惹人讨厌的皇家委员扔进埃文河的时候，他们只是眼开眼闭，当内战爆发之后，他们就和议会结盟。清教的乡绅一直受到人口减少调查委员会的骚扰，因此就采取了和长期议会站在一起的报复行动。清教的商人发现，王室一方面从他们公司手中榨取钱

财，另一方面鼓励宫廷无照经营者破坏公司规章威胁他们的垄断。议会中的清教成员在殖民地企业进行投资，因此在商业政策方面具有同政府不同的观点。因为对自己精力和才智的自信，对自己成功的自豪，对于教会和国家对商业事务和财产权问题的干涉极度厌恶，这个商业阶级尽管在贸易事务方面赞同激进的重商主义，但在行政事务方面却早在内战之前就已经基本转向无政府主义，这种政策在随后的一个世纪中成为英格兰社会政策的准则。他们的要求是这种环境下很常见的一种。其要点是，商业事务应该 238
留给商人自己解决，不应该受过时的道德或关于公共政策的错误思想侵犯。[66]

经济利益同伦理利益的分离是所有清教运动的特征，这种特征同宗教传统尖锐对立，这种分离的确立并非没有经过斗争。甚至在欧洲商业和金融的首要城市，因为拒绝接纳放高利贷者加入教派或授予他们头衔，由此爆发了一场激烈的争论。只是经过乌德勒支大学神学系的成员在其中表现出极大热情和智谋的传单战，荷兰和西弗里斯兰才撤销了指控，声称教会对借贷问题没有兴趣。[67] 在法国的加尔文教会，纪律松弛现象早在几十年前就招致了人们的悲叹。[68] 在美洲大陆，马萨诸塞的政教合一体制对宗教自由和经济审批同样苛刻，这种体制必将由于罗得岛和宾夕法尼亚州的崛起受到削弱，后者更加宽容、个人主义和功利主义的特征注定会在本杰明 · 富兰克林（Benjamin Franklin）的黄金常识中得到最出色的表达。[69] 1709 年时的格拉斯哥正处于商业企业迅速扩展的前夜，当时有一位苏格兰神职人员写道，“我们对于贸易过度热衷，因而使我们忽视更有价值的兴趣，我谦恭地认为，这种罪行将写在上帝对我们的判决上……我确信，上帝正对我们的贸易深感不满……因为贸易被放在宗教的领地进行。”[70]

在英格兰，人们越来越倾向于仅仅用经济标准衡量社会关系，这种做法激起了清教作家和神职人员对高利贷利益、巧取豪夺的价格以及地主压迫佃农现象的强烈反对。
239 人们认为，神职人员仅仅从字面上解释罪人并非通过工作而是通过信仰得到拯救的教义，“在罗马天主教时代被当作可憎东西的”高利贷变得只是被当作丑闻。[71]信教者因其贪婪招致反对宗教改革者的辱骂。[72]囤积居奇者的巧取豪夺达到极为可怕的程度，甚至无法对其进行干预。富人的心肠极其狠，穷人的生计受到空前的漠视。“尚具工作能力的穷人沦落到乞讨的地步；老弱病残者得不到足够的食物，每周仅有 3 便士或 4 便士的补助几乎难以果腹……这些确实是最糟糕的时期。人人几乎都只为自己。有些根本没有这种权力的人却设立了这样一种形式的宗教。”[73]

但是，这些话语来自清教徒中向后看的那部分人。向前看的人则在经济企业迅速发展的精神中发现一些同其自身气质相符的成分，并且挺身而出把它们当作同盟军来欢迎。在加尔文的时代被认为对实际需要的让步，却被他的一些后期追随者当作对贸易者生活的坦率认可，当作对上帝的服务，当作灵魂的培训场所。对经济动机的怀疑，本是宗教改革者和中世纪神学家的特征，后期的清教丢弃了这种怀疑，它为经济权术加上一道神圣的伦理光环，并且提供了一种道德信条，这种信条终结了宗教职责和商业职业之间长期对立的状况，从而使两者达到一种料想不到的相符。这种信条的代言人指出，把注意力完全集中在经济利益上，确实会对灵魂造成危害。然而，富人并不是敌人，敌人只是有时和财富联系在一起的坏习惯。清教关于不要过分追求财富的警告，更多具有事后思考的意味，它给清教的教义增添了很少受到这些附加因素影响的主要倾向和重点。简而言之，它强调，尽管赚钱并没有摆脱精神 240
方面的危险，但赚钱本身并不危险，也不会产生其他危险，但赚钱可以而且应该变成为上帝更大的荣耀而进行的事业。

这种说法所求助的观点填补了清教神学的核心部位出现的裂缝。这种裂缝表现在一句经常被人引用的颇具特色的短语，“一种天职”（a Calling）上。[74]宇宙的理性秩序是上帝的杰作，上帝的计划要求个人应该为上帝的荣耀而努力劳作，既有一种宗教的天职，又有一种尘世的天职。基督徒的首要职责就是知晓并且相信上帝，正是通过信仰他才会得到拯救。但是信仰并非仅仅是一种意见的表白，比如像唠叨的表述那样，他们的“宗教就是制造噪音”。唯一真正的信仰是产生工作的信仰。“在末日审判之日，人将按照他们的成果受到审判。上帝不会问，你是否相信？相反，上帝会问，你究竟是一个干活的人还是只说不干的人？”[75]基督徒的第二项职责是在实际生活中劳动，这项职责仅次于第一项职责。一位清教神职人员写道：“上帝确实召唤男人和女人在这个世界上参加特定的工作来为他服务，这种工作既是为他们自己，也是为大众的利益……世界伟大的统治者为每一个男人安排了合适的职位和活动场所，不让他的活动超出自己的领域，如果他不看管好自己的工作场所并管理好自己的事业，他必将遭受极大的损失。”[76]

不断强调尘世的义务是神的意志加在我们身上的，从这点出发可以推论出以下结论：宗教和道德美德中最高尚的不是从这个世界退缩，而是认认真真履行好管理事业的职责。“乞讨食物的修道士和类似的僧人仅仅为自己和自己形式上的虔诚生活，但他们确实没有为促进自己的生计
241 和人类的利益做过任何事情……但他们却自信满满地把他们的生活吹嘘成一种完美的状态。然而，就价值而言，他们确实比不上最穷的鞋匠，因为鞋匠的职业是上帝的召唤，他们却根本没有。”[77]这种思想并不是一种新观点。路德发展了这种观点，用以作为对抗隐修生活方式的武器。但是，由于路德对于经济事务具有家长制的看法，因此，天职对路德通常意味着一种生活状态，个人被上帝安排在这种状态中生活，反抗这种生活状态则是不虔诚的表现。在清教神职人员的嘴里，天职并不是要求你去屈从，而是一种集合号，召唤选民进行唯有到死才会结束的长期斗争。“世界就是展现在他们面前的一切。”他们将锻造出自救的方式，但并非仅仅在职业中，而是通过职业。天职并不是个人生于其中的条件，而是在上帝的指导下要你从事的严格苛刻的事业，需要由每个人怀着对自己神圣责任的深刻感觉为自己进行选择。“上帝已经为此把理性交付

给人，他应该首先进行思考，然后进行选择，最后付诸行动。如果不用理性仔细掂量就去处理或进行重大的事情，比如天职或生活的条件，那无疑是愚蠢和鲁莽的。”[78]

劳作就是崇拜。清教道德家用新的、更强调的意义重复了这句古老的格言。被他理想化的劳动并非仅仅由自然强加到人身上的要求，或者是对亚当所犯罪行的惩罚。劳动本身就是一种禁欲主义的修行，它比任何托钵僧的要求都更为严格——这是由上帝的意志加诸于身的修行，不能在孤身独居中进行，而是通过准确履行尘世的职责进行。它并非仅仅作为一种经济手段，当物质需求得到满足后就可以扔在一边。劳动是一种精神目标，因为，灵魂只有在这里才能找到健康，即便在它已经不再作为一种物质必需 242
之后，劳动仍然必须作为一种伦理职责继续进行。如此理解的工作同新教徒所理解或误解的“好的工作”处在完全对立的两极。所谓“好的工作”是一系列单独的交易，是为了对特定罪行的补偿，或者出于想获得德行的焦虑。但清教徒所要求的并不是个人值得称赞的活动，而是一种神圣的生活——它是一种体系，其中的每一种因素都围绕为上帝服务这个中心思想组合起来，一切干扰的因素都被从中删除，一切不重要的利益都必须服从于它。

清教徒关于这种生活的思想表现在以下这段话中，“如果你从事的不是直接服务于上帝的事业，那就全身心地投入自己合法的职业之中。”[79]为了深化自己的精神生活，基督徒必须准备好使其范围更加集中。他“对别人的事情视而不见，只关注自己的事。他把自己局限在自己事业的圈子之中，决不多管闲事。……他看到它(世界)的错误，因此学会了相信自己，至于别人，只有那些尚未被他们的失望毁掉的人还可以信任”。[80]绝不允许游手好闲：“浪费时间的人是在糟蹋自己的灵魂。”[81]宗教应该是实践的，不应该仅仅是沉思的。沉思其实是一种自我放纵。“轻视(体力和脑力劳动)并且说，‘我要祈祷，我要沉思，’这就仿佛你的仆人拒绝干最重的活，只干更轻、更容易的活。……上帝用各种方式命令你，要通过劳动养活自己。”[82]富人并不比穷人有更多的理由不劳动，但他们可以恰当地利用自己的财富选择一些更好地为他人服务的职业。贪欲会毒害灵魂，但它的危害比不上懒惰。“静止
243 的池塘会腐败：因此，最好让自己的肉体受到压制，使它成为勤劳职业的奴隶，不要通过享受使自己变成没有生活目标的人。”[83]远离贫困是一种美德，因此，选择更加有利的职业就是一种职责。“如果上帝给你指出一条能比别的方法合法地得到更多利益的道路(不会对你或别人的灵魂造成损害)，如果你拒绝这种方法却选择获利较少的那种，你就错过了你的天职的目标，你就是拒绝成为上帝的仆人。”享受，无节制的享乐，个人铺张浪费，这些绝不是基督徒干的行为，因为“你付出的每一个便士……都应该像上帝自己安排的一样”。甚至过分关照朋友和亲戚的行为也应该避免。“超过理性允许我们的程度爱任何一个人，都是不合理的行为，因此是不适合理性生物的行动。……这种行为通常会占据人过多的心思，从而妨碍你对上帝的爱。”[84]简而言之，基督徒的生活必须井井有

条，具有铁一般的意志和冷静的理智。读过穆勒关于他父亲叙述的人都会吃惊地发现，功利主义在很大程度上并非仅仅是一种政治信条，而是一种道德态度。也许可以说，功利主义锁扣盔甲上的某些甲片，正是由 17 世纪的清教神学所铸就。

很多著作都提出过把这些一般原则实际运用到事业之中的做法，这些著作阐述了基督徒在不同生活关系中的行为规则。如果我们可以通过这些书名进行判断——《神圣的航海业》，《神圣的畜牧业》，《虔诚的织工》[85]——那么当时对这些书肯定有大量需求，从而导致人们专门编撰这样的书。一本很有特色的书是理查德·斯蒂尔（Richard Steele）写的《商人的天职》（*The Tradesman's Calling*）。[86] 该书作者因为《划一法案》而被剥夺了在乡村的居住权，他后来作为伦敦阿莫勒教堂的牧师度过自己的余生，因此可以认为，他比较理解当时城市生活的精神要求，当时清教的英雄主义时代几乎已经结束，宗教热情已经不再被视作美德。今天写作经济伦理学的人绝不会把独立商店主当作主要对象，绝不会把他们当作商业界的主要代表，因此，斯蒂尔的书就为我们清楚说明了一个特定时代的资产阶级面临的问题和基本情况，这个时代是在经济重心从殷实的商人转移到出口商、产业资本家和金融家之前的时代。 244

和巴克斯特一样，斯蒂尔很熟悉早期经典关于讨价还价中公平问题的观点。但他却对这种观点的实际可行性产生了怀疑。货物质量和重量方面明显的欺骗行为应该避免；诚实的商人不应该垄断市场，或者“仅仅为了增加自己的财富而把两三种行业的货物囤积起来”，或者压迫穷人；他也不应该力图得到超过“合理获利部分的利益”，或者“依靠圈套使自己的市场成为他人的滑铁卢”。但是，斯蒂尔拒绝各种被当作合理利润的客观标准——生产成本，生活标准，通常价格——他认为这些以前被人提出的标准都没用，他的结论是，个人必须自己下判断。“正是在这里，如同在许多其他问题上一样，必须让正直的良心充当市场的管理者。”

然而，《商人的天职》的特征和写作这本书的时代一样，其实都不是封存在书页中的中世纪教条的残余，而是一种活生生的常识，这种常识使作者随一股欢快的（虽然也可以说是平庸的）乐观主义浪潮轻松超越传统的顾虑。因为他的主要论点使人宽慰——宗教和商业之间并非必然存在冲突。“精明和虔诚总是一对好朋友。……如果你对它们都能小心在意，你就可以在这两个世界里都得到足够的回报。”他的目标是想指出，只要用商业——还要有正
245 当的保留——去服务上帝，就可能产生出满意的结果。他对于经济行为的道德是非鉴别自然讲得很少，因为他的观点是，生意本身就是一种宗教。商人的首要职责就是要深刻了解自己的职业，并且用自己的头脑使它日趋改善。“上帝在赋予你才能时还对你说，‘全神贯注等我来！’你的力量是一种才赋，你的身体是才赋，你的时间也是才赋。你怎么可以整天游手好闲，不干正事？……你的生意就是你应该管好的领地。……你应该管好自己的工作场

所。……你的想象，你的理解，你的记忆……都应该用在这个地方。”生意的要求和宗教的要求之间，不但不存在不可避免的冲突，而且两者可以携手并进。由于天命的关系，基督徒必须具备的美德——勤奋、谦虚、严肃、节约——正好就是最适合于商业成功的品德。其中最根本的就是精明，而精明则是对他的开销“加以正当限制”、“并且教导商人要量入为出的神圣智慧”的另一个名词。产业会随精明而来，而产业既是为自己牟利的，又是符合美德的。产业使商人不会“经常并且不必要地光顾小酒店”，会让他牢牢待在自己的商店，“而这里才是最能指望得到上帝的光顾和祝福的地方”。

如果美德会使人进步，邪恶则会使人堕落。交坏朋友、投机、赌博、耍权术、对待宗教“愚蠢的狂热”——这些都会毁掉商人的品德。宗教并不应该受到轻视。相反，宗教应该“经常以极为简短的私人祈祷的方式进行”。受到反对的只是“用宗教崇拜作为借口忽视人的必要事务”这种非商业的习惯。然而，这些常见的和不
常见的错误，恰好是真诚的基督徒应该避免的，因为基 246
督徒决不能欺骗或压迫自己的邻居。但我们也不能走到另一个极端，正确得过了头，拒绝“利用上帝交到他手中的好处”。通过一种幸运的、事先设定的和谐(比如后来人们在社会需求和个人的自我利益之间发现的和谐)，商业中的成功本身几乎就是精神恩惠的标志，因为，它证明该人在自己的职业中很忠诚地工作，因此“上帝关照了他的生意”。“人的账户中记载的，只是他在自己的职业中所干的

事情……除了拯救自己的灵魂，(商人)操心的事情就是在自己的工作中为上帝服务，并把自己的生意尽可能做大。”

既然职责如此有利可图，为什么赚钱就不是一种职责呢？格利普曼先生(Mr. Gripeman)忠诚的学生就这样争辩过。格利普曼是英格兰北方柯佛廷郡一个叫做再爱一次的商业小镇里的校长。[87]他的学生的推理并不合乎逻辑，但却非常具有吸引力。牧师戴维·琼斯(Rev. David Jones)很轻率地在隆巴德街的圣玛丽·伍尔诺斯教堂作了一次反对高利贷的布道，他说，“贪婪的法利赛人听到了这些事情，于是他们就不信基督”，结果他在伦敦的前途立刻完蛋。[88]

经济行动的源泉所在很少有道德学家进行过研究，因此，要提出一种关于实践问题理论的直接反应可能很荒谬。然而，如果决定某种行为是否有利可图的环境是经济因素，那么，决定它们是否应该被大家广泛接受的因素，主要就是道德和知识。为了使习俗能够被大家完全接受，使其不仅仅是被容忍而是受到赞许，使其变成民族的习惯，受到哲学家的推崇，那么除了要有第一个条件，还必须要有第二个条件。人们心中对于金钱的动机、经济利己主义的力量、获利的企图——这些是每个时代都常见的动
247 机，根本无须强调。重要的是标准的改变，它把一种自然的弱点变成完全的美德。总之，人似乎能够为两个主人服务，因为——这个世界就是这样配置的——他可以从一个主人那儿得到报酬，同时却为另一个主人工作。在谴责不

仁慈的贪欲的老式观点和为经济事业击掌叫好的新式观点之间架起了一座桥梁，这座桥梁的依据是：事业本身就是履行上帝赋予人的职责。

1690年出现了一本名为《贸易讲道》(A Discourse of Trade)的小册子，作者署名N. B.，M. D.。[89]它对传统贸易平衡理论富有启发的讨论非常引人注目，因此，这本小册子可以说是把一个本不重要的问题讲得很好的例子。然而，这本小册子的作者却比它的论据更加重要。因为其中的N. B.就是尼古拉斯·巴本博士(Dr. Nicholas Barbon)，该人是一个货币专家，保险业的先驱，土地银行的热情支持者，是“瘦人”议会(Barebones Parliament)中“虔诚派”成员的儿子，他通过模仿巴本这个姓使自己带上玩世不恭的后代色彩，从而给对圣人统治冷漠的英国人这幕简短喜剧下了定论。清教徒用严峻态度针对复辟王朝的特许制度是人们最熟悉的老生常谈。清教对于尘世物质主义的反应则更为缓和、更加一般，但也因此更加具有重要意义。朝廷大臣的放荡在生意人和商人无节制的经济活动中找到了对应物。作为并非酒神巴克斯的信徒，而是一种更严格、更有用的神学的信徒，他们抛弃了一种过于艰难的理想主义，用双倍的热情投身追求金钱的热浪之中，以此庆祝自己的解放。

从再浸礼派教徒到公司创办人的转折，并不像初看起来那样突然。这种转折经过了清教道德学家的准备，虽说这种准备并非有意为之。清教道德学家强调不懈工作的道德职责，强调工作本身就是目的，强调享乐和浪费是罪

248 恶，强调预见和节约，强调谦虚和自我约束以及理性计算，通过这些强调，他们创造了一种基督徒的行动理想，这种理想把效率作为伦理原则，而经济学家也正把这种原则当作纠正社会混乱秩序的特效药。这种理想既迷人又新颖。在一代又一代宗教思想家眼里，基督教社会伦理的根本格言，似乎就体现在圣保罗写给提摩太的话里：“只要有衣有食，就当知足。贪财是万恶之根。”如今，当世界的大门像以往一样遭到连续猛击的时候，一种新的标准被它的捍卫者在避难所里面提出。守卫部队发现，入侵的经济势力并非敌人，而是盟友。于是，基督徒的努力并不是仅仅为了满足日常生活的必需，而是无限的增长和扩张。基督徒的理论要点不再是早期圣徒关注的消费，而是生产。对上帝好的、忠实仆人的赞扬不再是随和、慷慨的慈善行为，而是系统的、井井有条的资本积累。精明的、精于计算的商业精神对一切人际关系都用金钱标准进行计算，只要有竞争对手需要征服、有利润可以赢取，就永不停息地兼并，对社会权力的热爱以及对经济利益的渴望——这些不可压制的欲望自远古以来一直激起圣人贤哲的警告和谴责。在后期清教的净化水中，被不太开明的时代指责为社会邪恶的品质，如今则作为经济美德显现。它们同时也作为道德美德出现。因为，世界的存在并不是为了让人欣赏，而是让人征服。唯有世界的征服者才配得上基督徒这个名称。对于这样一种哲学，“世界应该如何奖
249 励人？”这个问题并不带有讽刺意味。通过征服世界，人也获得了自己灵魂的拯救。

把经济进步作为有意识追求的目的，这种观点的影响虽然时有减弱，但它对于大多数早期英国人都是不熟悉的，因为对早期英国人而言，道德学家的主题一直是极度贪财的危害，当时公共政策的主要目的则是传统关系的稳定。通过把劳动和事业等同于为上帝服务，这种观点找到了一种新的支持。在一个世纪中改变了社会物质文明面貌的巨大动力，正是从这种气质中获取营养。对生产和不断扩大再生产的崇拜——百万富翁和他不幸的仆人们奴隶般的苦工——将受到同样引人注意的信条中各条戒律的崇敬。

社会发展自有逻辑，这种逻辑的推理会延迟很长时间，因此，应用这些遥远时代逻辑的日子还没有到来。清教在其后期阐述的基督教伦理当时仍然处在生气勃勃的青年期。但它已经驾着潮流向前航行。埋头经济利益的观点是这种伦理思想不自觉的盟友，这种观点的表达形式是企业政治家对商业权力政治的热情。年轻的英伦三岛共和国与荷兰争当“世界贸易最公平的霸主”[90]，当它进行自己的经济扩张主义尝试时，它成立还不到两年。克拉伦登对1665—1667 年荷兰战争的评价就是：由皇家非洲公司挑起的“赤裸裸的商业战争”[91]。5 年后，沙夫茨伯里用“必须把战争进行到底”的喊叫唆使伦敦反对荷兰。护国时期的战争财政迫使克伦威尔善待荷兰、犹太和本地资本家，复辟时期贫穷的政府被那些平庸的金融家掌握，对于这些人的贪婪，一位当时幸存的大法官表示了极大的反感，而 250
当时的贵族对正在得势的富豪仍然非常蔑视。[92]

当代经济思想的进步同样强化了美化经济美德的基调。经济学的发展在德国是作为公共行政的工具，在法国则是通过哲学家和学者的沉思，与此不同，经济学在英国的发展则是对伦敦实际利益的解释。除了配第和洛克这两个例外，英国经济学最著名的从业者都是生意人，使这些人感兴趣的问题既不是生产也不是社会组织，他们最感兴趣的都是有关商业和金融的问题——贸易平衡、税收、利息、货币和信贷等问题。复辟时代之后政治算术的兴起，主要受到笛卡儿哲学以及自然科学进步的影响，从而为这种自发的、没有理论性的个人主义打上正统理论的印记。在为这门科学最著名的鼓吹者之一的著作写的前言中，一位作者写道，“知识在很大程度上变成了机械的操作。”[93]对于自然条件的精确分析，对力量和张力的计算，把复杂问题简化为简单的、经常的、可测度力量的操作，这一切就是这个把兴趣都集中在数学和物理学时代的自然偏见。它的目标是“用数字、重量或度量等术语进行表达，只使用感觉的判断，只考虑在自然界能看到根据的原因；把那些以某些人变化无常的思想、意见、倾向和热情为依据的观点留给别人去考虑”。[94]

在这样一种氛围中，曾经在社会问题和经济问题的思考中占据非常重要地位的道德是非鉴别学显得就像一种过
251 时的迷信。此外，重商主义者的主要经济信条同清教的基本伦理信条具有天然的亲和性，由于这种亲和性并非故意设计，因此显得格外引人瞩目。在重商主义者看来，生产而不是消费才是经济制度的支撑点，而且消费只是因为它

给生产能力提供了新的市场才会受到欢迎，这在现代读者看来完全是违反常情。在清教徒眼里，主要的美德就是在工业和商业的勤奋努力中得到自然表达的东西。在股份制企业兴起之前的时代，成功企业生活的典型性质就是大强度的劳动渴望，集中心思，有条理和方法，同常规决裂的创新，使现在延续到未来的远见。类似那位可敬的斯蒂尔给他的城市教会提的建议，被认为赋予了这些品质更高的地位，并且做出了论证。凯恩斯先生在一篇很不慎重的文章中曾说禁欲女神是维多利亚时代英格兰的守护神，这位禁欲女神正是通过清教道德学家虔诚之手的牵引，才达到禁欲主义圣坛的最高辉煌。

这些教诲都被有心人听到了心里。由于被法律排除在公共事务的参与之外，这些在财富和社会地位方面的不同政见者就投身到由商业和金融提供的其他事业之中，而且因为宗教本身赞美他们的选择，所以他们就做得更加心安理得。如果他们尊奉国教会惯例，他们的批评者加在他们身上的那些品德——“固执己见，主要依赖自己的判断……忘恩负义，从不会感激任何人……骄傲，认为自己是上帝唯一喜欢的人，是人群中唯一聪明或有道德的人”[95]——也会使他们在关于教会和国家问题上和别人的意见相左。时代的商业巨头这个名称，也在一定程度上确认了宗教极端主义和商业智慧之间具有联系的说法，对 252
此，妒忌的当代人则用“长老会的旧高利贷者”，“贪婪的守财奴”，“敲诈勒索的伊斯班”这些贬义词作了表述[96]。1661年当选的四个伦敦议员不仅担任了日常公共事务的工作，而且还瓜分了东印度公司总督、黎凡特公司副总督、盐业和布业公司副总裁的职务。据说他们中有两个人是长老派的，另两个人则是独立派。[97]在为查理二世政府商业政策问题出谋划策的企业界领袖委员会中，佩兴斯·沃德爵士（Sir Patience Ward）和迈克尔·戈弗雷（Michael Godfrey）代表伦敦的极端新教派，其他一些人，比如托马斯·帕皮隆（Thomas Papillon）和两个霍伯隆家族的人（Houblons）都是在伦敦的法国胡格诺教会成员。[98]尽管当时与荷兰的商业竞争非常激烈，荷兰的资本和荷兰的思想却都在伦敦受到热情欢迎。[99]乔治·唐宁爵士（Sir George Downing）是查理二世在海牙的使节，正是通过他的努力才使荷兰的银行方法在英格兰扎下了根。但是，根据克拉伦登的说法，该人作为准备1665—1667年战争的阴谋家之一，是在塞勒姆和哈佛清教徒的严酷环境中培养长大的，并且曾在奥凯上校的军团里当过牧师。[100]佩特森（Paterson）提供了股份制银行公司的思想，这种思想通过迈克尔·戈弗雷在伦敦得到传播，并由蒙太古（Montagu）通过议会进行试验。和著名的劳一样，佩特森也是一个苏格兰的公司创建者，在忧郁的辉格党人把海牙作为家园的时候，他经常去海牙[101]。亚兰通（Yarranton）是最足智多谋的规划师，他曾经是国会军的一个官员，他的著作是一篇关于荷兰美德的长篇宣讲。[102]笛福以《十足的英格兰生意人》一书写作了一部资产阶级的叙事诗，他生在一个新教徒家庭，本想成为牧师，由于做生意失败，就转向了政治和文学。[103]阿什顿（Ashton）先生在对制铁业作的出色研究

中指出，18世纪最著名的制铁业巨头理所当然和清教有关
系。[104]这些人的原型是17世纪巴克斯特的朋友托马斯·福 253
利(Thomas Foley)，“他几乎是白手起家，通过制铁业获得了每年5 000英镑以上的收入”。[105]

把发财这件事从苦工或诱惑变成一种道德职责的信条，对这一代人而言简直就是宣称人心本恶。宗教并没有从实际生活中被赶走，相反，宗教本身就为实际生活提供了坚实的基础。在热衷经济事业的气氛中，清教伦理产生了一些类似于后来与斯迈尔斯(Smiles)的名字相连的因素。好的基督徒并非同经济人毫不相干。

四　治贫新药

赞扬某些品质就意味着谴责同这些品质相冲突的习惯和制度。清教伦理对经济美德的认可，发生在这种美德远比今天罕见的时代，因此就对经济效率产生了及时的刺激。然而，它也很自然地(尽管并非有意地)调整了关于社会义务的传统态度。这种自发的、不受理论约束的个人主义，早在亚当·斯密为其制定出哲学基础之前一个世纪，就已成为英格兰公共生活的规则。这种个人主义不对任何目标负责。然而，随着社会发生的明显变化——家长制、专制政府理想的信用扫地、中央政府对地方政府控制的终止、内战导致的分崩离析、贸易的扩
展以及工业从原来的所在地搬迁——在清教伦理中发现 254
一种促使社会政策发生这种变化的力量并非幻想，而这

种变化在17世纪中期之后已经变得十分明显。

最崇高的理论也难逃自己的阴影。主张基督徒过的生活必须热心履行其私人职责——这是多么必要！然而，这种主张很容易转变成一种设想，认为在私人的职责之外或超出私人职责之上根本没有任何重要的社会义务！强调个人需要对自己负责、没有人能够拯救自己的弟兄、宗教的本质就是用自己的灵魂同上帝接触，这种观点是多么正确多么不可缺少！然而，这种强调却又非常容易从真理滑到一种设想，即认为社会不存在责任，没有人能够帮助自己的弟兄，社会秩序及其后果甚至都不是人们藉以向更高点攀登的支点，而是一种外在的、疏异的和不相关的东西——从最好的角度看，它们同人的精神生活漠不相干，从最坏的角度看，它们漠视文化领域，漠视对工作的依赖，从而会扼杀灵魂，使灵魂陷入昏睡状态！在强调上帝的王国不是俗世的王国的同时，清教并不总能成功避开以下假设：俗世根本不是上帝王国的一个部分。这种关于社会制度和精神生活对立的错误反题，后来统治了英格兰宗教思想整整两个世纪，它在个人灵魂的私人领域确立了宗教的最高地位。而这种错误反题的受骗者却还对其放弃社会发出些许满意的叹息。戴西教授对这种行为评论说，“福音派信徒求助于个人的宗教，这同边沁自由主义者求助于个人的能力正相吻合。”[106]宗教和社会利益之间类似的一致性，在17世纪的清教运动中得到更加清晰的表达。宗教中的个人主义不知不觉地（虽说并非符合逻辑地）导致一种个人主义的道德观，这种个人主义的道德观在把社会问题同个人品德相比时贬低了前者的重要性。

这种重点转变的实际例子，可以从对于圈地运动和 255
贫穷问题的处理上看出来。在一个半世纪的时期里，圈地运动的过程一直是一个棘手的问题，这个问题时不时地激起社会动乱。在这段时期的大多数阶段，从16世纪30年代的拉蒂默到17世纪30年代的劳德，宗教导师们对圈地一直持谴责的态度。他们进行了一场又一场的布道，散发了一本又一本的小册子——更不用说神圣法和皇家专门调查委员会——进行反对减少人口的斗争。他们不仅求助于公共政策，而且还求助于宗教。农民和领主在不同程度上都是同一个基督教团体的成员，慈善法必须在这个团体的范围内控制获取经济利益的欲望。这是一种通过相互义务联系在一起的非常神秘的合作，在这样一种合作关系中，没有人能够使自己的利益达到最大化，因为没有人能够寻求“在教会之外”生活。

由不领工资的乡绅担任的地方行政长官一直是妨碍地方行政事务的人，由于他们的破坏，上述原则的实际应用总是断断续续，随着长期议会从王室手中夺过行政法的武器，这种原则也就寿终正寝。但是，威斯敏斯特的政治和这种乡村和市镇的政治却大相径庭。被贵族议会认作结束革命的事件，在获胜的军队左翼眼里却意味着革命才刚刚开始。在英国民主制度最初、也是最混乱的时期，当身穿黄军服的士兵向他们的将军灌输圣经政治的时候，他们要求的并非仅仅是政治重建，而是社会重建。平均派比其他任何党派都更有资格表达无特权阶级的意愿，他们的纲领不仅要求每年或两年召开一次议会、每个男人都有选举权、根据人口比例分配议席和废
256 除上议院的否决权，而且要求“拆除一切圈地和其他公地上的篱笆，或者圈起来，仅仅或主要为穷人的利益服务”。[107]平均派领袖拒绝承认的理论共产主义却在掘地派的动乱中获得了表达，温斯坦利以掘地派的名义争辩说，“看到英格兰的老百姓，在人力和财力的共同意愿下，推翻了我们的诺曼压迫者查理……现在土地又回到了那些征服者的手里，而这些地本是公共的，”只要“我们仍然是掌握在土地贵族手里的王权的奴隶”，就还没有取得对国王的全面胜利。[108]

改革社会的压力并非仅仅来自空想家和狂热分子。当传统权威的崩溃一时似乎使得万象更新，几百年来一直受到沉重压制的地方人民的不满就开始蠢动，英格兰中部好几个郡里面的农民揭竿而起，拔掉被他们仇视的篱笆。在莱斯特，人们在1649年听到谣传将进行一场大众运动废除相邻森林的圈地，于是市议会着手采取行动。他们写了一份请愿书，列举了圈地具有的经济和社会罪恶，提议建立一个机构对圈地进行检查，建立一个委员会，未经该委员会同意不允许进行任何圈地。一个当地官员被命令去向议会提交请愿，“当时的议会仍然

很注意倾听人民的不满，以便采取修正措施”。[109]被选中提出这个问题的人是牧师约翰·穆尔（Rev. John Moore），该人是一个多产的小册子作者，他用和拉蒂默几乎一样的热情花了好多年时间攻击驱逐人口的地主，但他做得比拉蒂默更不成功。

半个世纪之前，这些骚动本来会随着驱逐法以及皇家专门调查委员会的成立而产生。然而，在长期议会开 257
会十年之后，关于这项运动的公共政策的整个态度开始改变。没收、偿还和战争税影响了这场革命对于财产的分配，这种分配在较小规模上同宗教改革时期的分配相似。随着土地易手，传统关系被动摇，新的利益建立起来。正如穆尔抱怨的那样，圈地正通过法律诉讼的手段在进行，这种诉讼由最高法院裁决。[110]决不能指望伦敦的商人和复议委员会的成员会有心听从建议，去恢复中上阶级已经抱怨了一个多世纪的、通过国家干预阻止圈地的旧政策，因为这些人中已经有人发现，土地投机是一种赚钱的买卖。

在这样的情况下，改革者如果发现，议会本该聆听民意的耳朵居然对农民的不满充耳不闻，那也就无须惊奇。改变的并非仅仅是政治和经济环境。思想领域的革命同样很深刻。保护农民免受圈地之苦政策的理论基础是一种关于土地所有权的观点，这种观点认为，土地的权利和职责不可分割、密切相连。财产并非仅仅是收入的源泉，而且还是一种公共行动，而且财产的使用受到社会义务和国家需要的限制。正因为有这样的信条，在反对君主的斗争中起领导作用的阶级无法停战。随着复辟时期的议会废除了以服兵役为条件获得的土地所有权，并且以消费税的形式把以前被他们自己废除的财政负担再次加到国家头上，革命的最后一丝遗迹终于消逝。

取代这些思想并在 18 世纪几乎成为一种宗教的理
258 论由洛克表述，他把财产权描述为一种先于国家存在的权利，并且声称“未经人的同意，最高权力不能从任何人身上夺走他的任何财产”。但是，洛克只不过是在哲学模具中加进从政治斗争的压力中锤打出来的思想，而且这些思想早就成为地主和商人的常识。清教运动中具有社会和政治影响力的派别所持有的社会观点，表现在艾尔顿(Ireton)和克伦威尔对军队中民主派的反驳。他们认为，只有不动产终身持有者才真正是政治的实体，他们可以按自己的意愿使用自己的财产，不接受任何上级义务的控制，无须征询那些没有固定的利益、不拥有王国的土地、因而仅仅是自由佃农的大众的意见。[11]显然，这种思想的变化对于农民政策产生了深刻的反作用。阻止圈地原先受到所有具有公众意识的人欢迎，如今却成为只是一个宗教和政治极端派别的纲领而遭到摒弃。惠利少将在 1656 年提出一项议案，要求管制和限制对公用土地的圈地，他的议案明显同莱斯特当局提出的思路相仿，然而他的议案当即遭到议会成员的抱怨，指责它会“破坏财产权”，结果这项议案被拒绝进行审议。[112]复辟时期后，社会思潮开始更迅猛地沿着这样的方向发展。圈地已经变成乡绅的爱好。专家们根据经济理由提倡圈地，简化圈地的法律也在议会提出。虽说圈地法律的技术细节仍然有待细化，但在18世纪成为决定性的态度早已在此时成型。

政策的变化十分明显。变化的原因并非仅仅因为政治条件使得拥有土地的中上阶级拥有无上的权利；也不是由于1660年返回自己被掠夺的庄邑的皇室地主阶层 259
不想支持查理二世政府恢复对于财产权的行政干涉，因为查理一世政府执行的这项政策曾经激怒过他们。真正的原因在于，关于社会政策的观点发生了变化，而且这种变化并非仅仅发生在宗教界人士中间。对自身经济利益的追求是一种自然法，这种自然法已经被神职人员认同为上帝计划的运作，因而也就成为神的法律。圈地将增加羊毛和谷物的产出。每个人自己最清楚自己的土地适合生产什么东西，因此，让每个人自由决定生产，就能最好的服务于大众的利益。“根据自然和理性的指示，每个人都会干对自己最有利的事情，这是一条不可否认的普遍真理……个人的利益的增进必将增进大众的利益。”[113]

引证这些思想的人并不是一个经济学家，而是一个牧师，这具有非常重要的意义。因为这些论点既属于伦理学，又属于经济学。而且，当穆尔求助于传统道德的戒律来限制金钱利益的时候，他的观点激起了人们的反驳，他们说，审慎地注意金钱利益是开明道德的重要部分。穷人的精神健康所需要的是——用当时盛行的时髦话——“监管”，而监管只有当穷人在雇主的眼皮底下工作才有可能。在复辟时代严峻的道德学家眼里，穷人最需要同时又是最受忽视的美德就是勤奋。基本权利鼓励游手好闲，因为它为那些本该为主人工作的人提供一种危险的、损坏道德的生活条件。因此，当宗教的导师告诫说，把房子和房子连在一起、把土地和土地连在一起的做法应该彻底废除时，我们不应该为之吃惊。同并
260 非出于慈善的贪欲这种典型例子相适合，圈地如今被认为不仅是一种经济上的权宜之计，而且在道德上都有好处。巴克斯特同大多数早期的神学家不同，他很认真地——也许部分原因正在于他的认真——提出了准许“由虔诚的人适度进行的”圈地，他的理由很有特色，他认为，主人可以为自己的雇工建立一种道德约束，如果这些雇工为自己工作就会丧失这种道德约束。简而言之，重要的不在于他们的环境，而在于他们的品德。他们作为农民所失去的东西，将会作为基督徒而得到。精神得到启迪的机会远比纯粹的物质环境重要。如果物质环境本身并不是决定人接受教化能力的力量那该有多好！

不圈地的村庄被指责不是严肃美德的学校，这种趋势导致对穷人和济贫制度更猛烈的批判。以清教为基础

的新的伦理价值的盛行在社会生活的这个领域表现得最为明显。在构成中世纪英格兰主体的农民和工匠的小社团中，碰到收成不好的年头，所有人都会一起挨饿，病人、孤儿和老人的悲惨生活是个人的灾难，并不表现为社会问题。有一些早熟的理论家指出，需要建立一种为贫困提供帮助的普遍的社会制度，但是，除了这些人之外，最具有中世纪学者特征的观点却认为，对穷人的救济主要是有产者的义务。圣托马斯在这个问题上的观点具有代表性，他用赞许的口气引用圣安布罗斯对于需要面包以免饿死的人所说的话，圣安布罗斯强调财产只是为人服务的东西，他得出结论说——他的结论并非总是能从那句著名的短语中引申出来——在显然需要紧急救援的时候不行善是一种不可饶恕的罪行。[114]大众的感情赋予贫穷和对贫穷的怜悯以一种带有神秘色彩的魅力， 261
因为穷人是上帝的朋友。从最好的方面看，穷人被认为是以一种特别亲近的方式代表了我们的上帝——正如朗格兰(Langland)所说，“我们的救世主正是在这一批人中拯救了所有的人类”——因此，这位宗教手册的作者就有必要解释说，富人并非必定是上帝仇视的人。[115]从最坏的角度看，穷人会使人认识到，为穷人祈祷是有益的，把一条面包扔给乞丐(哪怕在给面包时还骂骂咧咧)，罪人就能被免除入地狱之罪。当你的灵魂在扎人的荆棘和灼人的烈火中经受磨难时，今天做的善事会给你千百倍的回报。

如果你得到裤子和鞋子，
每天晚上，天天如此，
你都要坐下，把它们穿上，
基督就是这样接纳灵魂。

如果你没得到裤子和鞋子，
每天晚上，天天如此，
哀叹会把你逼入苦痛，
基督就是这样接纳灵魂。

. . . . .

如果你得到肉或酒，
每天晚上，天天如此，
烈火也不会使你退缩，
基督就是这样接纳灵魂。

如果你得不到肉或酒，
每天晚上，天天如此，
烈火会把你逼入苦痛，
基督就是这样接纳灵魂。

这个晚上，这个晚上，
每天晚上，天天如此，
烈火、雨雪和烛光，

基督就是这样接纳灵魂。[116]

财富的社会性质一直是中世纪教义的核心，16 世纪英格兰神学家用加倍的强调坚持这种性质，这主要是因为，当时日益增长的个人主义危及了传统的思想。拉蒂默说："穷人有权享用富人的物品；因此，富人应该让穷人利用自己的一部分财富帮助自己，并让自己得到慰藉。"[117]一方面受到文艺复兴时期人文主义代表比维斯(Vives)等人的影响，同时又出于想把社会上所有行政权都收集到自己手中的野心，17 世纪的政治家们开始组织一项救济穷人的社会制度。即使在这个时候，对经济方面斤斤计较做法的极度冷漠态度也没有消失。在英格兰，经过三代人试图通过警察野蛮的暴力镇压流浪汉的企图后，人们终于认识到，导致流浪汉现象的原因是经济上的贫困，并非仅仅是个人的懒惰，因此，对于那些要么流浪、要么饿死的人，皮鞭根本起不到恐吓作用。这种认识的结果是一系列广受赞美的法案，这些法案要求对流浪汉进行强制的贫穷等级评定，并要求有工作能力的人从事劳动。为了防止社会动乱，枢密院对懒散的法官严加督促，因此，这项制度一直到内战为止都运作得非常规律。然而，与 18 世纪和 19 世纪初导致灾难性后果的政策不同，伊丽莎白时期的济贫法并非仅仅是处理经济贫穷的措施。这项法律虽然提供救济，但救济只是一系列措施——预防被驱逐、控制食品供应和价格、稳定就业以及检查不必要的裁减工人——中最后的环节，目的是减缓导致救济的因素。除了济贫法，17

262

263 世纪的前40年还盛行私人慈善活动，这些慈善活动建立济贫所和医院，设立提供就业或资助发生财政困难的生意人的基金。人们求助的对象仍然是宗教，因为宗教给予贫穷某种程度的尊严。

正是神的选择，使你在尘世生存，
没有神的选择，你就无依无靠。[118]

“什么？你说这样的话？”尼古拉斯·费拉尔(Nicholas Ferrar)临终前对赞扬他慈善事业的人如是说。“把我所有的一切都捐出去，这对我是一种很适当的回报，我可不想把这种善举弄得像天女散花一样到处播撒。”[119]

在内战的无政府状态下，私人慈善和公共救济不可避免地受到影响。在伦敦，慈善捐赠受到的破坏远远不止一般的贪污腐败，有人抱怨说，感化所和医院的收入都大大减少。[120]在农村，季度报告描绘的图景很混乱：警察向法官递交诉状的机制受到破坏，还有大量的抱怨说，小偷数目剧增，穷人根本没人管，流浪汉随便乱逛。[121]伊丽莎白济贫法的管理崩溃状况在复辟时期之后仍在持续，23年之后，马修·黑尔爵士(Sir Matthew Hale)抱怨说，济贫法中有关提供就业的条款已经变成形同虚设的规定。[122]济贫法在地方当局一直不受欢迎，因为济贫法一直使它们陷入大量麻烦，付出很大开支。因此，随着中央政府的压力减少，除了少数例外，地方当局就把济贫法的有关条款都忽

略了。除了在救济的实际操作方面不尽人意外，更重要的是兴起了一股新的观点，这种观点对于表现为私人慈善和 264
公共救济的整个社会理论深恶痛绝。

一位小册子作者在1646年写道，“整个英格兰的一般规则是，鞭打和惩罚流浪的乞丐……因此，很多法官仅仅执行这部良好法律(这正是公正的体现)的一个部分，但对其中的慈善部分，亦即提供房屋和方便的场所以便能够为穷人安置工作，他们却放任不管。”[123]下议院似乎意识到这种抱怨有点道理。1649年，下议院命令，郡法官应该被要求去检查是否按法律要求给穷人发放了物品，[124]关于要准备一部新的法律，以确保身陷贫困的人可以找到工作的问题，好几次都在下议院的委员会上提出来。[125]然而，这些提议似乎并没有产生任何结果，伊丽莎白时期同当时的社会气氛最契合的“安置穷人工作”的政策也没有任何结果。如果承认贫穷并不是个人缺陷的结果，而是经济原因所造成，从中就必然会推出结论说，贫穷的牺牲者具有合法的权利由社会赡养。然而，就像1834年的改革派对斯品汉姆兰(Speenhamland)制度的态度一样，当时日益兴盛的个人主义却对这种观点表现出强烈的怀疑。就像约伯的那些朋友们一样，这种个人主义在这种不幸中看到的不是爱的惩戒，而是对罪的惩罚。结果，随着对流浪汉的惩罚加倍严厉，宗教的观点也越来越不强调慈善的义务，相反却更多地强调工作的职责。以前针对不仁慈的贪欲发出的告诫，如今却转而针对不节俭和游手好闲。弥尔顿的一位朋友哈特立伯(Hartlib)说的话很典型地代表了这种感情。

265 他说："上帝的律法说，'不劳动者不得食。'这将是对懒惰的人最严厉同时也是最聪明的惩罚，因为……只有劳动过的人才被允许吃饭。"[126]

这种新的态度在1640到1660年间因贫穷蔓延激起的少数几次公共行动中得到表达。当时的想法是，根据有效的企业原则，通过一个把利润和慈善活动结合起来的公司来处理这个问题。这种观点受到一小群改革者的热烈拥护。[127]议会通过了这种方案，并在1649年通过一项法律，对穷人实施救济和就业，对乞丐则实施惩罚。根据这项法案建立了一个公司，该公司有权逮捕游民，然后让他们在工作和接受鞭打之间进行选择；公司还将安排所有其他穷人，包括没有维持生活手段的儿童进行强制性劳动。[128] 8年后，由于游民盛行，又产生了一部非常严厉的法律，它几乎令人想起几十年后萨尔通的弗莱彻（Fletcher of Saltoun）提出的议案，他建议应该把游民送去做苦工。他在议案中说，因为违反这项法律的人很难被抓住现行，因此，任何一个无法使法官相信自己走在路上具有充分的理由的人都应该被逮捕，并且不管该人究竟是否乞丐，都要作为真正的乞丐进行惩罚。[129]

不分对象广施善行被斥为伪宗教虚伪的炫示，是为了一种形式的虔诚而牺牲德行。这种抗议早在宗教改革之前就有，但宗教改革者重新强调了这种思想。路德指责乞丐的要求是敲诈勒索，瑞士宗教改革者清除了由修道院实行的一切慈善活动，认为它是由教皇对放荡和不道德行为进行的贿赂。一个伊丽莎白时期的神职人员告诫说："我认为，今天大多数人对天主教会的大规模布施大肆吹嘘，这种布施实际上并不是慈善行为，只不过是一种伪善的吹嘘。”因为这种布施并非出于上帝的命令，不是出于爱，不是因为内心受到贫困者所遇到灾祸的触动，而是为了让 266
布施者生时在人前得到报道，死后得到祈祷……[130]商业文明的兴起、对于都铎王朝专制主义社会政策的反抗、清教主义在中产阶级中间的传播，这一切在后来的半个世纪中结合在一起，从而使得这种教义更加具有影响力。通过勤奋和自我节制磨砺品德，乃是清教伦理观念的核心，受到这种传统的熏陶，清教道德学家根本不会受到以下事实的困扰：比如，有时候好人也可能为生活所迫去讨饭；有人奚落说，推崇勤奋工作是一种绝对自我中心主义的幌子，因为它歪曲了以下事实，即感伤主义者不分对象慷慨大方的动机其实是自私的，而对于他施舍的对象则具有更大的腐蚀作用。斯蒂尔说，“对于懒惰的乞丐而言，越少有人把他们愚蠢的同情心施舍到他们身上，越多把正确的同情施加到他们的灵魂上，则对他们越好。”[131]最大的邪恶就是懒惰，穷人并不是环境的牺牲品，而是他们自己“懒惰的、无规律的、坏的生活习惯”的牺牲品。最真实的慈善并不是用救济使他们一直处于萎靡不振的状况，而是应该改善他们的品行，从而使得救济成为不再必要——这些教义把严厉惩罚从一种罪行变成职责，冻结了人们内心自然的同情心，因为它保证说，如果我们放纵自然的同情心，我们就会使痛苦永恒，事实上我们应该减轻痛苦。

没有什么技巧比商人的天真心理更让人好奇了。他们把自己的成就归结为自己的自力更生，他们对社会秩序根本没有意识，但如果没有这种社会秩序持续不断的支持和严格的保护，他们就可能变成沙漠中迷途的羔羊。个人主
267 义这种自信的情结，部分要归结为清教道德学家的观点，他们认为，实际的成功本身就是伦理高尚的标志和奖励。“毫无疑问，”一个清教小册子作者说，“如果财富对他们有好处，富人就更加应该属于神圣者而不属于邪恶者；因为神性既允诺人过好来世的生活也过好此世的生活。”[132]认为贫穷虽然是对基督教圣徒生活的评论，但更是道德堕落的证明，这种观点在富人中一直非常流行。复辟时期贪婪的富豪四处追逐自己的猎物，如果他们不能在别的地方得到，他们就会寻求从上帝那儿得到。因此，这种观点受到复辟时期的富豪大声赞扬。

如果一个社会把获得财富尊为最大的幸事，当然会把穷人贬斥为在未来世界受到诅咒的对象，哪怕仅仅为了证明，自己在此世使这些穷人的生活变成地狱的做法是正当的。纵容穷人是危险的行为，这种观点被宗教界人士进一步发展成灵魂需要激励，而正在崛起的政治算术学派则盛赞它是对社会疾病的神圣治疗。如果说，道德学家的论点认为，过度的纵容会败坏人的品德，经济学家的论点则认为，这种做法从经济角度看是灾难性的，从财政角度看是毁灭性的。济贫法是懒惰之母，“各色男女越来越懒惰，并以自己无须工作而自豪，完全依赖自己所在的教区维持生活”。济贫法不鼓励节俭；“即便羞耻或对惩罚的害怕使他去挣钱糊口，他也不会多干；他的孩子仍然要教区负

担，年老则成为他不干活或不照顾别人的借口。”济贫法
使工资保持在高水平，因为“它鼓励存有坏心的人把自己
想得到的工资强加到雇主身上。因此他们与理性和国家利
益完全背道而驰，在谷物和生活用品便宜的时候他们就不
愿意工作，因为那时工资较低，只有当物价高涨的时候才
愿意工作”。[133]地主们诅咒济贫税，布商因为劳动力的高
成本苦苦挣扎，如今有一个宗教学派对他们保证说，道德 268
本身都会随着这两者的降低而得益。

正如济贫法在19世纪的历史将会证明的，除了如何对待儿童，济贫法中并没有检验标准。相比如何对待那些失败者的社会精神，对待儿童的做法能够更清楚地解释一种社会哲学的特性。关于贫穷问题的这种说法只是一种普遍态度的一个例子，这种态度经常使所有靠工资为生的人陷于永劫不复的境地。部分原因是因为，在一个把财产尊崇为社会秩序基础的时代，仅仅作为一个劳动力似乎还算不上一个完全的公民。另外部分的原因是因为商人阶级在复辟时代对于社会的思想和公共事务产生了越来越大的影响，这种思想的精神是一种无情的物质主义，决心不惜一切代价从法国和荷兰手中夺取世界市场，为了达到自己的经济野心时刻准备牺牲所有别的打算。还有部分的原因是，尽管经过了一个世纪在纺织品方面的大规模生产，资本主义工业和无产阶级的问题仍然太复杂，让人难以理解其中的关键。即便像巴克斯特和班扬这样的学者，尽管他们一直强调指出，过分高昂的价格和过度的利息是邪恶的，但他们也很少想到把这种原则运用到工资问题上去。

他们的社会理论是为一个小农业和小工业时代设计的，在那种时代，人际关系还没有被现金交易关系取代，工匠或农夫的经济地位还没有被他们雇佣的少数短工或劳工取代。在大布商、大铁厂和大矿主日益占据支配地位的世界，巴克斯特和班扬仍然坚持自己把社会分为主人和仆人的分类法，顽固地不顾引导20世纪的经济现实而谈论雇
269 主和雇工的关系，事实上，个体的雇主在那时早已转变成非个人的公司了。

在著名的《共产党宣言》中，马克思注意到，“资产阶级在它已经取得了统治的地方把一切封建的、宗法的和田园诗般的关系都破坏了。它无情地斩断了把人们束缚于‘天然首长’的形形色色的封建羁绊，它使人和人之间除了赤裸裸的利害关系，除了冷酷无情的现金交易，就再也没有任何别的联系了”。[134]我们也许可以在1660年到1760年英国学者关于就业经济的讨论中找到马克思论点的生动例子。作为他们思想的特征，他们对待新兴工业无产阶级的态度远比17世纪上半叶那一代人的态度严厉得多，在现代社会，唯有白人殖民者对待有色劳工那种遭人鄙视的态度才可以与之相比。指责17和18世纪英格兰以工资为生的人“奢侈、骄傲、懒惰”[135]，这种指责几乎同今天人们对非洲土著人的指责一模一样。人们抱怨说，与荷兰人相比，英格兰的劳工自我放纵，相当懒惰；他们只想挣到能够糊口的钱就拉倒，一点也不想多干；他们的工资越高，他们就——“如此无法无天地”[136]——越把更多的钱拿去喝酒；因此，商品价格高并不是坏事，而是幸事，因

为这将迫使劳工更加勤奋；但是高工资却不是好事，而是坏事，因为这只会导致“每周一次饮酒纵乐”。

在这样的观点很流行的情况下，经济剥削的严酷自然会被说成一种公共职责。除了少数例外，该阶段的学者只是在什么方法能够最有效地实施严酷的惩罚方面产生不同意见。伯莱克斯芬(Pollexfen)和沃尔特·哈里斯(Walter Harris)认为，也许通过减少节假日的天数才能使人获得拯 270
救。贝克莱主教针对爱尔兰的情况建议说，“强壮的乞丐应该……被抓起来，使他们在几年时间里成为公众的奴隶。”托马斯·阿尔科克(Thomas Alcock)因工人对于鼻烟、茶叶和丝带的嗜好感到震惊，因此建议恢复节制个人消费的立法。[137]无数学者提出大量改造济贫院的方案，要让济贫院同时成为惩罚和培训的场所。所有人都同意，无论是依据道德还是根据经济的理由，降低工资都极其必要。后来由阿瑟·扬(Arthur Young)表述的观点则是复辟时期经济学家的老生常谈，他写道：“所有人都明白，地位较低的阶级必须仍然保持贫穷，否则他们永远也不会勤奋。”[138]这些观点并不需要争论，它们被人们当作不言自明的真理而接受。

如果慈善家想搞清楚，既然如此，重新建立奴隶制未尝不可，我们决不要指望赤贫者的苦难会使他们的良心受到责备。整个讨论中最值得注意的因素在于，人们坚决拒绝承认，社会对于贫穷的原因具有任何责任，这一点同16世纪关于贫穷问题的长期争论形成鲜明对比。都铎王朝时期的神学家和政治家都不同情懒惰的流浪汉，但是，神学家总是，而政治家则最终认为，贫穷主要是因为经济配置不当导致的社会现象。即便是最玩世不恭的人都始终不会忘记和蔼的哈里森(Harrison)提出的令人尴尬的问题："这些人的问题究竟该由谁来处理呢？"[139]复辟时期后的人显然根本没有意识到，除了穷人的道德堕落之外，贫穷可能
271 还有其他的原因。从这种非常怡然自得的理论中得出的实际结论非常简单，同时也非常一致。这种结论不是要在1601年的法案中找到工作，因为那样只会"使穷人更加大胆"。它是要为救济的权利设置障碍，正如1662年的法案中包含的条款那样，如果只能给人救济，就要在济贫院或感化所里进行救济，对于其余的人，则要通过降低工资来增加劳动的要求。

救济可以实施成不仅仅是给人救济，同时还起到威吓作用，这种商业时代的重大发现尚有待功利主义的哲学家进行加工。但是，认为贫穷并不是因为经济环境，而是因为1834年的济贫法委员会所谓"个人的不节俭和错误"，这种理论已经牢固地建立起来，而对伊丽莎白时期济贫制度的批判也早已形成，这种批判将导致新的济贫法。一个世纪后，一个苏格兰神学家将伊丽莎白济贫制度的本质很好地描述成一种"原则，每一个人只要存在就享有权利依靠别人或社会生存"。[140]查默斯博士(Chalmers)对这种观点的攻击则是早就由清教道德学家奏响的一种调子的回音。查默斯博士的观点对纳索·西尼尔(Nassau Senior)产生了深刻影响，[141]后来西尼尔着手制定具有重大影响但与历史事实相当不符的报告，该报告在英格兰北部曾经激起

过一些骚乱，后来成为19世纪英格兰社会政策的基石。

仅仅指出清教伦理的局限性，却不强调清教对政治自由和社会进步的巨大贡献，这是不正确的。民主制度的基础是精神独立的思想，这种思想激励个人单独反抗世界的权力。在英格兰，乡绅和牧师根本看不起下层人民，两者 272
联合在一起镇压大众的骚动，认为这是对社会和教会的威胁。因此，民主制度很可能更多要归因于新教运动而不是任何别的运动。进取心、勤勉和节俭的美德是所有复杂并富有生气的文明不可缺少的基础。正是清教用超自然的良心对这些美德进行研究，把它们从一种非社会的神学转变成一种习惯和宗教。我们也不难找出清教精神突出的代表，在他们身上，作为新理想最崇高因素的个人苦行同社会团结的深刻意识结合在一起，而社会团结正是被清教取代的思潮中最崇高的因素。慈善家弗明(Firmin)以及被欧文在一个世纪后尊崇为自己思想之父的贵格会教徒贝勒斯是改革济贫法的先驱者。公谊会成立于宗教和社会伦理几乎完全分离的年代，它与流行的信条相吻合：获取市场提供的利益是允许的，同时又强调良心的义务和经济交易中应该克制，另外还强调由公众付费，让处在贫困中的兄弟过上体面日子的职责。[142]

一个国家不会因为不时有奇峰突起而改变其基本气氛和性质。清教理论的特定气质与众不同。它是一种个人责任，并不是社会义务。它训练自己的信徒通过对自我的控制从而达到对他人的统治，它把精神斗士据以同一个敌意的世界进行竞争的性质赞誉为荣耀之王，它把对社会等级的关注贬斥为弱者的支柱、灵魂的卡普阿(Capua)*。这种态度的优点和缺陷对于未来都极为重要。有人曾经提出，1760年之后，工业活动的蓬勃兴起除了创造一种新的经济组织制度外，还创造了一种新的经济特性。事实上，日后体现在发明家、工程师和企业家身上那种集以前理想于一身的思想，早在17世纪末之前就在英格兰人身上牢固地建立起来。在无数形成这种理想的力量中，有些并非不重要的部分完全有理由归结为一种强调，即强调企业生活是基督徒努力的适当领域，强调成功创业所必需的品质，这些正是清教的特性。当企业和宗教的关联以及宗教对企业施加的限制逐渐弱化或消失之后，这些品质，以及对这些品质的推崇仍然保留了下来。

---

* 古代意大利城市，在那不勒斯北26公里处。公元前73年奴隶领袖斯巴达克斯在这里举行起义。——译者

有一个人在我第一次布道后不久被问道，那天他是否参加了布道，回答说，参加了。他说，请问，你有多喜欢他？回答说，圣母马利亚，正如我一直喜欢他那样——真是个会煽动人的家伙。

拉蒂默：《在爱德华六世面前做的七次布道》

第五章　结　论

社会和个人一样，都会有自己的道德危机和精神革
277 命。学者可以观察这些灾难产生的结果，但在试图对它们进行评价时却很难不带偏见，因为他自己头脑中那支小蜡烛就是被这些灾难燃起的火焰点燃的。自然主义社会科学的兴起许诺，它会带来富有成效的行动和知识之光；基督教会从经济活动领域和早就声称是其领地的社会科学中抽身引退；思想家普遍接受一系列伦理价值，这些伦理价值把企图获得金钱利益的欲望从一种虽说自然但却危险的弱点转变成哲学家的偶像和社会的主要动力——这些运动都一一记录在从宗教改革到 18 世纪结束这波澜壮阔年代的历史中。它们的后果已经被编织进现代文明的肌体之中。后人还是太靠近它们的源泉，因此难以辨认出这些洪流所汇入的海洋。

政治信条具有相对性，这在历史主义时代实属老生常谈。但是，人们讨论社会心理学的时候，却常常不顾时间和空间的区别。经济利益也仍然被广泛地看成一个王国，似乎时代精神对它根本产生不了任何影响。事实上，尽管从上一代遗传下来的倾向会一代又一代地持续，但是，社

会的评价、偏好和理想体系——个人的特性在其中运行的社会环境——却处在不断变化的过程中。关于经济利益在 278
社会生活中究竟占据何种地位的问题，最近几百年所发生的变化最广泛，其后果最引人注目。把经济目标抽离出来，使其成为集中的、系统努力的特定目标，把经济标准树为是否符合社会利益的独立、权威性标准，这种现象虽说在古典时期很常见，但至少就大规模使用而言，它仅仅在晚近文明中相对靠后的时期才出现。东方和西方经济状况的冲突给今天的旅行者留下了深刻印象，中世纪经济思想和现代经济思想之间的冲突也与此类似，这种冲突给历史学家留下了深刻印象。

导致这种革命的因素太多，因此很难把它们概括成清晰的公式。然而，伴随着贸易的扩展以及新的阶级崛起进而掌握政治权力，出现了更进一步的目标，这种目标虽说不是最显眼，却也并非不基本。这种目标就是缩小宗教精神活动的疆域。不承认教会对经济关系和社会组织的关注是一种现代的创新，这种批评在过去很少得到人们的支持。需要解释的并不是把这些事情当作宗教事务一部分的观点，而是认为它们不是宗教事务的观点。宗教改革时代开始之初，经济学仍然是伦理学的一个分支，而伦理学则是神学的一个分支。人类的一切活动都被归属在一个主题之下，这个主题的特性由人类的精神命运决定；理论家求助的对象是自然法，而不是实用性；经济交易的合法性很少根据市场的运动来判断，更多是根据从基督教会的传统
279
教义中得出的道德标准；教会本身则被当作一个在社会事

务中行使理论权威、有时则行使实际权威的社会。政治思想的世俗化是后来两个世纪的工作，它对社会思潮产生了深刻的影响，到王政复辟时期，整个社会观点(至少在英格兰)已经产生了革命性的变化。宗教已经从支撑社会大厦的基石转变成社会大厦的一个部分，权利统治的思想已经被把经济效率当作政策的评判者和行动标准的思想所取代。作为一种精神存在物的人为了生存，必须把一部分注意力放到经济利益上面去，但看来人有时已经从一种精神的存在物变成了经济动物，而如果要采取措施确保自己的精神生活，他就应该十分谨慎。

变化的结果产生了一种态度，这种态度构成现代政治思想极为根本的基础，结果导致其不稳定的哲学基础以及它同早期思想的不同通常都被人们忘记。它的核心是一种二元论，它不把生活中世俗的层面和宗教的层面当作一个大的整体中前后相继的阶段，而是当作平行的、独立的领域。它们受到不同规律的统治，用不同的标准判断，服从不同的权威。无论对于宗教改革还是中世纪最主要的代表人物而言，如果一种哲学认为，商业交易和社会的制度都同宗教无关，那么这种哲学不仅在道德上应该受到指责，而且从理论上看是荒谬的。他们最基本的设定是：最终的社会权威是上帝的意志；尘世的利益只是永恒精神生活中短暂的阶段；他们颁布基督徒的社会活动必须遵守的规则，并且在环境允许的情况下，构筑强迫实施这些规则的
280 宗教戒律。在他们 18 世纪的后继者那里，宗教冷淡主义哲学(虽说几乎没有形成一种理论)事实上已经成为不言自

明的真理。质疑这种哲学如果不算不道德，至少也算不合理，因为人们在心中都认为，宗教有它自己的领地，如果用规则和制度的方式把它外在化，就会损害它的纯洁性，降低它的感染力。因此，他们用含糊的语词制定基督教的伦理原则，很少清晰地指出这些原则如何应用到商业、金融和财产权等问题上。通过把人的生活划分给两者的方式，宗教和被以前时代的思想用怀疑眼光看待的自然经济野心之间的冲突被暂时搁置。宗教把个人的灵魂当作自己的领地，经济野心则把人同自己的伙伴在商业活动和社会事务方面的关系划为自己的领地。如果双方都能够遵守自己的领地，就能够确保太平。两者不可能发生冲突，因为它们永远不可能相遇。

历史是一个舞台，被人们控制的力量和不受人们控制的力量就在这个舞台上互相竞争、彼此合作。本书描绘的观念变化就从这两种力量中吸取营养。跟随清教革命的风暴和喧嚣而来的是经济事业的蓬勃兴起，物质环境的改变准备好了一种氛围，在这种氛围中，审慎的节制成为集最真实的智慧和最真诚的虔诚于一体的表现。然而，人的内心世界和外部世界一样都处在变化之中。外部世界的进步在早就想为它的胜利欢呼的心中激起了同情的回响，在宗教的宣言和商业文明诱人的魅力之间无人意识到存在严重的冲突，这种冲突曾经使宗教改革时代一直深受折磨。

造成这种情况的原因部分在于人的自然(但并非没有道理)的差别，由于他们对经济动机持不切实际的不信任态度，因此，他们意识到传统社会伦理是业已消失时代那 281

种条件的产物，但他们又缺乏一种创造性的能力，无法用一种迎合更加复杂、更加流动的社会秩序需要的形式把它们重新阐述出来。部分原因是因为政治变化太大，从而难以把英格兰国教会等同于占统治地位的贵族，因此，当这种冲突在法国发生的时候，很多下层教士在自己管辖的地段同第三等级争吵，但在英格兰，几乎所有教会的神职人员都和社会的观点相呼应，从而给国家的统治者留下了好印象。另外的原因是，在一股很重要的思潮看来，宗教的核心就是一种精神，这种精神对外部环境世界表现得很冷漠并不是一种缺点，而是为灵魂添彩。由于没有受到约束着英国国教的高雅锁链的影响，同时又具有强大的纪律传统作为支撑，改革派教会似乎有机会把宗教的社会义务重新与被英国教会否定的动力相连系。阻碍这种观点表达的障碍并不在于他们的软弱，更多是因为他们那些最核心、最特别的美德。他们否认人的努力能够有助于赢得拯救，否认人对朝圣者孤独的求索途中有所帮助，以这样的认识为依据，他们把商界和社会看作一个战场，各种人物穿越这样的战场通往自己的目标，而不是把商界和社会看作原材料，等待建筑师用手把它们放置到各自的位置上作为天国的基础。他们并不认为品质是社会的产物，社会因为是品质的表现而被认为是精神的。因此，眼睛有时也会被光线本身给弄花了眼。

一个时代认为理所当然的东西会成为下一个时代的问题。很少有人会对一个从头到脚都被道德法浸染的团体这
282 种壮美的思想不表示敬意，而这正是伟大的宗教改革者的

想法，这种想法同中世纪杰出人物的想法并无二致。然而，为了制服物质利益这个粗野的世界，至少必须同情为了理解这个世界所付出的艰苦努力。黑暗王子有权要求得到讲礼貌的听证会和公正的审判，不给他这些机会的人会发现，从长远来看，黑暗王子最终会取走他该得的东西，转败为胜。常识和对现实的尊重既是精神的恩赐，也是道德热情的恩赐。光明之子用道德愤怒间歇性的发作把经济事业每一次新的胜利贬斥为又一种贪欲的计谋，这种发作使他们无法完成自己的斗争，因为这种斗争既需要冷静的头脑，又需要坚强的心灵。他们拒绝根据新的事实修改旧的规则，这使他们面对反攻无能为力，他们的整个哲学体系(包括真理和幻想)都在这种反攻中被推翻。他们看不起知识，于是知识就把他们摧毁。

面对实际能力和技术技巧取得的伟大成就，人们难免产生欢欣鼓舞的感觉，从 17 世纪后半叶起，这些成就就在改变着物质文明的面貌，英国则是这种物质文明大胆的、如果不说它是过于认真的先驱者。然而，如果说经济野心是好的仆人，那么它们就是坏的主人。把经济野心用于社会目标，它们就会转动磨盘碾磨谷物。但是，到底趋向怎样的目标这个问题仍然有待解决。对于这个问题，依靠对经济力量天真的、不加批判的崇拜根本没有用，而这种崇拜则是这种新的利维坦通过咒语对他们催眠而产生的不合理性的情绪。这种做法的通常后果是产生了一个世界，在这个世界里，人们支配着一种自己无法完全利用的机制，以及一个几乎是十全十美但唯独缺少感情的组织。

283 他为理性命名，唯他需要理性，
结果却比野兽更加具有兽性。

麈菲斯特无害的讽刺取自理性的武器库，这段话刺穿了隐藏在理性这个神圣名字后面的讽刺画，以便用进步的幻象取悦自己的追随者，这种进步来自对物质环境的控制，然而这种控制太自私，太肤浅，因此无法决定其应该应用的目标。人类可能从自然界获取秘密，却又会运用自己的知识毁灭自己；他们可能掌握了热力和运动的精灵，然后又在无可奈何的沮丧中绑住它们的翅膀，并且思考着这些被囚禁的妖怪应该侍候哪个主人的问题。究竟化学家应该为他们提供生活的手段还是三硝基甲苯和毒气，究竟工业会把他们弯曲的腰撑起来还是在更重的负担下把他们的腰折断，完全要看他们在不相容的理想之间如何选择，对于这些问题，增加人可以支配的文明机构完全无济于事。经济效率在任何正常的、生气勃勃的社会中都是一种必要的因素，只有那些不可救药的感伤主义者才会贬低它的重要意义。然而，如果把效率从一种工具转变成基本目的，这样做就会毁掉效率本身。因为，在复杂的文明社会里，有效行动的条件就是合作。而合作的条件是意见一致，是关于人的努力所用于的目的，以及判断成功标准的意见一致。

关于目标的意见一致蕴含着要接受一种价值标准，根据这种标准就可以决定不同对象的地位。在资源有限的世界里，大自然只会对持久的、系统的努力给予回报，因

此，上述标准显然必须把经济可能性的考虑放在重要位置。但这种标准本身又不能够仅仅是经济的标准，因为经 284
济和其他利益的相对重要性——例如，为了增加休闲、发展教育、使工作更加人道而值得牺牲一些物质用品——正是需要注意的关键。这种标准必须以关于人的所有本性的总体思考为依据，对此，经济需求的满足当然非常重要，但人的本性也需要满足许多其他需求，因此，唯有清楚理解了这些需求的相对重要性，才能够根据一种合理的体系组织自己的行动。贝克莱主教写道："无论世人想些什么，如果他很少用心思考上帝、人心和至善这些问题的话，那么，他有可能成为一个钻营得法的利禄之徒，却绝对成不了合格的爱国者和政治家。" 今天的哲学家命令我们把进步的希望建筑在由爱激起的知识上面，这种哲学家也许同贝克莱主教并无二致，或许他也希望如此。最明显的事实往往是最容易被忘记的事实。现存的经济秩序以及无数重建这种秩序的计划，都因为它们忽视不言自明的真理而失败，因为即便最普通的人也有灵魂，物质财富的增长并不能弥补伤害他们的自尊、妨碍他们自由的制度安排。对经济组织合理的评价必须考虑以下事实：如果工业不想因为受伤害的人性不断爆发的反抗使自己瘫痪，它就必须满足并非纯经济的标准。认识到这种可能修正的合理观点必须承认，自然的欲望可能会受到纯化或遭到限制，因为，事实上，这种情况已经因为受到某些更大范围利益的控制而在某种程度上发生。古典时代的哲学家划分了自由的职业和奴性的职业；中世纪的哲学家强调财富为人服

285 务，而不是人为财富服务；罗斯金振聋发聩的名言“没有财富，唯有生命”；社会主义者关于组织生产的目的应该是为人民提供服务，而不是为利润；以上这些不同的说法都是试图通过提到一种理想来强调经济活动的工具性质，这种理想则被认为是人类真实本性的表达。

对于这种本性及其可能性，基督教会在本书所论阶段的大部分时间里都被认为持有一种自己独特的看法。因此，基督教会力图形成一种社会理论，这种社会理论并不是它教义主要部分的装饰，而是一种关于人的命运信条中至关重要的因素，这种信条认为，市场上的商业和社会的机构形成了人的品行，支撑着或遏制着人的精神潜力。撇开时间和空间导致的古怪成分，基督教哲学的核心是，要确认道德原则高于经济欲望，经济欲望在人的计划中确有位置，而且是很重要的位置，但是，同其他自然欲望一样，如果经济欲望得到过分满足和过分照顾，就会毁灭灵魂，给社会带来混乱。基督教哲学的论证方法是，试图把这些原则解释成一种实践伦理学的规范，足以精确地应用到仓库和农场这样的世俗世界。它的修行是一种努力，虽说在实践中往往是腐败的、无用的，但在思想上并不卑贱，这种努力是为了使基督教的美德融入散乱的个人品行和社会活动之中。实践通常只是对理论的拙劣模仿，这种老生常谈无须我们再多强调。但是，在一个原则和行动的关系并不平等的世界里，对人的判断会根据他的目标同时也根据他的作为——根据他们希望达到的目标以及他们达到这种目标的成功程度。谨慎的批评者会根据自己的成就

而不是理想来下判断，但对他的邻人（不管是活着的还是死的）则不光根据他们的成就，同时也根据他们的理想。 286

环境总是不断发生变化，因此，对道德原则的实际解释也必须随这种变化而改变。用冷静的态度看待社会历史事实的人很少会否认，为了经济利益的目的而组织起来、受到法律体系的支持、得到道德情感和动听言辞装饰掩盖的强者对弱者的剥削，这些就是我们所见到的大多数社会生活中固定的要素。然而，相比于大多数批评指向的例外的失败和不正常的蠢事，现代社会中与基督教信仰奠基者的教义尖锐对立的性质则具有更深的根基。这种性质已经被大多数宗教改革者出于一种天真以及对现存秩序的辩护而接受，它的内容是，物质财富的获得是人努力的最高目标，同时也是判断人成功的最终标准。这种貌似有理的、好斗的、在受到严厉镇压和迫害时会转向压制批评的哲学可能会获得胜利，也可能会消退。可以确信的一点是，它是对所有可以被说成（除了作为比喻之外的）基督教的思想或道德体系的否定。对财富的崇拜是资本主义社会的实际宗教，因此，对财富的崇拜和基督教会之间不可能存在妥协，正如在基督教会和罗马帝国的国家崇拜之间不可能存在妥协。

凯恩斯先生说："现代资本主义是绝对反宗教的，它没有内部联合，没有多少公共精神，通常（虽说并非总是）仅仅是一群有产者和逐利者的聚合体。"这种欲望和价值的整个体系把为了积聚钱财而巧取豪夺、又为了巧取豪夺而积聚钱财的生活奉若神明，在这种体系获得凯旋的时

刻，当大众的欢呼仍然回荡在斗士的耳边，当胜利的桂冠
287 仍然鲜艳地戴在他们的额头时，这种体系却似乎在一种文明唇边留下了一种烟灰味，这种文明为物质环境的征服带来了以前时代所不了解的资源，但它们还没有学会控制自己。当这种体系仍然处在容易适应的、使人暗生疑虑的年轻时期，在成功使它把自己无知的面具扔到一边去之前，在甚至它自己都不了解自己真实的本性时，以前时代的圣贤之辈对这种体系发动了警告和谴责。神学家和布道者表达他们对这种贪欲之罪的恐惧所使用的语言在现代人看来太晦涩，太恶毒；他们关于商业契约和财产分配的戒律似乎很迂腐、不切实际。然而，鲁莽导致的失败要比怯懦更能得到人们的赞同，而在讲话不受欢迎的时候，选择沉默要比滔滔不绝更难得到人们的谅解。也许，相比严肃的、可尊敬的、审慎的佩利(Paley)，后代人会从拉蒂默对不公正和压迫的雄辩指责中学到更多，而因为佩利话里有话，所以乔治三世认为他是一个更加危险的革命者。

托尼的世界及其学术成就

理查德·亨利·托尼任何一本著作的重新发行对于学术界和学者都是一大盛事。对学者来说，是因为托尼本人为我们提供了一个立场鲜明、为公众写作的知识分子能够和应该成为的那种典范。对学术界而言，则是因为托尼的著作——不管是关于经济史，关于资本主义的发展，还是16世纪英国土地问题或20世纪中国土地问题的著作，以及17世纪英国政治史或美国劳工运动问题的著作——都为我们提供了一种理解，即对于作为一种文明形式的现代性的源泉及其当代原动力的理解。对于可能会被马克斯·韦伯称之为“物质势力和观念势力”的社会生活的制度层面和信仰层面如何共同作用（虽然常常以出乎意外的方式并具有未曾预期的后果），从而产生出这些制度、规则和文化规范，而作为个人的我们正是通过这些东西，创造了我们共同生活于其中的社会世界，同时也被这样的世界所造就。托尼对于这一切的理解可以说是无与伦比的。 xi

也许正是出于这样的理由（而不是出于某些当代学者可能称之为托尼作品中“较少理论化色彩的”本性），所以他的著作今天仍然被人讨论，仍然被人广泛阅读。1932年出版的他的著作《中国的土地和劳工》，今天仍然被农业问题的分析家认真拜读，所有研究这个问题的学者在资料来源方面，甚至更重要的在分析方面都不可能跳过这本书。他的第一本，而且可能是他最伟大的著作，是出版于1912年的《16世纪的土地问题》，该书被很多人认为是20
xii 世纪英国最好的历史著作。他日后研究的主题是：资本主义农业关系的发展如何改变了英国农村及农村之外的社会关系，这本书为他的研究奠定了基调。

使托尼在美国享有盛名的两本著作是：《宗教与资本主义的兴起》(1926)和《贪婪的社会》(1920)(这两本书直到20世纪70年代仍然在纽约的高中被教授)。这两本书至今仍像刚出版时一样被人们以不同的方式广为引用。这两本著作讨论现代伦理及其规范和方向发生、发展的不同“契机”，如果你愿意，也可以说它们讨论现代资本主义社会中组织生产和交换关系的“游戏规则”得以发生和发展的不同“契机”。以下引文可以说明很多问题，它的雄辩和权威直指当今许多关于生产关系这个主题中争论不休问题的核心。

> 在今天所谓的产业和职业之间的区别非常清楚，非常明白。前者的本质在于，它的唯一标准是它为股东提供的金融回报。至于后者，虽然人们也是为了谋生才进入这些职业，但是，衡量他们成功的尺度则是他们履行的服务，而不是他们积累的财富。他们也可能变得很富裕，如一个成功的医生那样；但无论是对

> 他们本人还是对于公众，他们这些职业的意义不在于他们是否赚钱，而在于他们创造了健康、安全、知识、良好的治理或良好的法律。他们靠这些职业获得收入，但他们并不认为凡能增加他们收入的行动都是好的。如果一个鞋子制造商退休时积下50万英镑可以被认为获得了成功，不管他的靴子是用皮革造的还是用牛皮纸造的，但是，如果一个公务员做了同样的事情就要遭到起诉。[①]

目前我们遇到具有讽刺意味的事实是，托尼在80年前的目标是把尽可能多的生产关系和产业角色放到“职业”的逻辑和体系之中，但在今天，越来越多的职业（无论是学 xiii
者、律师还是——对所有相关人员而言最可悲的是——医生）都被按照计件工作和仅仅为利润工作的思路重新定义。20世纪末全球经济的重建，涉及按照兼职就业以及随市场波动雇佣和解雇工人而不是支付固定工资的方式重新为劳动力下定义，这种情况肯定会引起托尼的憎恶，因为他在20世纪20年代就深信，经济问题中这样一种“令人憎恶的假定”正在失去人们的认可。可悲的是，过去80年所发生的这一切，却让我们在某些问题上的立场与20世纪初并无多大距离。

但在这些问题背后，作者却清楚地看到当代社会科学所忘记的许多问题：比如，不同的社会角色对于行动具有不同的评价、不同的偏好指向（采用社会选择理论的语言），它们被社会地、历史地构造起来，因此，并不能将效用最大化的行动简化为仅仅满足物质的需求。[2]今天的社会科学从业者们都费尽心机根据个人和社会的本性(托尼认为它们是第二性的)得出认识论的假定，这种社会科学常常迷失了自己的研究目标。

然而，正是这种目标，以及托尼清楚意识到的对我们的道德要求，使得他同当代社会“科学”的学者们保持了距离。“人就像一只欢快、淘气的猿猴，把上帝的形象撕得粉碎”，托尼用这样的话语描述他和他的战友们在对索姆河发动的第一次战役中的模样(在这次战斗中，托尼的胸部和腹部严重受伤)。[3]正是对于人的这种理解——根据上帝的形象创造而成——我们可以在托尼的所有著作以及他对于历史学家的天职的理解中找到。他的著作《16 世纪
xiv 的土地问题》是特别为工人教育协会的两个官员而作，他和这个组织的联系长达半个世纪(从 1928—1945 年他担任这个组织的主席)。[4]托尼一直致力于“服务”，致力于社群的需求，以及他自己(也许非常英国式的)要求其信徒用极大的道德热情去完成自己的社会义务的伦理社会主义思想的源泉，这一切都可以在他自己的宗教信仰中找到，因为他相信

> 现代世界的毛病在于，既然已经不相信上帝的伟大，因此也就不相信人的无限渺小(或无限伟大——这两种说法是一回事！)，于是，它就不得不去编造或强调人与人之间的差别。它并没有说“我说过，‘你们是众神！’”它也没有说“众生皆草”。它既不能升

到顶端，也不能降到底部（在被叫做乐观主义或悲观主义的精神极度兴奋状态中可以发现这两种状况）。这个世界只是说，有些人是神，有些众生是草，前者应该靠后者为生（再加上鹅肝馅饼和香槟），但这是错误的。因为，使人高贵或者低下的因素，使人从一种角度看是天使而从另一种角度看不过是猿猴的因素，并不是个人所特有的，而是整个人类的特性，这种因素不能在人与人之间作出区分，因为它正为人类所固有。⑤

这种思想同现代社会科学的旨趣相去甚远，但却值得我们好好思考，而且并非仅仅因为表达这些思想的文字既清晰又优美。

理查德·亨利·托尼生于1880年，死于1962年，他被认为是一个道德学家，如果不说他是一个“圣人”的话——比阿特丽斯·韦布在日记中就用圣人这个词来描绘他。⑥在托尼逝世后的纪念仪式上，工党领袖休·盖茨克尔致词时“非常客观地”描绘他“是我所认识的人中最好的”，然后他讲了一个故事，说有一天一个朋友对坦普尔主教说，“我们需要的是更多像托尼这样的人。”主教则回答：“没人比得上托尼。”⑦

托尼生于维多利亚时代（事实上是英帝国时代）印度加尔各答的一个富裕中产阶级的家庭（他的父亲是一个梵语专家，一直是印度教育服务机构的成员，并担任总统学院的院长），他在英国拉格比受教育，后来进入牛津大学的巴 xv

利奥尔学院。[8]虽然具有维多利亚时代的背景，托尼这一代人的特征却不仅在于遭遇过索姆河战役和马恩河激战的恐怖，而且对维多利亚时代的虔诚信仰进行了批判并且日益投身于“社会问题”（这是20世纪初开始使用的名词）。也许更重要的是应该注意到，托尼从1903年离开牛津、住进伦敦东部一间大学宿舍开始工作的那一刻起就决定，要把自己的生命和学识都贡献给这项事业。到1905年，他已经把自己的精力投入工人教育协会的工作，1906年他参加了费边社，1909年参加了独立工党。终其一生他都在从事新闻、政治和公共生活的工作（他曾经于1922年两次参加议员的竞选，但均遭到失败）。托尼于1920年在伦敦经济学院得到一份教师工作，他在那里一直干到1949年（虽说到后来担任的职务有所减少）。终其一生，托尼在政治上都很活跃，尤其在20世纪20年代和第二次世界大战之后的英国，在这些年代，他成为英国工党主要的思想导师。在这两段时期之间（20世纪30年代）他在伦敦经济学院和工人教育协会从事教育工作取得重大成就。

托尼没有把他的学术生涯同他的公民身份、或者更确切地说同他的公民职责分开。事实上，这两者互相依存，而且都建筑在同样的道德基础上，正是这种道德基础使他的生命和著作成为一种典范，并且在整个20世纪对许多人产生了影响。在《16世纪的土地问题》一书的前言中，托尼感谢“织工、陶工、矿工和工程师们友好的影响”，他从他们那儿获得了理解经济学和历史所必需的教育。[9]

更典型的是，他所发表的全部文章，包括数百篇关于历史、宗教、产业、一般政治学的文章和杂文，其中有相当 xvi
多的文章都和教育问题有关(204 篇)[10]。

托尼在英国教会和工党内部都广受尊重，具有很大的道德影响力。他的伦理观扎根在对这两种传统令人羡慕的综合之中。[11]事实上，他明确拒绝了工党内部更为马克思主义的思潮，例如 H. M. 海德曼(Hydman)和社会民主联盟所提出的思想。[12]托尼认为，马克思主义具有它想医治对象的同样毛病 [用卡尔 · 克劳斯(Karl Kraus)关于心理分析的术语] 。马克思主义把物质考虑当作人的生活、希望和潜力的基本内容，这样就把人给贬低了。托尼曾经提到："马克思主义的社会主义者不够革命。"

> 他们说，资本主义社会应该受到谴责，因为工人没有得到和他们的产出相同的东西。工人确实没有得到，但为什么工人应该得到和他们的产出相同的东西？他们对资本主义精神的真正谴责只是在于提出，人应该得到他们所生产的东西。好像我们仅仅就是一个金矿的股东，应该按照我们持有的股份得到报酬一样！这是一种野蛮的、非人道的、可怜的教条，如果用它们来衡量不朽的灵魂就会贬低它们，因为它们在经济上并没有什么用。上帝禁止用这样的教条来衡量灵魂！[13]

托尼认为，社会秩序的存在有赖于对义务的承认，因此，他不能够接受对人的意志和动机作这种唯物主义的，并且是简单的、单向度的简化。[14] 道德是一种信念，这种信念认为，“每一个人都具有无限的重要性，因此，不管出于何种权宜之计的考虑，都不能证明一个人对另一个人的压迫为正当”，因此，道德本身就必须以相信上帝为基础，用上帝作为互助、和解和义务的标准。有些读者可能注意到，如果这种立场用英国经验主义、古典主义、英国教会神学的语言而不是用列维纳斯自己的塔木德经式的论证方式表述，那么它同伊曼纽尔·列维纳斯（Emmanual Levinas）的立场就没什么区别。

托尼拒绝马克思主义的社会主义，并非仅仅出于政治
xvii 的考虑。从更大程度上看，这更是对现代哲学人类学的拒绝——这种关于人的存在的理论建筑在后休谟的唯物主义信条、对利益和欲望满足的算计的基础上。托尼本人就注意到：“幸福和满足的源泉不在于人满足愿望的能力，而是在于人以道德上的认可或满足来看待自己和他人在社会中的地位的能力。”[15] 从这点出发就可以得出同样重要的推论，“可以被人称为‘满意的社会制度’，基本上同物质环境没什么关系。后者本身并不能带来前者，因为这两者并非同质的材料。你不可能**仅仅**通过把物质财富一点一点增加到几百万而建成良好的社会。社会问题并不是一些**数量**问题，而是涉及**比例均衡**的问题，并不在于财富的**数量**，而在于你的社会制度所具备的**道德正义**”（着重号原文就有）。[16] 当然，如果你愿意，也可以把上面这些话用相对贫困（relative deprivation）理论的术语重新表述。毫不奇

怪，托尼本人也注意到，“如果外部政治秩序和人关于正当的主观认识之间出现严重矛盾，就会出现社会革命”。[17]但是，问题的真正关键在于，正是正当、正义概念，如今被社会学家和政治学家称作**合法性**的基础，才是社会秩序的核心，而并非仅仅是物质产品的获得（或分配）。相对贫困理论所说的意思基本相同，只不过因为它转述成基本唯物主义的术语，因而丧失了它的力量和唯一的重要性。因为，在这样一种唯物主义层面上，正如托尼本人在《贪婪的社会》一书中所阐明的：“除了无限，任何东西都不可能带来满足。”[18]

这些就是把社会问题当作比例均衡问题所包含的思想：关于合法性、公共物品的提供等盛行一时的术语，分配正义的规则，目前关于政府津贴、福利、公共教育的质量、劳工法等问题的争论（如今已成为全球经济的问题，超越了所有的边界和洲界）。所有这一切问题完全都是比 xviii
例问题，是决定被社会学的交换理论说成是关于交换的“公平”或“公正”比例的问题。在通常情况下，这些“比例”并非光由市场力量设定，并非仅仅由供求曲线的交叉点决定，这种比例同样要通过超越并先于市场的关于正确和错误的思想来决定，这种观点早就被埃米尔·涂尔干（Emile Durkheim）说成是社会生活中的“前契约”因素，这就是说，这些法律和规范本身决定了市场的结构和运作，而不是它们被市场所决定。这些被人类学家称为产生交换和和解原则的原则本身，就是社会中被认为公正、公平、合法或托尼可能称之为“道德”的标记。它们扎根在超越了交换或劳动分工的秩序之中，在这种秩序提出的义务之中。

托尼认为，这些要求的源泉和重要意义不容怀疑。然而，在他同时代（以及我们现代）的政治讨论中非常缺乏这样的要求，在他看来，这是我们社会状况中非常令人不安的方面："现代政治学关心的是，如何操纵各种势力和利益。由于缺乏道德理想，现代社会陷入了病态。试图用政治学进行治疗，就好比在一个快要饿死或被污浊的空气毒死的人身上进行手术试验。"[19]

身处罗斯金（Ruskin）和威廉·莫里斯（William Morris）这些思想家的传统之中，托尼的生活和著作都体现了对人和社会关系的敏感，并且一如既往地对使社会生活成为可能的精细网络、相互义务的联系以及互惠结构非常敏感。社会结构中这许多微妙意义如今被称作人类学的"厚重描述"或社会中重新找到的"文化"重要性，托尼的笔下源源不断流淌出来的原创思想正是对它们的这种深刻理解。从下面他 1941 年的论文《中上阶级的兴起》的引文中，读
xix 者可以发现他大量作品中最丰富的思想：他的比较观，他对历史过程的深刻了解，他对于经济条件（在本文中则是关于资本主义农业和贵族的财政危机）如何改变了社会的制度结构从而为新时代的新"感受结构"让出地盘的理解。

> 随着对峙的加剧，有些东西必须退出舞台。首先退出的是生活中以前曾经占据最重要地位，但今天却

> 已经无法证实其正当性的东西。像“好客”或“持家”这些词，其日常的标示所描述的并不是个人的品质或私人的习惯，而是描述一种半公共机构的性质，这些机构的政治危险曾经是对国家的威胁，这种情况已经成为历史，但它们的社会意义却基本保留了下来。作为一个关系网络的中心，为孤立无援的人提供就业、援助和一个卑微但被认可的位置，大家庭一直扮演着直到昨天仍由中国非正式的家庭共产主义制度所扮演的角色，这种制度的解体带来了社会解析的症状，这种情况恰如远东的西方工业化导致其古代社会框架分崩离析一样。[20]

托尼的华丽文体几乎使其分析的重要意义相形见绌。然而，其思想的一贯性却一次又一次地迫使读者对于我们至今为止一直仅仅当作事实接受的现象进行更深入、更深刻的思考。当托尼于80年前在《札记》中写道：“目前所有研究社会和经济问题的著作都有一种堆积大量事实的倾向。可是光把它们收集起来又有什么用呢？任何魔法都不可能把事实变成原则。”[21]这些话几乎就是针对今天的社会科学说的。

但是，在托尼看来，两者关系是反向的。对事实的评价只能从原则的角度出发，正是他自己关于人的友谊和社群的原则以及这些原则所蕴含的义务在很大程序上指导了 xx
他的生活、工作和政治活动。他对不加约束的资本主义的批判，正是建立在这些原则的基础上，他要考察这种资本主义本原的动力，也正是来源于这些原则。我相信，正是这种对原则的信念才可以解释，托尼为何在他的名著《宗教与资本主义的兴起》开首就引用贝克莱主教的话："无论世人想些什么，如果他很少用心思考上帝、人心和至善这些问题的话，那么，他有可能成为一个钻营得法的利禄之徒，却绝对成不了合格的爱国者和政治家。"㉒

宗教与资本主义的兴起

在他的巨著《宗教与资本主义的兴起》中，托尼的目的是研究"中世纪社会秩序的观念（这种观念把中世纪社会秩序当作结构极其严谨的有机组织，其成员用不同的方式致力于一种精神的目标）是如何分崩离析的"（着重号是我加的）。㉓随后出现的是"把个人当作自己主人的信条"，"根本没有义务为邻人的利益而推后自己的利益"，这种信条当然就是我们这个时代以个人拥有财产为基础、被大家普遍接受的自由个人主义理论。㉔用托尼的话说，这样一种关于社会的观念就是把社会当作"股份公司而不是有机组织，而股份持有者的责任是极其有限的。他们加入这个公司是为了确保永恒的自然法已经赋予他们的权利"。㉕

这种本质上属于18和19世纪对于社会的看法当然也是我们当代的观念，这种观念以道德自主、享有权利、拥有财产的个人作为一切社会秩序观念的源泉。这是把个人而不是把社会团体当作交换关系新中心的观念，更重要的是，这种观念保护上述个人的自主和自由，从而规定业已形成的交换的原则或规范这种交换关系的前契约原则。这种把个人当作无条件的交换中心的 xxi
思想从1600年到1800年的时期里逐渐发展起来，最后形成了19世纪古典自由主义的绝对放任主义信条，这种信条认为“对别人的人身、财产和选择”的相互尊重在事实上使得合作(社会秩序)成为可能。[26]我们应该注意到，正是这种个人主义道德思想，以及从个人的选择中产生合作的思想，被认作使社会成为可能的基础，而并非是对超越这种最低一致性的道德秩序的共同信奉才使得社会成为可能。这就是古典的19世纪绝对放任主义的合同法思想原则。下面摘录的法学家P. S. 阿蒂耶(P.S. Atiyah)关于这种教条的法律因素的引文，将为我们展示这种关于人的相互关系新的社会理解，这也正是托尼研究的问题：

> 私人各方根据自己的条件制定自己合同的自主权是古典合同法的关键要素。在合同法的每一个角落都可以找到它的影响……自由选择，以及合同是向当事人的意志施加影响的工具，这些思想中包含的重要意义对于法庭理解合同法的作用具有重大影响。法律的基本作用是纯授权性的，而法庭的作用仅仅是通过搞清楚订约双方已选择做的事情的含义来解决争端。认为法庭可以独立作为一个讲台来调

> 节权利或解决争端的想法同这种新的观点根本不一致。[27]

正是这种关于社会和个人存在的观点使得托尼感到非常不安。他认为这种思想在道德上是可耻的，从经验角度看则犯了方向错误。按照托尼的看法，作为一种关于自我和社会的哲学，这种观点的基础是从英国内战之前开始形
xxii 成，直到王政复辟时期才得以完成。[28]托尼自己关心的问题是，理解这种新教条在现存关于自我和社会的思想中包含的转变，不管目前的现代理论和后现代理论如何声称，这种转变一直是作为人类文明组织特定形式的现代性的规定要素。

如果我们换一个稍微不同的侧重点，并且借用另一个历史经济学家和社会学家(托尼的著作经常被与之相比较)马克斯·韦伯的术语来说，托尼试图分析的就是经济伦理学的发展。正如S. N. 艾森施塔特(S. N. Eisenstadt)所解释的，“经济伦理学必须处理一种‘宗教’或‘伦理’指向的普遍模式，要对建筑在既定宗教或传统基础上的特定制度进行评价，这些宗教或传统涉及宇宙秩序，涉及这种秩序与人和社会存在的关系，从而也涉及这种秩序和社会生活组织的关系。因此，‘经济伦理学’在某种程度上就是一种‘准则’，一种普遍的‘规范’指向，是规定或规范具体实际社会组织的‘深层结构’”。[29]虽说我们(在进行分析的时候)可以绕过这些作为“计划”或“规范”的单因概念，但艾森施塔特所描述的其实就是《宗教与资本主义的

兴起》所讨论的问题。该书关心的伦理指向问题，对于发展经济交换、分配社会资源、建立政治组织的形式而言至关重要的是“个人主义”，托尼努力向我们说明，这种个人主义的出现正是基督教欧洲的政治和社会信念中发生的重大改变。

因此，托尼追踪的是一种思想革命，这种革命使得一系列特定的实践成为可能。在这种革命表现得十分明显的领域中就包括自然法，托马斯主义在自然法中把理性、启示和关于社群的统一概念综合起来，用以追求上帝的目标，而这种观点被推翻了。托马斯·阿奎那的统一原则（*principim unitas*）概念将社会中相互冲突的力量导向一个 xxiii
共同的目标，它是唯一的实体，受到巧妙融合在一起的自然和神学法则的规范，因为这两种法则都来自神圣的源泉。因此，在托马斯·阿奎那的思想中存在着社会制度和基督教道德的和睦相处。国家和政治制度被假定为人类道德秩序的自然表达（其实是它的自然体现）。这种思想的结果用恩斯特·特勒尔奇（Ernst Troeltsch）的话说，就“使人能够把自然社会制度看作似乎直接来自基督教的道德法则，于是，早期教会关于此岸世界和彼岸世界、社会生活和教会之间的冲突就被直接克服了”。[30]

然而，阿奎那制定的教会社会哲学却并不能克服古典自然法教义和超验的基督教律法来源之间一直存在的不相符，这种不相符最终是因为自然法和以神的恩典为依据的基督教道德观之间存在着矛盾。[31]一旦它们被假定为更广义的自然和神恩之间的对立，那么这种对峙的解决就唯有通过统一的、基督教的社会秩序才能达到，这种秩序既把自然和神恩整合在一起，又克服了它们之间的二元性。这确实是托马斯伦理学的伟大天才，它通过这样一种举动既把基督教中自然和神恩之间长期存在的矛盾绝对化，又通过结合亚里士多德的理性思想和新柏拉图的神秘主义提供了调和两者的手段。[32]一方面，经过整合的托马斯主义体系的伦理学假定，理性和自然法是实现基督教道德观的关键步骤。另一方面，它又设定理性和自然法的地位低于神圣的、神学的、神奇的神恩领域。在托马斯主义的体系中，神的律法并不同(现存政治秩序的)自然法律相矛盾，
xxiv 也不会使它丧失作用，而是对它进行补充。因此，政治秩序及国家的目的和目标就同神的律法的目标、同强化基督教道德目的的目标紧密联系在一起。

路德宗教改革倾覆的就是这种精心构筑的大厦，托尼热切关注的正是它的后果，或者说是宗教改革未曾料到的后果。他关心的问题主要是，这种中世纪伟大的综合理论的解体如何以一种方式改变了经济信条，从而“不再怀疑整个经济动机的世界与精神的生活格格不入，不再认为资本家必定以其邻人的不幸作为自己发财的基础，也不再认为贫穷本身值得赞美……它也许可以说是第一种承认并欢迎经济美德的系统的宗教教义”。[33]托尼认为，导致这种对待商业、贸易和金融生活态度发生改变的因素并不是宗教改革的经济成分，或者说加尔文主义思想(托尼认为路德基本保持了中世纪学者的态度)，而是对待生活的宗教态度发生了根本性的重新定向，也就是上面提到的经济伦理

的重新定向。[34]发生改变的正是迄今为止感受此岸世界和彼岸世界关系的方式。正如托尼所说："神恩不再使自然更加完美，而是成了它的对立面。"[35]这种关于社会生活和政治生活组织的纯"神学"思考的派生物正在欧洲蹒跚前行。我们引用一段托尼的长文：

> 既然拯救是由并且只能由神恩在内心的作用赋予，曾经作为个体灵魂与其创造者之间中介的整个安排有序的宗教组织(神授的教会等级、系统化的活动、共同的机构)的作用就一下降低了，成为亵渎上帝的职业宗教的琐事。中世纪的人们曾经认为，社会秩序就是一种高度系统的有机体，有机体的成员以不同的程度为一种精神目的作出贡献。这种概念分崩离析了。而且原先作为一个大统一体内部的差异的区别，现在处于不可调和的对立之中。神恩不再使自然更加完美，而是成了它的对立面。人作为社会成员的行动，不再是他作为上帝之子的生命的扩展，而是它的否定。世俗的兴趣不再具有(哪怕是间接地)宗教的意义：它们可能与宗教竞争，但是不可能充实它。关于行为的详细规则(一种基督教的是非鉴别学)既不需要、也不可靠。基督徒有《圣经》和他自己的良知的指引就足够了。在某种意义上，世俗生活与宗教生活的区别已经消失。可以说，隐修生活被世俗化了；从此所有的人在上帝面前处于相同的地位；这一进展包含了此后一切革命的萌芽，它是如此巨大，以致其 xxv

> 余的一切都显得无足轻重。在另一种意义上，这种区别变得比以往任何时候都更深刻。因为，虽然一切都可能被圣化，但只有宗教的内心生活能够分享圣化。世界被划分为善与恶、光明与黑暗、精神与物质。它们之间界线分明；人的努力无法跨越其鸿沟。[36]

于是，随着基督教理论丧失其规范基督徒在俗世活动的作用，一套新的制度和象征的约束体系取代了它们的位置，因为，维护基督教道德的任务已经从神学机构转移到了国家的手中。[37]在自然法领域，这种规范机制和机构的转变，体现在现代自然法理论的发展，我们可以在格劳秀斯(Grotius)(《战争与和平法》*De jure Belli ac pacis*，1625)、普芬多夫(Puffendorf)(《自然法和万国法》*De jure Naturae et Gentium*，1672)、布拉马基(Burlamaqui)(《自然法原则》*Principles due Droit Naturel*，1747)、瓦特尔(Vattel)(《万国法》*Droit de Gens ou Principes de la Loi Naturelle*，1758)等人的著作中看到这种发展，这些著作都把自然法的理论同基督教和神学基础相分离，把它们建立
xxvi 在理性教义的基础上。这种把自然法的原则建立在理性结构基础上的做法，显然是为了在古典自然法理论和现代自然权利的政治原则之间架设一道桥梁。18世纪对理性神学的诉求，正是超验层面没有完全去除的表现(例如自然神论所说的自然之神)。后来的发展把自然法的原则完全建筑在纯理性的基础上，结果导致了它的日益形式化，并且恰好丧失了它的超验性质，而这种超验性质正是其两千年

来作为道德规范的根据。托尼在他的政治活动中与之作斗争的，正是这种后来发展产生的影响，他那些关于 16 世纪和 17 世纪的理论著作研究的就是这种发展的历史根源。

为了不使我们的思想在这个问题上跳跃得太快，我们必须对有关社会团结一致问题的更早的变化驻足思考一番。因为，正是人和人之间联系的界定和意义问题的变化，才使托尼明白如何去寻找资本主义经济实践的起源（它们也同时为我们提供了一种结构背景，帮助我们理解上面提到的建筑在自主个体公民的绝对价值基础上的法律形式主义）。

受加尔文主义的影响，按照宗教改革派别中的社会身份进行重新定义的基础是，强调《圣经》的第一性地位，并且重新强调神恩，而不是自然法的控制才是个人和集体存在的根据。加尔文主义否定了从外部运用神恩的效验，认为自愿遵守上帝的律法是基督徒生活唯一真实的基础。[38]因此，新的理想秩序、新的普世论的基础就只能是自愿追随基督的“基督徒”的“圣洁的团体”[39]。对于团体的这种新规定，是为新的基督教社会的理想典范构成基础。因此，基督教团体的界限并不在于共享圣餐和圣饼，而是使每个个人的意志普遍地、自愿地服从上帝的意志。通过自愿参与到基督的教会，一种新的团体就此得到规定，这种团体就像早期教会一样，它既存在于旧的团体之 xxvii
中，又同旧的团体相区别。用加尔文的话说：“信奉神的人的职责是避免同邪恶接近，不使自己同邪恶发生任何自愿的关系。”[40]这样的行动规范导致在一个团体里区分出两种不同的领受圣餐者：“一边是真正的、有信仰的、积极的基督徒，另一边则是一些仅仅名义上的、尘世的基督徒。”用特勒尔奇的话说，这样就造成了“从不纯洁的领受圣餐者中区分出纯洁的信徒”。[41]

真正基督信徒团体的自愿本性表现在，其成员认定自己与该团体的关系是与上帝立约的、两相情愿的。通过这样的教义，加尔文主义的思想为打破基督教团体现存的团结一致做好了准备，并为人与人之间的联系设定了一套新的关系——用唐纳德·凯利(Donald Kelley)一针见血的话说：“就仿佛是把血缘升华为信念。”[42]通过这样的做法，社会的本质得到了重新解释，这项工作主要是那些被玛丽女王放逐，在伊丽莎白时期回归英格兰的宗教改革团体进行的。

都铎王朝时期，英格兰的清教徒之间订立的“誓约”比任何其他社会行动更好地提供了一种基础，从而可以根据新的社会组织模式修订社会生活关系。[43]在16世纪后期和17世纪初的誓约派团体和“聚合教会”中，英格兰清教不同团体奠定了彻底重组集体生活原则的蓝图。[44]

这种新的社会秩序观点包含的社会学含义已经被很多历史学家证明，这些人包括威廉·哈勒(William Haller)、帕特里克·柯林森(Patrick Collinson)、威廉·亨特(William Hunt)和J. G. A. 波科克(Pocock)，因此，我们只需要在这里把他们的观点概要叙述一下。[45]一方面，它们表现为一种新的宗教表述模式，其特征是由非神职人员进行布道、“预言”以及后来被称为“热情的”大众虔敬的宗教笃信和不在教会机构内展示神恩。[46]在社会组织层面 xxviii 上，由分享圣餐者订立誓约的做法主要意味着同现存的教会和社区等连接纽带的决裂。[47]通过一起订立誓约，清教徒还和现存社会主要的制度联系中心——教会、村庄或教区——相分离，从而也与英格兰社会流行的社会身份相分离。[48]通过放弃从国家和神学角度对英格兰教会的忠诚，同时又发展出一套新的信奉、忠诚，并把自己的身份确定为追求新的精神和道德生活而用誓约结合在一起的个人，这些就是在构建新的集体意义和身份方面的根本要素。[49]

在对集体生活的本质和社会纽带进行重新组织和重新规定的过程中，发生改变的并非仅仅对集体生活划定界限，作出规定。也许，具有更重要意义的是，新教宗派成员通过誓约新形成的团体中，各成员之间关系在本质上产生的改变。正是在这个问题上，托尼的著作对那些完全按照韦伯传统进行的研究增加了重要的视角。因为，当这些学者强调这种对此岸活动的救世效应作的新解释是新生产关系的动力时，托尼却为我们指出了一种略有不同的方向。

社会学讨论中更具有韦伯传统的学派强调，加尔文主义把世俗领域带进神恩，从而就为联合此岸世界和彼岸世界的指向和活动开辟了道路。这种转变在某种意义上颠覆了占主导地位的制度化了的神授能力的模式，这种转变扎根于那种“内心世界的”或“在尘世的禁欲主义，这种禁欲主义合乎逻辑地、全面承认一切世俗手段，但同时又把它们降低为只是一种手段，本身不具备任何价值，这样，通过使用一切可以运用的手段，圣洁的国度就可以被建立起来”。[50]于是，在人世进行的活动又一次变成了拯救的
xxix 手段，变成一种合法的救世场所，这种转变的核心是由加尔文主义在西方基督教王国的象征领域中产生的。在中世纪天主教的欧洲，从神学角度看，唯一合法的“终生职业”就是修道院的圣职。韦伯和其他学者已经注意到，宗教改革的重要性主要在于“为世俗生活赋予一种新的宗教生活的命令，以此作为‘基督徒机会’的领域”。[51]因此，唯有通过宗教改革，世俗的职业才被赋予宗教合法性，并且被当作通往拯救的可能通道。

这种更为强调此岸世界、根据拯救来“证明”整个人生和他日常生活的指向，显然是韦伯著名的新教伦理的核心。劳动作为一种“天职”，强调生产而不是消费，此世的禁欲主义，以及“对消费、尤其是奢侈的消费进行限制”，这些就是我们所了解的韦伯《新教伦理和资本主义精神》的主要论题。[52]所有这些观点，以及马克斯·韦伯对得救预定论(作为对这种尘世活动和指向的一种激励)未曾预料的后果进行的更深奥一些的社会—心理学讨论，都已众所周知。

与此相反，托尼感兴趣的是不同的动力——较少关注个人动机，更多关注社会伦理和行为。他关注的正是加尔文教义极其内向性的特点——认为唯有“内心生活才能分享圣化”的信念——如何导致新的商业伦理和商业行为的发展。[53]在某种意义上可以说，他的论题更接近本杰明·

纳尔逊(Benjamin Nelson)的观点(虽说他对托尼持批判态度)。纳尔逊讨论了普遍他在性的出现，相互责任的解体，“经济利益同伦理兴趣的分离，因此商业事务应该让商人来解决，不受古道德或关于公共政策错误想法的干涉”的原则。[54]我们也许应该注意到，纳尔逊同意托尼赞同是非鉴别学在中世纪经济思想中所起的作用，但却猛烈批评托尼把路德的思想理解为“在经济问题上不加保留的后退”。[55]因此，纳尔逊基本拒绝了托尼的观点，他声称自己赞同韦伯的观点，但我却敢说，他并没有完全理解托尼的观点同韦伯的观点既有交叉又有分歧的那些分析的——同纯粹的历史研究相反——领域。我们将在后面看到，这种以神学为依据的新的“他在性”感觉、人通过变成他人从而成为弟兄的转折正是由纳尔逊的著作令人信服地建立的。 xxx

对于托尼来说，作为社会形式的现代性的本质在于贵族和农民“基督徒共同利益”的解体，因为在他们看来，相互义务妨碍了把“赤裸裸的利害关系和冷酷无情的现金交易”作为人类关系的唯一源泉。[56]因此，托尼用赞同的语气引用马克思《共产党宣言》中关于资本主义文明的现代倾向就丝毫不会令人吃惊。托尼用类似马克思的(或许更有先见之明的)预言口吻以一种哀叹总结了这种发展：

> 最崇高的理论也难逃自己的阴影。……强调个人需要对自己负责、没有人能够拯救自己的弟兄、宗教的本质就是用自己的灵魂同上帝接触，这种观点是多

> 么正确多么不可缺少！然而，这种强调却又非常容易
> 从真理滑到一种设想，即认为社会不存在责任，没有
> 人能够帮助自己的弟兄，社会秩序及其后果甚至都不
> 是人们藉以向更高点攀登的支点，而是一种外在的、
> 疏异的和不相关的东西——从最好的角度看，它们同
> 人的精神生活漠不相干，从最坏的角度看，它们漠视
> 文化领域，漠视对工作的依赖，从而会扼杀灵魂，使
> 灵魂陷入昏睡状态！强调上帝的王国不存在这个世界
> 的同时，清教并未成功避开以下假设：这个世界并
> 不是上帝王国的一个部分。这种关于社会制度和精神
> 生活对立的错误反题，后来统治了英格兰宗教思想整
> xxxi 整两个世纪，它在个人灵魂的私人领域确立了宗教的
> 最高地位。但这种错误反题的受骗者却仍然对其放弃
> 社会发出些许满意的叹息。[57]

读者可以在这里发现托尼与马克斯·韦伯关于宗教与现代性关系的不同强调，而且托尼的观点似乎更加具有持续性，更加与当代具有相关性。因为，正是这种个人主义的指向，尤其以后期自由主义面目（绝对放任主义或其他类型）出现的个人主义指向一直备受争议，这种个人主义指向与社会责任、共同相互义务的关系，直到 20 世纪将近结束之际仍然是学者争论和政治斗争的焦点。

过分强调托尼和韦伯对宗教在资本主义发展中扮演角色的不同看法也许不妥，因此，更好的做法是，承认托尼从事一种主要是“韦伯式”的事业，他要研究和评价一种

宗教对世界的反应形式——我们应该记得，这种宗教反应形式在韦伯自己关于宗教社会学的分析中起过多么重要的作用。[58]然而，在两者的分析中确实存在重要的差别，这种差别直指宗教和世界的关系这个核心问题。

韦伯对清教和资本主义经济指向的发展之间关系进行的分析自有根据，其依据可以被说成是，包含在禁欲主义—新教宗教思想范围之内的此岸世界和彼岸世界紧密交织的拯救模式。正如S. N. 艾森施塔特指出，正是新教宗教理论中这种此岸世界指向构成了韦伯理论的中心支柱，他认为，也正是因为这种支柱，才允许在新教思想内部对基督教传统不断进行重新定义和重新阐述。[59]

按照这种解读，新教的转变潜力，尤其在有关商业和贸易事务方面的转变潜力，建筑在个人同神的新的、直接的关系上，建筑在极其强调个人的行动和责任上，这两者都同“此在世界性与超验主义的牢固连接相连系，这种连接把个人的行为引向尘世的活动，同时又不通过仪式使其神圣化，比如通过神秘的联盟或各种仪式化的行动使其成为宗教完善或价值的最终要点”。[60]这些就构成了“禁欲主义的内在世界形式”的基础，从而使得“个人主义的理论和个人的自我利益同样可以用来维护和宣传‘资产阶级’的清教伦理(当然也会产生其后果)”。马克斯·韦伯清楚地说明， xxxii

> 最重要的并不是一种宗教的伦理教义，而是伦理行动的形式受到重视……清教认为，行动是某种秩序

> 井然的、理性的生活方式，这种生活方式——在某种条件下——为现代资本主义精神铺设了道路。重点在于在上帝面前“证明”自己获得了拯救——我们可以在所有清教宗派中发现这点——并用在清教派别内获得自己社会地位的方式在人面前“证明”自己。这两个方面都是互补的，并在同一个方向起作用。它们有助于提供现代资本主义的“精神”，它所特有的精神气质：现代资产阶级中产阶级的特质。[61]

因此，韦伯强调的是某种特定品质的发展，我们已经把它称为资产阶级的特定品质，这种特定品质受到禁欲主义—新教主义救世学教义的支持，于是，又反过来继续促进了资本主义经济和资本主义企业活动的发展。[62]这些思想最清楚地表现在“得救预定论派生的心理状态”，在其信仰者中造成的巨大焦虑，以及“催促他们以强制的方式用尘世的行动证明自己是上帝的选民”这种后果上。[63]用韦伯的话说，成功实现这些行动将会提供对“他的价值和得到神恩”的证明。[64]

因此，马克斯·韦伯在他的分析中所发展的是一种充
xxxiii 满尘世行动，并通过这种行动在清教选民中出现新行为方式的救世效验观点。托尼所强调的正相反，是完全不同的因素。他分析的中心是，研究尘世活动如何同救世过程相分离。回想一下上面引用的恩斯特·特勒尔奇的话，即关于神恩和社会制度汇聚在中世纪自然法的综合，我们可以发现，托尼的所有要点就在于把这两个因素分解开，并且

指出神恩法则对于尘世活动组织毫不相干，因为这个领域（再说一次）由于人的努力根本无法跨越的绝对鸿沟而同神恩过程相分离。从这个角度看，我们确实可以在韦伯的思想和托尼的思想之间觉察出一种巨大的对立（虽说我将说明，这种对立更多是表面上而不是事实上的，但指出这种对立还是有帮助的）。韦伯强调此世活动与来世担忧之间新的连接，强调此世活动具有新的意义，可以为男男女女提供新的动力（我们应该记得，这种动力对于发展资本主义企业的活动十分重要）。托尼则刚好相反，他强调这种活动的发展是某种相反过程的结果——并不是此世活动与来世担忧之间新的连接，而是一种更具有奥古斯丁特色的分离，正是因为把社会伦理放到救世活动的范围之外，导致它摆脱了基督教普救论的限制，而这种限制曾妨碍了中世纪的贸易和商业。

初看起来，这种对立确实好像指出一个事实：他们中定有一位“搞错了”——因为这两种观点似乎完全不能相容，对于宗教改革的看法也正相对立。然而，他们观点的相容性却隐藏在上面引用的托尼的话中，托尼发现，在宗教改革内部，“在某种意义上，世俗生活与宗教生活的区别已经消失。可以说，隐修生活被世俗化了……在另一种意义上，这种区别变得比以往任何时候都更深刻……世界 xxxiv
被划分为善与恶、光明与黑暗、精神与物质。”[65]所有研究宗教改革神学的学者都知道，这种二元论不仅是当代思想家企图克服的，同时也是17世纪欧洲和新大陆的宗教改革神学家努力希望克服的。美国公理会清教曲折的进程和最终形成，在很大程度上正是应该归功于这种二元的遗产以及要运用它作为指南根据美国特色建立一个新社会的挑战。[66]确实，在美国公理会的历史记载中，正是1662年的半约制*为所有试图调整清教宗教训条范围的要求提供了尘世和教会之间的制度妥协：一方面是奥古斯丁的二元论，另一方面则是把整个世界建成一个巨大的修道院，清教宗派与之斗争的正是这两种完全矛盾的训条或指向。撇开历史因素，我们可以发现，韦伯的著作是如何强调后一种发展的意义，而托尼强调的则是前一种发展。然而问题仍然没有解决，这两种矛盾的指向如何得以在一种神学理论中被建构起来？对这个问题，我们还是可以在托尼的引文中找到巧妙的答案，他提醒我们，在清教的选民中，“只有宗教的内心生活才能分享圣化”[67]。不是行动，不是善行，更不是社会联系、交换、和解（这些都必须受到基督教教义的规范，并在某种程度上受到爱的训条的规范），唯有内心生活，内在的良心世界和意向领域，才在我们自己的生活中变得至关重要。自伊曼努尔·康德的著作问世以来，这个个人评价的领域获得了超越其他社会生活的道德重要性，这是唯一得到尊崇的领域，它使交换和劳动分工
xxxv 的世界摆脱了基督教的道德考虑。正如托尼令人信服地提醒我们，这也正是从教义角度拒绝用工作获得拯救造成的

* 半约，17世纪北美洲新英格兰地区清教徒实行的政治宗教制度。根据这种制度，曾受洗礼但无悔改得救经验的教友之子女，可受洗礼成为教友，享受政治权利。这些教友称为“半约”教友，因为他们与基督之间所立的约尚不完全。——译者

结果，因为，唯有通过信仰才能得到拯救。

从历史角度看，托尼的观点更加准确，尤其从 17 世纪后半叶和 18 世纪初期清教在英格兰和新英格兰两地日益被人内化和私人化的现象可资佐证。托尼在这里同样为我们提供了在马克斯·韦伯的著作中并不常见的关于禁欲主义—新教宗教发展的理解。更重要的是，托尼清楚地认识到后期的新教同 16 世纪和 17 世纪早期的新教教派形式有很大差别，这种差别在于早期的新教更具有宗派性、共同性和集体性，根本不具备马克斯·韦伯赋予它们的个人主义特性——这种个人主义指向一直要在三代人之后才发展起来。正如托尼在他自己对马克斯·韦伯的批评中指出的："16 世纪的加尔文主义(包括英国的清教徒)都是严格纪律的信奉者，公平地加在后期清教运动身上的个人主义很可能会把他们吓得半死。真正重要的问题在于，导致一种立场向另一种立场变化的原因，韦伯似乎忽略了这个问题。"[68]

如果说托尼的著作有什么特点的话，也许可以说它更加具有历史感，因为它追踪了清教思想的发展，以及早就铭刻在其内部的个人主义指向如何在后来出现的各种构想可能。托尼还认识到(虽说有点隐晦)，把这种个人主义发展成内在自我唯一尊崇对象的关键因素，这种因素是作为一种社会制度的现代性中极为重要的成分，对于我们自己的政治、法律、经济和社会思想都极为重要——这一切甚至在托尼的时代都没有被谈及。因此，托尼对清教教义行为后果更清楚的强调(这些强调更关注的是经济事务而不

是关于自然和神恩等更为“原本的”问题)使他的分析同
xxxvi 马克斯·韦伯的分析分道扬镳，但我希望自己已经说明，他的分析并非必然同韦伯的分析相冲突。

结　论

如同他的著作《中上阶级的兴起》(*The Rise of the Gentry*)一样，托尼关于清教的观点一直是过去几十年中争论的主题。因此，上面提到纳尔逊对他的批判也必须放在马克斯·韦伯和R. H. 托尼的观点这个更大范围的争论中来看待，参与这场争论的人包括H. 卢斯(Luethy)、A. 范范尼(Fanfani)、塔尔科特·帕森斯(Talcott Parsons)和S. N. 艾森施塔特等著名学者。事实上，这场争论的主要情况都被概括在S. N. 艾森施塔特的著作中，该书原来是他在麦克伊佛作的讲座和1965年发表的一篇文章，后来变成他的大作《新教伦理和现代化》。由于先有马克思主义，后有结构主义，现在则有新制度主义和理性人理论渗透到社会科学之中，因此，越来越少的从业者会像这场争论的参与者那样认真看待思想和价值指向在指导行动中扮演的作用，因为它不仅损害社会科学的风格，而且常常(但并非总是)损害社会科学这门“艺术”的实质。

关于16世纪英格兰的中上阶级问题和英格兰内战的原因，托尼的观点激起了包括H. R. 特雷弗-罗珀(Trevor-Roper)、劳伦斯·斯通(Lawrence Stone)、J. P.

库帕(Cooper)以及后来在20世纪50年代研究与托尼相同问题的J. H. 赫克斯特(Hexter)等人参与的激烈的争论和批判。有时这种争论(比如在托尼和特雷弗-罗珀之间的争论)涉及历史分类的细节(比如中上阶级与贵族的关系),有时(比如同赫克斯特的争论)则涉及更抽象更原则性的问题,比如关于历史学家使命的本质,在今天可能被叫做意识形态的作用,以及编撰历史这项事业的灵活态度等问题。在这些常常是激烈的交锋中,托尼始终保持着礼貌、和善的态度,这种态度也许可以叫做认识论的谦虚,我们可以在他对特雷弗-罗珀的批评作的回答中看到这种态度的表达,他提醒我们说:“一个出差错的同事并不是一个可以任你痛打的亚玛力人。”[69]真希望我们大家都能记住这些话,最好能把它作为行动的指南。 xxxvii

无论是关于英格兰内战的起因,还是清教在资本主义发展中扮演的角色,在大多数情况下,争论的焦点常常对准托尼关于符号、思想和价值指向在架构人类生活的组织、制度和物质世界的努力中扮演的作用等问题的理解。托尼在他1905年为威尔逊编的《论高利贷》(1509)准备的导言中就强调了这一点,他强调一套信条在指导个人行动和社会制度的发展方面会产生强有力的影响。托尼对威尔逊的著作最感兴趣的是两大因素在一个人的心中相遇,即一个很有地位的公众人物既操心着基督教的经济原则,同时又释放出新的经济欲望。对这个问题的分析同他自己的著作《宗教与资本主义的兴起》有很多地方交叉。在这两篇东西中，他都非常关心基督教经济伦理究竟如何为一种重要的经济制度(信贷制度)的转型提供了空间，这种制度从一种小生产者的生计手段发展成融资者和商业资本家的国际货币市场。威尔逊和其他传统思想家把信贷作为经济伦理学中一个问题的态度，最终被一种更加中庸的、道德上更加中立(虽说托尼可能会拒绝这种术语，认为它会使非常特殊、非常个人主义的经济利益变得模糊不清)的经济伦理学所取代，正是为了试图把新的生命注入到这种旧的、已经被击败的基督教伦理学之中去，并且把这种经济和社会的观点展示给自己的同代人，于是才促使托尼写了威尔逊文集的导言和《宗教与资本主义的兴起》这些著作。

事实上，正是因为在托尼的作品中发现了这些更加
xxxviii “政治化”或“意识形态化”的工作事项，这才是那些针对他和他作品的批评所包含的要点。[70]因为托尼把自己历史学家的工作在很大程度上当作一种道德事业，作为自己道德倾向和道德努力的表述。在有些人看来，这些就足以指责托尼的作品显然是意识形态而并非科学的研究。我们也可以注意到，也正是这种态度使他的作品同马克斯·韦伯相区别，因为韦伯强调的是社会科学研究的价值中立性立场。[71]

很难说托尼的立场并非更加真诚，相比我们那些把

自己的道德倾向隐藏在认识论谜团和高深莫测的玄虚之中的社会科学和人文科学的从业者，托尼的立场至少要真诚得多。[72]想想马克斯·韦伯“允许”自己在道德中立性问题上采取的例外，他在《新教伦理和资本主义精神》中声称，“这里比较的文化价值相对性问题根本不会被人注意。人类的命运之路当然只会对研究过其中一个片断的人产生吸引力。但他会把自己个人的说明藏在自己心里，就如一个人看见大海或高山时那样，除非他知道，自己被要求并且有能力用艺术的或预言的形式将它们表达出来。”[73]读者会发现，托尼的作品都非常优雅，非常具有艺术性，用一种早已被社会科学家遗忘的风格写成。此外，他那些预言般的号召引起的反响也绝非偏离主题。

最后，作为一个学者和公民，托尼最关心的是这种个人主义教义的社会和经济后果。认为社会由个人组成，个人则被认为只是追求利润最大化的行动者，当今这种交换理论的一整套观点同托尼关于社会和个人的观点正相抵触。因为，托尼把社会主要当做一个道德共同体，通过哲学家查尔斯·泰勒(Charles Taylor)称之为的“强评价”(strong evaluations)联合在一起，通过大家共有的对价值的说明联合在一起。在托尼的世界里，伙伴关系“就是全部”，而他也恰到好处地用威廉·莫里斯《约翰·保尔的梦》中的一段话作为自己1953年名为《攻击》的文集的开头语：“真的，兄弟们，伙伴就是天 xxxix

堂，缺乏伙伴就是地狱：你在这个世界上所做的事，就是为了伙伴的缘故，生命就在其中，应该生存到永远，你们每个人就是其中的一个部分，而很多人的生命将会逐渐消退。因此，我命令你不要生活在地狱，应该生活在天堂，如果必须的话，就生活在这个世界，因为它就是天堂的一个部分，而且并不是其中肮脏的部分。”

使人间更接近天堂，这就是托尼一生的关注，他认为，追求这种目标与历史学家的工作并不矛盾，正如这种目标的命令与他在工党或工人教育协会提供的公共服务之间并不存在矛盾。这是一种信念，符合他的确信，即统治人类社会的是道德律令而不是决定论的或机械论的历史规律。“受到物质条件限制和制约的信念在改变历史的进程中一直发挥着重要的作用。”[74]

对托尼而言，这种伦理行动的道德权威最终将在他的基督教信仰中发现，这种信仰呼唤人们遵从上帝而不是尘世的权力，因为良心的要求和这种权力在尘世经常发生冲突。[75]由于基督教已经被一种个人主义的世俗世界所取代，由于人们的利益、野心、热情、欲望都被释放；由于很少有人提醒人们与上帝相比人类是多么渺小，而他们之间的差别是多么微不足道；因此，要保持这样一种伦理行动所面临的挑战是巨大的。他致力于这件工作，他呼唤读者注意基督教信念关于“人人平等”的“必然推论”，并非“所有人都一样聪明、一样有道德……而是说，人，仅仅因为他们是人，所以具有同样的价值……人类的痛苦必须由社会——也就是伙伴——来承担，为人们提供符合他们需求的东西”。[76]即便在今天看来，这种信条仍然同这位非常谦逊的人首次提出的时候一样激进。

由于缺乏能够把这种理想和价值灌输到现代尘世社会中去的教会(理性或其他类似机构)，托尼把目光转向 xl
另一种机构。正是为了用这种价值的词汇和伦理行动去构建菲利普·塞尔兹尼克(Philip Selznik)称作“具有道德能力”的个人，托尼展望了大学的作用，这大约不会令人吃惊。他用一种和爱德华·希尔斯非常相近的方式认为，现代大学在当今世界负有灌输价值观和维护社会“中心”的责任，所谓中心就是使得社会成为可能的理想和信念的中心。[77]鉴于托尼的很多著作在今天人们的心中仍然不断引起反响，因此，我们让读者来看一看托尼自己关于大学究竟应该是什么的观点也许不会是不合适的：

> 大学的业务有两个方面：维持一种知识标准，以及维持一种道德标准。大学通过保持一种严格的知识学科维持知识标准。至于道德标准的维持，则是通过让所有希望进入大学的人都能够学习大学的学科，绝不仅仅因为有人富有或具有社会影响力就能进入大学，绝不仅仅因为有人贫穷、粗鲁、缺乏社交能力而剥夺他们入学。通过这样的方

> 式，大学就可能成为道德权威的中心。正是这样一种道德权威才是如今英国人最为需要的东西。我们要求：(A) 被教会认清错误和真实之间的绝对区别；(B) 把知识看作和宗教一样，应该超越所有阶级和财富的差别；(C) 从学习的角度看，就如从上帝的角度看一样，所有人都是平等的，因为他们都同样非常渺小。把教育当作赚钱的勾当就等于把上帝的天赐拿去卖钱。[78]

并非仅仅对英国人，也并非仅仅对托尼的时代。

亚当 · B. 塞利格曼

1998 年 1 月

注 释

第一章

① J. B. 赛：《实用政治经济学教程大全》(J. B. Say, *Cours complet d'Economie politique pratique*)，第 4 卷，1829 年版，第 351—352 页。 291

② R. 托伦斯：《论财富的生产》(R. Torrens, *An Essay on the Production of Wealth*)，1821 年版，前言，第 xiii 页。

③ 劳埃德·乔治在波特马多克(《时报》(*Times*)，1921 年 6 月 16 日)。

④ J. A. 弗劳德：《天主教的复兴》(J. A. Froude, *Revival of Romanism*)，载《大题短论》(*Short Studies on Great Subjects*)，第 3 辑，1877 年版，第 108 页。

⑤ J. N. 菲吉斯：《从热尔松到格劳秀斯》(J. N. Figgis, *From Gerson to Grotius*)，1916 年版，第 21 页及以下数页。

⑥ 洛克：《政府论》(Locke, *Two Treatises of Government*)，第 2 卷，第 9 章，第 124 节。

⑦ 尼古拉斯·奥雷姆(1320—1382)，1377 年起任利雪主教。他的《关于货币的起源、本质、法权及交换的研究》(Nicholas Oresme, *Tractatus de origine, natura, jure et mutationibus monetarum*)可能写于 1360 年左右。其拉丁文和法文文本由沃洛夫斯基编辑(巴黎，1864 年版)，其摘要由 A. E. 门罗翻译成英文，载《早

期经济思想》(*Early Economic Thought*), 1924年版, 第81—102页。坎宁安在《早期和中世纪英国工业和商业的发展》(Cunningham, *Growth of English Industry and Commerce, Early and Middle Ages*)一书中(第4版, 1905年, 第354—359页), 以及沃洛夫斯基在他的导言中, 都对其重要意义作了简短的论述。劳伦蒂乌斯·德鲁道菲斯发表《论高利贷》(Laurentius de Rodolfis, *De Usuris*)的日期是1403年; 有关他的交换理论, E. 施赖伯将在他1913年的著作《托马斯·阿奎那以来经院哲学的国民经济学观点》(E. Schreiber, *Die volkswirthschaftlichen Anschauungen der Scholastik seit Thomas v. Aquin*)中作了简短说明(第211—217页)。圣安东尼诺(1389—1459, 1446年任佛罗伦萨大主教)最重要的著作是《神学大全》(St. Antonino, *Summa Theologica*)、《忏悔大全》(*Summa Confessionalis*)以及《论高利贷》。卡尔·伊尔格纳对他的学说作了某些说明,《佛罗伦萨的安东尼诺的国民经济学观点》(Carl Ilgner, *Die volkswirthschaftlichen Anschauungen Antonins von Florens*), 1904年版; 施赖伯: 上引书, 第217—223页; 还有比德·贾勒特的《圣安东尼诺与中世纪经济学》(Bede Jarrett, *Antonino and Mediæval Economics*), 1914年版。巴克斯特著作的全名是《基督教指南: 实用神学大全以及道德案例》(Baxter, *A Christian Directory: a Summ of Practical Theologie and Cases of Conscience*)。

⑧ 参见第4章, 第206页。

⑨ 本韦努托·达伊莫拉:《但丁神曲评注》(Benvenuto da Imola, *Comentum super Dantis Comædiam*)(拉凯塔编), 第1卷, 第579页:"拿高利贷的下地狱, 不拿高利贷的去济贫院。"(转引自G. G. 库尔顿:《从威廉征服英国到宗教改革运动期间的英国社会生活》(G.G.Coulton, *Social Life in Britain from the Conquest to the Reformation*), 1919年版, 第342页。)

⑩ 兰弗朗克:《阐明》(Lanfranc, *Elucidarium*), 第2卷, 第18页(载《行动》(*Opera*), J. A. 贾尔斯主编)。亦可参见《圣圭多尼斯的生活》(*Vita Sancti Guidonis*),《博兰蒂斯特的圣徒行传》

(*Bollandists' Acta Sanctorum*)，夏季号，第 4 卷，第 43 页："不论何处，没有犯罪行为的贸易历来罕见，甚至从未有过。"

⑪ B. L. 曼宁：《威克利夫时代人们的信仰》（Manning, *The People's Faith in the Time of Wyclif*），1919 年版，第 186 页。

⑫ 阿奎那：《神学大全》（Aqinas, *Summa Theologica*），2^{a}，$2^{æ}$，div. I, Q. iii, art. viii。

⑬ 同上书，1^{a} $2^{æ}$，div. i, Q. xciv, art. ii。

⑭ 卜尼法斯八世通谕《论圣徒》（Boniface VIII, *Unam* 292
Sanctam）。

⑮ 约翰（索尔兹伯里的）：《政治家的书》（John of Salisbury, *Polycraticus*）（C. C. I. 韦布编），第 5 卷，第 2 章（"就像普卢塔克所说，能够把公众联合到一起的事情，是那些能够让他们获得神圣奖赏的事情"），以及第 6 卷，第 10 章，那里对这一类比作了详细说明。关于亨利八世的牧师，参见斯塔基：《红衣主教波尔与托马斯·卢普赛特的对话》（Starkey, *A Dialogue between Cardinal Pole and Thomas Lupset*）（早期英文经文学会，特辑，第 32 号，1878 年）。

⑯ 乔叟：《珀森的故事》（Chaucer, *The Persone's Tale*），第 66 节。

⑰ 《论七大罪》（*On the Seven Deadly Sins*），第 19 章（《约翰·威克利夫英文作品选》（*Select English Works of John Wyclif*），T. 阿诺德编，第 3 卷，1871 年版，第 145 页）。

⑱ 约翰（索尔兹伯里的）：上引书，第 6 卷，第 10 章："那么反之，如果上层成员和下层成员能够在公平的法律下相互对待，以至几乎每个成员都能与其他成员如此相互对待的话，一切国家的安全都将坚不可摧。"

⑲ 威克利夫：上引书，第 9、10、11、17 章各处（《威克利夫作品选》，T. 阿诺德编，第 3 卷，第 130、131、132、134、143 页）。

⑳ 参见，例如 A. 多伦：《佛罗伦萨经济史研究》（A. Doren, *Studien aus der Florentiner Wirthschaftsgeschichte*），1901 年版，第 1 卷，第 5、7 章。他的最终结论（第 458 页）是："我们完全可以这样

说：在世界历史上没有一个时期会像佛罗伦萨纺织业的鼎盛时期那样，资本对于既无财产又无资本的手工劳动者的支配权达到肆无忌惮的地步，完全不受道德和法律思想的控制，根本不顾其必然导致的后果，并且使其达到登峰造极的程度。”皮雷纳对佛兰德纺织业所作的描述（《比利时的民主：早期历史》（Pirenne, *Belgian Democracy: Its Early History*），J. V. 桑德斯的英译本，1915年版，第128—134页）与此有点类似。

㉑ 在1298/1299年1月，“木匠们在迈尔亨德”举行过一次“议会，他们手按圣经起誓，共同约定拒绝服从市长和市政官们制定的有损他们行会的命令和规定”，而在接下来的3月份，本着同样精神，成立了一个“铁匠议会”（《伦敦城早期市法院案卷记事录，1298—1307》（*Calendar of Early Mayor's Court Rolls of London, 1298 - 1307*），A. H. 托马斯编，1924年，第25、33—34页）。

㉒ 巴黎的数字是估计的（《美第斯公司史》（*Histoire des Corporations de Métiers*），第3版，1922年，第219—220、224、226页）；法兰克福的数字是比歇尔提供的（《十四、十五世纪美因河畔法兰克福的居民》（Bücher, *Die Bevölkerung von Frankfurt am Main im XIV und XV Jahrhundert*），1886年版，第103、146、605页）。他们不包括学徒，而且不必过分地强调。马丁·圣莱昂的结论是：“在中世纪（不谈佛兰德的那些城镇）还不存在无产阶级，工人的人数几乎超不过甚至赶不上领主的人数。这点是肯定的”（同上书，第227页注）。作为一种例外，除了佛兰德之外，还应加上意大利的城镇，不管怎么说，这句话对于中世纪后期并非普遍成立，当时在德国无疑也有了靠工资为生的无产阶级（参见兰普雷希特：“理解十四到十六世纪德国的经济和社会变化”（Lamprecht, “Zum Verständnis der wirthschaftlichen und sozialen Wandlungen in Deutschland vom 14. zum 16. Jahrhundert”），载《社会和经济史杂志》（*Zeitschrift für Sozial- und Wirthschaftsgeschichte*），第1卷，1893年版，第191—263页），甚至英国也有，虽然规模要小一些。

293 ㉓ 《重要警句详解》（*The Grete Sentence of Curs Expouned*），第

28 章（《约翰 · 威克利夫英文作品选》，T. 阿诺德编，第 3 卷，第 333 页）。这一篇包含着对所有各种团体尤其是行会的广泛谴责，“小手工艺者，诸如自由石匠等等”，还有“零售商、食品杂货商、小酒店老板”，他们“缺德地在一起密谋，谁都不要高于某个价格去买，虽然他们买的东西要值钱得多”（上引书，第 333、334 页）。

威克利夫的论证非常有趣而且非常重要。他的论证是，（1）这种为了互助而成立的协会是不必要的。没有必要用特殊的机构来增进友爱，因为，要不是它们，社区的所有成员必定都会互相帮助：“这些行会中的每个人都必须行的善事便是根据上帝的命令奉行基督教徒的兄弟友爱。”（2）那些团体搞的都是反对公众的密谋。这两个理论的关键都在于维护中央集权制国家的最高权威，并且都将在以后的历史中发挥重要作用。16 世纪的专制主义政治家把它们作为由国家控制行业的论据，以取代行会和市镇起阻碍作用的麻痹状态；18 世纪的个体主义者则把它们作为自由竞争的论据。有关小协会和国家的关系这条思路，从威克利夫延伸到杜尔哥、卢梭、亚当 · 斯密，直到 1792 年立法议会的禁止工会法（“相同地位或职业的公民、工人和一些艺术工匠将不能形成有关他们认为的共同利益方面的规则”），以及英国的结社法。

㉔ 《凯泽 · 西格蒙德对神圣罗马帝国等级体系的改革》（*Kayser Sigmunds Reformation aller Ständen des Heiligen Römischen Reichs*），戈尔达斯特刊印，《帝国法令汇编》（*Collectio Constitutionum Imperialium*），1713 年版，第 4 卷，第 170—200 页。它面世的日期可能在 1437 年左右。J. S. 夏皮罗对此作过简短论述，《社会改革与宗教改革运动》（J. S. Schapiro, *Social Reform and the Reformation*），1909 年版，第 93—99 页。

㉕ 马丁 · 圣莱昂：上引书，第 187 页。这位作者的话被恰当地理解为 1270 年的一条规定，为巴黎纺织工人规定了最低计时工资。然而，他的话似乎过分乐观了。为纺织工人规定最低工资这个事实不能当作一项普遍政策的证明，因为在英国，或许还有法国，纺织业受到特殊待遇，为他们规定了最低工资，但是对其他的行业，对

为数更为众多的工人群体，则是规定了最高工资。事实上，中世纪有关工资的假定，犹如有关更为重要的价格问题的假定一样，是以为有可能就一个客观的平等原则达成一致的意见，而它并不仅仅反映经济力量的作用。

㉖ “红衣主教们的福音”，G. G. 库尔顿译自《布尔伦诗集抄本》（*Carmina Burana*），载《中世纪的乡村》（*A Mediæval Garner*），1910 年版，第 347 页。

㉗ S. 加斯利根据《布尔伦诗集抄本》刊印，《中世纪拉丁文作品选集》（*An Anthology of Medieval Latin*），1925 年版，第 58—59 页。

㉘ 英诺森四世在 1248 年授予他们“罗马教会的特殊之子”的称号（埃伦贝格：《富格尔家族的时代》（Ehrenberg, *Das Zeitalter der Fugger*），1896 年版，第 2 卷，第 66 页）。

㉙ 关于格罗斯泰特，参见马修 · 珀里斯：《编年史大全》
294 （Matthew Paris, *Chronica Majora*），第 5 卷，第 404—405 页（那里记载着他谴责卡奥尔人“把我们时代的神父和教士们赶出法国，而他们在英国却受到教皇的鼓励和保护，英国以前还没遭到这种罪恶的侵害”），以及 F. S. 史蒂文森：《罗伯特 · 格罗斯泰特，林肯地区的主教》（F. S. Stevenson, *Robert Grosseteste, Bishop of Lincoln*），1899 年版，第 101—104 页。关于伦敦的主教和卡奥尔人，参见马修 · 珀里斯：《编年史大全》，第 3 卷，第 331—332 页。埃伦贝格对这整个题目提供了一个很有用的资料汇编，上引书，第 2 卷，第 64—68 页。

㉚ 《约翰 · 佩卡姆的信函记录》（*Registrum Epistolarum J. Peckham*），第 1 卷，第 18 页，1279 年 7 月（库尔顿英译，《从威廉征服英国到宗教改革运动期间的英国社会生活》，第 345 页）。

㉛ 关于神职人员拿高利贷的案例，参见塞尔登学会：《诺里奇市民事法庭审判案件》（*Leet Jurisdiction in the City of Norwich*），第 5 卷，1891 年，W. 赫德森编，第 35 页；《洛锡安区侯爵们的历史文稿与商务文稿》（*Hist. MSS. Comm., MSS. of the Morquis of*

Lothian), 1905年，第26页；以及Th. 邦宁：《奥多尼斯·里加尔迪的巡视记录》(Th. Bonnin, *Regestrum Visitationum Odonis Rigaldi*), 1852年，第35页。亦可参见本章注释㊳(下文)。

㉜ 巴黎圣母院在借钱给巴黎市民时曾经拿利息(A. 吕谢尔：《腓力二世时代的法国社会》(A. Luchaire, *Social France at the time of Philip Augustus*), E. B. 克雷比尔译，1912年版，第130页)。关于主教对高利贷者的忠告，参见同上书，第166页。

㉝ 引自圣贝尔纳的一封信，由库尔顿刊印，《中世纪的乡村》，第68—73页。

㉞ 阿奎那：《基本要理介绍》(*De Regimine Principum*)，第2册，第1—7章，那里讨论了一个国家的经济基础问题。

㉟ 阿奎那：《神学大全》，2a 2æ, Q. lxxxiii, art. vi. 安东尼诺出于同一目的而讲的话，参见贾勒特：《圣安东尼诺与中世纪经济学》，第59页。

㊱ 格拉蒂安：《教令集》(Gratian, *Decretum*), pt. ii, causa xii, Q. i, c. ii, §1。

㊲ 伊尔格纳对圣安东尼诺的财产权理论作了很好的解释，《佛罗伦萨的安东尼诺的国民经济学观点》，第10章。

㊳ “但是如果好的立法者是在贫穷的国家，东西的价格就会定得很高，高得使人无法养家，而企业资方人员需要付出勤奋的工作、经验，并要承担所有风险，因此他们的经验应得到酬报。”(转引自施赖伯：《托马斯·阿奎那以来经院哲学的国民经济学观点》，第154页)

㊴ 亨利(根特的)：《杰出作品集》(Henry of Ghent, *Aurea Quodlibeta*)，第426页(转引自施赖伯：上引书，第135页)。

㊵ 格拉蒂安：《教令集》，pt. i, dist. lxxxviii, cap. xi。

㊶ 阿奎那：《神学大全》，2^{a} $2^{æ}$, Q. lxxvii, art. iv。

㊷ 同上书。贸易不会招致非议，条件是“他追求收益，不是作为一个目的，而是作为他的劳动报酬”。

㊸ 亨利(朗根施泰因的)：《关于买卖合同的探讨》(Henry of

Langenstein, *Tractatus bipartitus de contractibus emptionis et venditionis*)，第 1 卷，第 12 章(转引自施赖伯，上引书，第 197 页)。

㊹ 参见第 2 章，第 2 节。

㊺ 这些故事的例子由库尔顿刊印：《中世纪的乡村》，1910 年版，第 212—215、298 页，以及《从威廉征服英国到宗教改革运动期间的英国社会生活》，1919 年版，第 346 页。

295 ㊻ 这些事实由阿图罗·塞尔日提供：《商业的历史》(Arturo Segre, *Storia del Commercio*)，第 1 卷，第 223 页。对佛罗伦萨信贷放款情况更详细的说明，参见多伦：《佛罗伦萨经济史研究》，第 1 卷，第 173—209 页。

㊼ 布鲁诺·库斯克：《中世纪科隆贸易交往史》(Bruno Kuske, *Quellen zur Geschichte des Kölner Handels und Verkehrs im Mittelalter*)，第 3 卷，1923 年版，第 197—198 页。

㊽ 早期英文经文学会：《考文垂民事法庭记录》(*The Coventry Leet Book*)，M. D. 哈里斯编，1907—1913 年，第 544 页。

㊾ 威克利夫：《论七大罪》，第 24 章(《威克利夫作品选》，T. 阿诺德编，第 3 卷，第 154—155 页)。文中说到"借贷"("loan")时用的词是"leeve"(? leene)。

㊿ 这些案件的例子参见《早期主教法官法庭记录》(*Early Chancery Proceedings*)，第 64 卷，第 291 号和 1089 号；第 37 卷，第 38 号；第 154 卷，第 307 号。我在为托马斯·威尔逊《关于高利贷问题的布道》(Thomas Wilson, *Discourse upon Usury*)所写的导言(1925 年，第 28—29 页)中比较详细地讨论了这些案例。

(51) 《洛锡安区侯爵们的历史文稿与商务文稿》，第 27 页；塞尔登学会：《诺里奇市民事法庭审判案件》，第 35 页。

(52) 阿奎那：《神学大全》，1^{a} 2^{ae}, Q. xcv, art. ii。

(53) 《论七大罪》，第 24 章(《威克利夫作品选》，T. 阿诺德编，第 3 卷，第 153 页)："但是律师、零售商、小贩以及小酒店老板的贪婪，要比那些穷苦劳工的贪婪更有罪。这一点是标志；由于他们的不道德行为，使工人陷于贫穷，而他们却非常富裕。"

㊹ 例如，埃吉迪乌斯·莱辛纳斯：《论高利贷》（Ægidius Lessinus, *De Usuris*），第9章，第1节："事物[货物]正当的估价，就等同于它所包含的对其拥有者的用处；事物的正当价值，就等同于它能够不受损害地被出售者……每一交易按物主之自由意愿而正当完成。"约翰内斯·比里当纳斯：《亚里士多德伦理学凡十卷梳问》（Johannes Buridanus, *Quæstiones super decem libros Ethicorum Aristotelis*），第5卷，第23页："那么如果他如此出让他的事物，按照他自己的估价，没有亏损，而是获益了；那么他就没有遭受损害。"施赖伯对两位作者都作了论述（上引书，第161—171页和第177—191页）。比里当纳斯的理论看起来特别现代；不过他小心地强调价格的确定应当"按照整个共同体的用处和需要"而不是"按照购买者或者出售者的需要"。

㊺ 圣安东尼诺：《神学大全》，第2部，第1篇，第8章，第1节，以及第16章，第3节。伊尔格纳对圣安东尼诺的价格理论作了解释，《佛罗伦萨的安东尼诺的国民经济学观点》，第6章；贾勒特：《圣安东尼诺与中世纪经济学》；以及施赖伯：上引书，第217—223页。它使人感兴趣的地方在于，在考虑到实际需要的同时，力图保持公平价格原则。

㊻ 亨利（朗根施泰因的）：《关于买卖合同的探讨》，第1卷，第11、12章（转引自施赖伯：上引书，第198—200页）。

㊼ 关于这些例子，参见《伦敦城早期市法院案卷记事录》，A. H. 托马斯编，第259—260页；《诺里奇市纪事》，W. 赫德森与J. C. 廷吉编，第1卷，1906年，第227页；《伦敦城早期市法院案卷记事录》，第132页；J. M. 威尔逊：《伍斯特纪事》（J. M. Wilson, *The Worcester Liber Albus*），1920年，第199—200、212—213页。有关租金税的合法性问题和合伙人的利益问题，马克斯·纽曼作过详尽的论述，《德国高利贷史》（Max Neumann, *Geschichte des Wuchers in Deutschland*）（1865年），阿什利也作过详细论述，《经济史》（*Economic History*）。亦见G. 奥布赖恩：《关于中世纪经济学说的论 296
文》（G. O'Brien, *An Essay on Medieval*）（1920年），以及G. G. 库尔

顿："教会法规的一段插曲"（An Episode in Canon Law）（载《历史》（*History*），1921 年 7 月），那里讨论了罗马教皇的教令《航行者》（*Naviganti*）中提出的难题。

㊽《教皇伯纳德教令大全》（*Bernardi Papiensis Summa Decretalium*）（E. A. D. 拉斯佩尔编，1860 年），第 5 册，标题 15。

㊾ 例如，埃吉迪乌斯·莱辛纳斯：《论高利贷》，第 9 章，第 2 节："而且未来的获益在现在及不上那当下便能取得的获益，也不能为其拥有者带来用处，所以说，按照正义的要求，它们的估价就应该小一些。"

㊿ 奥布赖恩（上引书）好像持有这种观点，除非我误解了他。

(61)《政治学》，第 1 章，第 3 节，致读者，结束语，1258b。参见 E. 坎南、W. D. 罗斯等：《是谁说"无益的金属"的？》（E. Cannan, W.D. Ross, etc., *Who Said "Barren Metal"?*），载《经济》，1922 年 6 月，第 105—107 页。

(62) 英诺森四世：《组织机构》（Innocent IV, *Apparatus*），第 5 卷，《论高利贷》。

(63) 关于意大利，参见阿图罗·塞尔日：《商业的历史》，第 1 卷，第 179—191 页，关于法国，参见 P. 布瓦索纳德：《基督教在中世纪欧洲的作用》（P. Boissonade, *Le Travail dans l'Europe chrétienne au Moyen Age*），1921 年版，第 206—209、212—213 页。两人都强调罗马教廷的财务关系。

(64) 例如，阿尔勒的宗教会议，公元 314 年；尼西亚的宗教会议，325 年；劳迪西亚的宗教会议，372 年；以及许多其他会议。

(65)《天主教教会法典汇编》（*Corpus Juris Canonici*），教皇格列高利九世的教令，第 5 卷，第 19 篇，第 1 章。

(66) 同上书，第 3 章。

(67) 同上书，第六教令，第 5 卷，第 5 篇，第 1、2 章。

(68) 同上书，克雷芒的著作，第 5 卷，第 5 篇，第 1 章。

(69) 这一节里所指的段落有如下一些：《教会法典汇编》，教皇格列高利九世的教令，第 5 卷，第 19 篇，第 9、4、10、13、15、2、

5、6章。

⑳ 《13世纪天主教惩处仪式书》(*A Formulary of the Papal Penitentiary in the Thirteenth Century*), H. C. 利编, 1892年, 第1002、178(2)、179号。

㉑ 佩那福尔蒂的雷蒙德:《教牧大全》(*Raimundi de Penna-forti Summa Pastoralis*)(拉韦松:《各部图书馆馆藏手稿总目录》(Ravaisson, *Catalogue Général des MSS. des Bibliothèques publiques des Departements*), 1849年, 第1卷, 第592页及以下数页)。会吏总要调查:"牧师是否安慰他的全体教徒, 帮助那些需要帮助的人, 首先是那些有病的人。会吏总还要提出关于行善功的建议, 并帮助他们去实行。如果单凭他自己的力量不能完全实现这些任务, 那么, 根据他的职权, 他应当运用他的人格影响力从其他人那里获得完成它们的手段……会吏总要对堂区居民的情况进行调查, 他可以向牧师以及居民中其他值得信任的人了解, 如果有必要的话, 他会为此而召见这些人, 至于那些看来需要校正的问题, 他也可以向邻居们了解。首先要调查是否有臭名昭著的高利贷者, 或者因为放高利贷而出名的人, 以及他们放的是何种高利贷, 就是说, 是否有人出借钱或其他物品时……以获得超出本金的利息为条件, 或者拿了抵押物并从它获得超出本金的利润, 或者收受抵押物同时用它们为自己赚钱; ……他是否拿别人的马匹作抵押, 还要按多于马匹所能吃的量来计算饲料的代价……或者他是否以远低于实际价值的价格买了某物, 条件是卖主可以在固定的期限内以此价格把东西拿回去, 虽 297
然买主知道他(卖主)不会有能力这么做; 或者他是否以低于实际价值的价格买了某物, 因为他在收到物品(比如未收割的谷物)之前先付了钱; 或者是否有人惯于收取高出于本金的还款, 作为一种惯例而并无明确的契约, 就像卡奥尔人的做法那样……此外, 还要调查他是否打着合伙的幌子(nomine societatis palliatam)实施高利贷, 如某人借钱给一个商人, 条件是如果赚钱他就是合伙人, 如果亏损他就不合伙……还有, 他是否以收取违约金为幌子来放高利贷, 就是说, 当他提出[在规定的日期不还款的话]要付违约金时, 他的意图

并非是可以更快得到还款，而是可以得到更多的还款。还有他是否实质上在放高利贷，如一个富人借钱给一个穷人，不会从穷人那里得到高出于本金的钱，但是穷人同意将在他的葡萄园里干两天活，或诸如此类的事。还有他是否以介绍第三方为幌子来放高利贷，如某人自己不借钱给人，却介绍人向他的朋友借。当查明该堂区有多少人因为这种高利贷而臭名昭著时，他们的名字就要被登录在册，会吏总要按他的职责对他们提出起诉，要他们在规定的日子到他的法庭接受传讯。或者由他审讯，或者由他的负责官员审讯，即使没有控告者也要审讯，理由是他们受到公众报告的指控。如果他们被证明有罪，或者是因为他们罪行昭彰，或者是根据他们自己的供认，或者根据人证物证，他将以他认为最好的办法来惩罚他们……如果他们的罪行无法直接认定，那是因为他们手法与策略多变，但他们作为高利贷者的恶名却是很容易确定的……如果会吏总谨慎而勤勉地对他们的罪恶行径提出起诉，他们将很难守住阵脚、逃脱罪名。这里说'如果'，是指……他频繁地传讯他们，把审讯放在不同的好几天里，用这种麻烦和拖延战术使他们心烦意乱，使他们羞辱，以致他们因为麻烦、拖延、损失时间以及种种混乱困惑而可能会忏悔，并让自己接受教会的惩罚。"

⑫ E. 马尔特内和 U. 迪朗：《轶事新编》（E. Martène and U. Durand, *Thesaurus novus Anecdotorum*），1717 年，第 4 卷，第 696 页及以后数页。

⑬ 皮科克：《抑制神职人员的求全责备》（Pecock, *The Repressor of over-much Blaming of the Clergy*），C. 巴宾顿主编，1860 年版，第 1 部分，第 3 章，第 15—16 页。他的话表明神职人员的教义所遇到的困难和克服它们的企图。"我请求你告诉我，《圣经》在什么地方像你在论《婚姻》这本书里和《基督宗教》第一章里讲到的那样上百处地论述婚姻的……也请告诉我圣经在什么地方像《填写四表》（*The Filling of the iiij Tables*）这本书的第三章里讲到的那样上百处地论述高利贷的；而且就在上面提到的这本书里，关于高利贷的全部教义也非常之少，实在太少，根本不足以在高利贷问题上

给人如何行为、如何侍奉上帝、如何制定法律提供指导，而对于读者和研究者们来说，这些都是应该说明白的。在《新约》中，除了 298
《路加福音》第 6 节里的“借给人不指望偿还”之外，还有什么地方写到放债的呢？而在《旧约》里写到放债的地方则是赞同而不是指责。因此，人们怎么能说对高利贷的蔑视、指责或对抗的态度是以圣经为根据的呢？《路加福音》第 6 节里那个被反复引用的句子，如何足以回答和消除一切困难的、严肃认真的怀疑和问题呢？这些终日会有的怀疑和问题必须在人们的彼此讨价还价中得到弥补。每一个面对此类问题的人很快就会明白，圣经对此根本没有作出过说明。因为圣经那里说到他禁止高利贷，所以可以认为高利贷是不合法的；但是虽然你认为高利贷是不合法的，你如何说明什么是高利贷，以便警惕不去放高利贷，又如何说明在交易中什么时候是高利贷，虽然在有些人看来不是高利贷，而在什么情况下不是高利贷，虽然在有些人看来是高利贷？”

皮科克对注释圣经教义的必要性所作的辩护，实际上回答了路德后来提出的陈述，即用圣经所说的“爱你的邻人如爱你自己”来指导行为已完全足够(参见第 2 章，第 99 页)。皮科克想到的写到有关高利贷的教义的书可见于迈尔克的《堂区牧师指南》（Myrc, *Instructions for Parish Priests*）(早期英文经文学会，E. 皮科克与 F. J. 弗尼瓦尔编，1902 年)、《眼睛的瞳仁》（*Pupilla Oculi*）和《丹 · 米歇尔的〈因维特的阿岩比特〉》（*Dan Michel's Ayenbite of Inwyt*）(早期英文经文学会，R. 莫里斯编，1866 年)。

⑭ 《圣安德鲁斯大主教约翰 · 汉密尔顿的教理问答》（*The Catechism of John Hamilton*, *Archbishop of St. Andrews*)，T. G. 劳编，1884 年，第 97—99 页。在第 7 条戒律下谴责道：“第五，所有那些骗取或掠夺公共财物，抢占公共福利变为私人单独福利的人。第六，所有那些违反这一戒律的有罪的高利贷者和放债者，他们不会无偿地出借他们的财物，而是违背基督的命令提出高利息的条件。第七，所有那些拥有奴隶或工人，却不愿意根据条件和他们应得的报酬付给他们酬金或工资的人，犯下这种罪行，正如圣詹姆斯所

说，会在上帝面前受到报复。第八，所有那些铸造伪币，致使公共福利受到损失和伤害的人。第九，所有那些出售伪劣商品的商人，他们以次充好，坑蒙拐骗，损害其邻人的利益，犯下严重违背戒律的大罪。我们无法医治各种违反戒律的狡诈的人们，他们不会按照他们该做的那样正派诚实地运用他们的技巧……所有无节制地聚敛财富的无耻之徒，他们弄虚作假，骗取人们的财物。所有能够使他们的邻人摆脱贫穷与不幸却不愿这么做的人。那些向其处于困境的佃户索取过高租金的人，或者让其佃户帮佣服役，使他们遭受苦难。他们妒忌邻人的好运，信誓旦旦花言巧语从邻人手里买走或拿
299 走他的财物，妨碍他，或用商业手段欺骗他。” 对于不同形式商业诡诈行为的细节的谴责引人注意。

(75) 例如，参见马修 · 珀里斯：《编年史大全》，第 3 卷，第 191—192 页，讲到一个牧师的案例。他拒绝为一个被开除教籍的高利贷者行基督教葬礼，因而被布列塔尼的伯爵下令抓去并绑在那个死者身上活埋了。亦可参见《托马斯 · 贝克特的履历材料》(*Materials for the History of Thomas Becket*)，第 5 卷，第 38 页。

(76) 阿尔迪安：《大公会议文件集》(Harduin, *Acta Conciliorum*)，第 7 卷，第 1017—1020 页；在上面所提及的那一年[1485 年]，亦即在上述棕枝主日前的星期三和星期四，就在那个村庄，在那乡村教堂中，当着大主教大人的面，且在他的命令下，这些签名画押者，戈尔戈尼奥的教民，他们承受了沉重的高利贷，名誉扫地；他们曾为此被召集到大人面前发誓，并按大人的命令归还所欠之款，这些都是他们以前承认所欠的高利贷，他们也发誓要归还，以得清白。承认过高利贷的法维黎伊斯的贝尔特兰都斯走上前来，允诺要归还一百个古金币：正如他自己所承认的，这就是他所承受的高利贷。还有 36 个案例是这样处理的。

(77) 维拉尼：《编年史》(Villani, *Cronica*)，第 7 卷，第 58 章 (1823 年版，第 6 卷，第 142 页)：维拉尼抱怨宗教法庭审判官的行为：“但是为了获得钱财，如果某个个人很有钱，那么只要他稍微说了点对上帝不敬的言语，或者说高利贷算不上致命的罪，或者相类

似的话，[宗教法庭审判官]都会判他一大笔罚金。”

⑱ 克拉伦登宪法，第15章：“对债务的种种抗辩，不管是这债务是否凭信仰发誓承认过的，都应上王室法庭。”有关整个论题参见波洛克与梅特兰的《英国法律史》(Pollock and Maitland, *History of English Law*)，第2版，1898年，第2卷，第197—202页，以及F. 马科沃：《英国国教会制度史》(F. Makower, *Constitutional History of the Church of England*)，1895年，第60节。

⑲ 《伦敦城早期市法院案卷记事录》，A. H. 托马斯编，第44、88、156、235页；塞尔登学会：《市镇租税》(*Borough Customs*)，M. 贝特森编，第2卷，1906年，第161页(伦敦)和第209—210页(都柏林)；《莱斯特纪事》(*Records of Leicester*)，M. 贝特森编，第2卷，1901年版，第49页。有关领主法院的类似禁令，参见《洛锡安区侯爵们的历史文稿与商务文稿》，第28页，以及G. P. 斯克罗普：《库姆堡庄园史》(G. P. Scrope, *History of the Manor and Barony of Castle Combe*)，1852年，第238页。

⑳ 《伯顿论语集》(*Annales de Burton*)，第256页；威尔金斯：《教会会议》(Wilkins, *Concilia*)，第2卷，第115页；《轮值议会》(*Rot. Parl.*)，第2卷，第129b页。

㉑ 《伦敦市备查记事录》(*Cal. of Letter Books of the City of London*)，R. R. 夏普编，H卷，第23—24、24—25、27、28、200、206—207、261—262、365页；《公正明白》，第3册，第2编，第77、315、394—401、683页；塞尔登学会：《诺里奇市民事法庭审判案件》第35页；《洛锡安区侯爵们的历史文稿与商务文稿》，第26、27页。

㉒ 《轮值议会》(*Rot. Parl.*)，第2卷，第332a、350b页。

㉓ R. H. 莫里斯：《金雀花王朝与都铎王朝统治时期的切斯特》(R. H. Morris, *Chester in the Plantagenet and Tudor Reigns*)，1894(？)年版，第190页。

㉔ 《早期主教法官法庭记录汇编》，第11札，第307号；第29札，第193—195号；第31札，第96—100号；第60札，第20号；第64札，第1089号。亦可参见《作为历史资料的年报与诉讼案卷》

(*Year Books and Plea Rolls as Sources of Historical Information*), H. G.
300 理查森编，载《皇家历史学会汇刊》(*Trans. Royal Historical Society*)，第4辑，第5卷，1922年，第47—48页。

⑧⑤ 埃德·吉布森：《英国国教会律法法典》(Ed. Gibson, *Codex Juris Ecclesiastici Anglicani*)，第2版，1761年，第1026页。

⑧⑥ 爱德华三世15号令，条例一，律目5；亨利七世3号令，律目5；亨利七世11号令，律目8；伊丽莎白13号令，律目8；詹姆斯一世21号令，律目17。

⑧⑦ 《伦敦城早期市法院案卷记事录》，A. H. 托马斯编，第1、12、28—29、33—34、44、52、88、141、156、226、235、251页。有关铁匠和制造踢马刺的工匠们的例子，出现在第33—34页和第52页上。在15世纪，行业公会有时仍会试图通过教会法庭诉讼程序来强制实施它的规则(参见Wm. H. 黑尔：《刑事案件的判例和诉讼程序》(Wm. H. Hale, *A Series of Precedents and Proceedings in Criminal Causes*)，1847年，第36号和第68号，其中违反行业公会规则的人受到代理主教法庭传唤)。

⑧⑧ 坎特伯雷和约克学会：《托默·斯波福德记录》(*Registrum Thome Spofford*)，A. T. 班尼斯特编，1919年，第52页(1424)；以及瑟蒂斯学会，第138卷，《约克郡大主教大人，科布里奇的托马斯的记录》(*The Register of Thomas of Corbridge, Lord Archbishop of York*)，Wm. 布朗编，1925年，第1卷，第187—188页："1303年5月6日。威尔顿。伽尔顿的代理主教穆尔托普的约翰大人的涤罪信，论及自身施加的高利贷。致笃信基督的人们，这信就是写给他们的，愿它为他们而开启。……"

⑧⑨ 《早期主教法官法庭记录汇编》，第18札，第137号；第19札，第2155号；第24札，第255号；第31札，第348号。亦可参见A. 艾布拉姆：《15世纪的英国社会》(A. Abram, *Social England in the Fifteenth Century*)，1909年，第215—217页。考虑到这些实例，看来更仔细地考察《早期主教法官法庭记录汇编》可能会说明，即使在15世纪，教会法庭在有关契约和高利贷问题上的裁判权实际要

比人们有时以为的重要得多。

⑩ 瑟蒂斯学会，第64卷，1875年(《里彭大圣堂全体教士大会条例》(*Acts of Chapter of the Collegiate Church of Ripon*))包含法庭处理契约、债务等问题的100多个案例。被驳回的那个案子“为了民众”发生在1532年(瑟蒂斯学会，第21卷，1845年，《达勒姆教会法庭记录》(*Ecclesiastical Proceedings from the Courts of Durham*)，第49页)。 301

⑪ 切塔姆学会，第44卷，1901年，《沃利教会法庭的判决书》(*Act Book of the Ecclesiastical Court of Whalley*)，第15—16页。

⑫ 瑟蒂斯学会，第64卷，1875年，《里彭大圣堂全体教士大会条例》，第26页。

⑬ 黑尔：上引书(前注⑧)，第238号。

⑭ 参见第3章，第162页。

⑮ 关于堂区，参见S. O. 艾迪：《教会与庄园》(S. O. Addy, *Church and Manor*)，1913年，第15章，那里举出许多实例。关于作用类似于银行的行会，参见《洛锡安区侯爵们的历史文稿与商务文稿》，报告11，1887年，附录，第3节，第228页(《金斯林城镇的文稿》(*MSS. of the Borough of King's Lynn*)，有关借贷的其他实例，参见H. F. 韦斯特莱克：《中世纪英格兰的堂区行会》(H. F. Westlake, *The Parish Gilds of Medieval England*)，1919年，第61—63页；《牛津市的纪录》(*Records of the City of Oxford*)，Wm. H. 特纳编，1880年，第8页；《林肯大教堂的法规》(*Statutes of Lincoln Cathedral*)，沃兹沃思编，第2部分，1897年，第616—617页，以及G. 昂温：《伦敦的行会与公司》(G. Unwin, *The Gilds and Companies of London*)，1908年，第121页。关于医院，参见《洛锡安区侯爵们的历史文稿与商务文稿》，报告14，附录，第8节，1895年，第129页(《贝里圣埃德蒙兹的行会文稿》(*MSS. of the Corporation of Bury St. Edmunds*))，那里借给(或送给)一个穷人20便士，让他买种子种地。F. A. 加斯凯引用了有关隐修院放贷(在解散隐修院半个世纪之后)的一个声明，《亨利八世与英国修道院》

(*Henry VIII and the English Monasteries*)，第 7 版，1920 年，第 463 页；具体的例子我不知详。

96 W. H. 布利斯：《教皇书信录》(W. H. Bliss, *Cal. of Papal Letters*)，第 1 卷，第 267—268 页。

97 关于当铺的早期史，参见霍尔茨阿普费尔：《当铺的起源》(Holzapfel, *Die Anfänge der Montes Pietatis*)(1903 年版)，关于当铺在低地国家的发展，参见 A. 亨纳：《查理五世统治比利时的历史》(A. Henne, *Histoire du Règne de Charles-quint en Belgique*)，1859 年，第 5 卷，第 220—223 页。关于在英国建立当铺的提案，参见 S. P. D. Eliz.，第 110 卷，第 57 号(载托尼与鲍尔：《都铎王朝时期的经济文献》(Tawney and Power, *Tudor Economic Documents*)，第 3 卷，第 3 节，第 6 号)，以及我为托马斯·威尔逊《关于高利贷问题的布道》所写的导言，1925 年，第 125—127 页。

98 卡姆登学会：《1500 年左右的英格兰岛》(*A Relation of the Island of England about the Year 1500*)(译自意大利文)，1847 年，第 23 页。

99 林德伍德：《省会》(Lyndwood, *Provinciale*)，副题为《收取利息》(*Usura*)，以及吉布森：《英国国教会律法法典》，第 2 卷，第 1026 页。

100 皮科克：《抑制神职人员的求全责备》，第 3 部分，第 4 章，第 296—297 页："在这个过程中基督还说道，'在上帝身边'富人进入天国是可能的；这就是说，靠着上帝所赐的恩惠……虽然他默默接受更富的人，虽然没有这样的恩惠他作为富人要进入天国极其困难。由此显然可以推论说，上帝并不禁止任何人成为富人；否则富人就不能进入天国……而如果他不禁止任何人变富，那么当然任何人要变富就是完全合法的；除非他作出相反的宣告，或者他通过试验或体验而知悉他是如此厌恶与富人并排，他就不会让自己同富人站在一起；因为那样的话他必定让自己处于贫困的境地。"最后那个令人难堪的限定——它使人想到这个问题，那样谁还敢致
302 富？——显得格外令人吃惊，因为这段话的其余部分是合乎常识、

合情合理的。

⑩ 特里特缪斯，转引自J. 詹森：《中世纪结束时期的德国人民史》(*History of the German People at the Close of the Middle Ages*)，第2卷，1896年，第102页。

⑩ 《伦敦城早期市法院案卷记事录》，A. H. 托马斯编，第157—158页。

⑩ 参见A. 吕谢尔：《腓力二世时代的法国社会》(E. B. 克雷比尔英译)，第391—392页，那里引用了雅克·德维特利一段雄辩的谴责。

⑩ 《地形学者和系谱学家》(*Topographer and Genealogist*)，第1卷，1846年，第35页。(作者是一位测量员，一个亨伯斯通人。)

⑩ 参见，例如乔叟：《珀森的故事》，第64—66节。这位牧师表达了正统的观点即“农奴制的先决条件和农奴制的第一原因就是罪恶”。不过他坚持认为农奴和领主在精神上是平等的：“因此你叫你的农奴为神的子民；因为卑下的人们是基督的朋友。”

⑩ 格拉蒂安：《教令集》，第2部分，主题x，Q. ii，c. iii，和主题xii，Q. ii，c. xxxix。

⑩ 《神学大全》，1ª 2ᵃᵉ，Q. xciv，art. v，§3。

⑩ 德国农民1552年的纲领中有一条宣称：“那些把我们看作他们自己的私有财产的人们……真是够卑劣的，因为耶稣基督已经用他的宝血救赎了我们大家，无论高低贵贱，无一例外。因此，我们应当获得自由，这是与《圣经》一致的。”(这个纲领载J. S. 夏皮罗：《社会改革与宗教改革》，1909年版，第137—142页。)凯特领导下的反抗者们祈祷“所有的农奴都能获得自由，因为上帝用他的宝血拯救了他们全体”(载于布兰德、布朗和托尼：《英国经济史，文献选编》(Bland, Brown, and Tawney, *English Economic History, Select Documents*)，第2部分，第1节，第8号)。

第二章

① 《历史研究讲座》(Lord Acton, *A Lecture on the Study of*

303 History)，阿克顿勋爵于1895年6月11日在剑桥作的讲座，第9页。

② W. 松巴特(《现代资本主义》(W. Sombart, *Der moderne Kapitalismus*)，1916年版，第1卷，第524—526页)提供了论据和数字。亦可参见J. 施特里德：《资本主义组织形式历史研究》(J. Strieder, *Studien zur Geschichte kapitalistischer Organisationsformen*)，1914年版，第1、2章。

③ E. R. 登内尔：《德国汉萨同盟的鼎盛时期》(E. R. Daenell, *Die Blütezeit der Deutschen Hanse*)，1905年版；尚茨：《中世纪末英国的贸易政策》(Schanz, *Englische Handelspolitik gegen die Ende des Mittelalters*)，第1卷；N. S. B. 格拉斯：《早期英国关税制度》(N. S. B. Gras, *The Early English Customs System*)，1918年版，第452—514页。

④ 例如，《富格尔通讯，1568－1605》(*The Fugger News-Letters, 1568－1605*)，V. 冯克莱威尔编，P. 德夏利英译，1924年版。

⑤ E. 阿尔贝里：《威尼斯历任大使与元老院的关系》(E. Albèri, *Le Relazione degli Ambasciatori Veneti al Senato*)，第1辑，第3卷，1853年版，第357页；《西班牙国王腓力二世与米凯莱·索里亚诺在1559年的关系》(*Relazione di Filippo II Re di Spagna da Michele Soriano nel 1559*)："这些是西班牙国王的财宝，这些是矿山，这些是(西)印度群岛，它们支撑了皇帝这许多年的壮举。"

⑥ 当时有关安特卫普贸易情况的最好的描述当数L. 圭恰迪尼的《低地各国实录》(L. Guicciardini, *Descrittione di tutti I Paesi Bassi*)(1567年版)，那一部分的法译文重印于托尼和鲍尔编《都铎王朝时期的经济文献》，第3卷，第149—173页。现代有关安特卫普的最好的说明是皮雷纳的《比利时史》(*Histoire de Belgique*)，第2卷，第399—403页，及第3卷，第259—272页；埃伦贝格的《富格尔家族的时代》，第2卷，第3—68页；以及J. A. 戈里斯的《1488—1567年间安特卫普侨商研究》(J. A. Goris, *Étude sur les Colonies Marchandes Méridionales à Anvers de 1488 à 1567*)(1925年版)。

⑦ 莫伊廷家族1479年在安特卫普开了家分行，霍赫施泰特家族在1486年，富格尔家族在1508年，韦尔泽家族在1509年（皮雷纳：上引书，第3卷，第261页）。

⑧ 皮雷纳：上引书，第3卷，第273—276页。

⑨ 埃伦贝格：上引书，第2卷，第7—8页。

⑩ 在我为托马斯·威尔逊《关于高利贷问题的布道》所写的导言中，可以看到有关16世纪国际金融关系的一个简短说明，1925年版，第60—86页。

⑪ 伊拉斯谟：《箴言集》（Erasmus, *Adagia*）；亦可参见《和平的抗议》（*The Complaint of Peace*）。

⑫ 关于富格尔家族，参见埃伦贝格：上引书，第1卷，第85—186页，而关于其他提到的德国公司，同上书，第187—269页。

⑬ 参见戈里斯：上引书，第510—545页，那里全文登载着巴黎神学家的答复；以及埃伦贝格：上引书，第2卷，第18、21页。关于贝拉明，参见戈里斯：上引书，第551—552页。直到16世纪后期，而且是在新教的英国，人们仍然认为必须调和经济政策与宗教法规学者的教义，《伊丽莎白国内事务文件》对这种情况作了一个极为仔细的解释，第75卷，第54号（载托尼和鲍尔编《都铎王朝时期的经济文献》，第3卷，第359—370页）。作者力主取消禁止任何利息的1552年法案，援引阿奎那和霍斯廷斯的话以证明不能谴责“诚 304
实合理的利息”是高利贷。

⑭ 阿什利：《经济史》，1893年版，第1卷，第2部分，第442—443页。

⑮ 博丁：《让·博丁对马莱斯特罗伊特关于丰富所有事物及其纠正方法的悖论的回信》（Bodin, *La Response de Jean Bodin aux Paradoxes de Malestroit touchant l'enchérissement de toutes choses et le moyen d'y remédier*）。

⑯ 参见马克斯·诺伊曼：《德国高利贷史》（Max Neumann, *Geschichte des Wuchers in Deutschland*），1865年版，第487页及以下数页。

⑰ 加尔文的观点可见于他的《书信和回应》(Calvin, *Epistolæ et Responsa*), 1575 年版, 第 355—357 页, 以及著作中的布道 28。

⑱ 布塞尔:《基督的王国》(Bucer, *De Regno Christi*)。

⑲ 《第三个十年》(*Third Decade*), 第一、二次布道, 载《亨利·布林格的几十年》(*The Decades of Henry Bullinger*)(帕克学会), 第 3 卷, 1850 年版。

⑳ 路德:《关于高利贷的短篇布道》(Luther, *Kleiner Sermon vom Wucher*)(1519 年), 载《全集》(*Werke*)(魏玛编), 第 6 卷, 第 1—8 页;《关于高利贷的长篇布道》(*Grosser Sermon vom Wucher*)(1520 年), 同上书, 第 33—60 页;《论买卖交易和高利贷》(*Von Kaufshandlung und Wucher*)(1524 年), 同上书, 第 15 卷, 第 279—322 页;《关于教士反对高利贷的布道, 告诫》(*An die Pfarrherrn wider den Wucher zu predigen, Vermahnung*)(1540 年), 同上书, 第 51 卷, 第 325—424 页。

㉑ "也许人们对富格尔公司和教会同样必须加以限制"("Hie müsste man wahrlich auch den Fuckern und der geistlichen Gesellschaft einen Zaum ins Maul legen")(转引自埃伦贝格: 上引书, 第 1 卷, 第 117 页注释)。

㉒ 参见第 114—115 页。

㉓ 路德:《反对强盗般残忍的农民匪帮》(Luther, *Wider die räuberischen und mörderischen Rotten der Bauern*)(1525 年), 载《全集》, 第 18 卷, 第 357—361 页。

㉔ 拉蒂默:《布道集》(Latimer, *Sermons*); 庞内特:《给贵族和平民的一个规劝或警告》(Ponet, *An Exhortation, or rather a Warning, to the Lords and Commons*); 克劳利:《致富之路》(Crowley, *The Way to Wealth*), 及《警句》(*Epigrams*)(载《罗伯特·克劳利选集》(*Select Works of Robert Crowley*), J. M. 考珀编, E.E.T.S., 1872 年版); 利弗:《布道集》(Lever, *Sermons*), 1550 年版(英文重印本, E. 阿尔伯编, 1895 年版); 贝肯:《喜乐之宝》(Becon, *The Jewel of Joy*), 1553 年版; 桑兹:《布道集》(Sandys,

Sermons)之第 2、10、11 和 12(帕克学会，1841 年版)；朱厄尔：《著作集》(Jewel, *Works*)，第 4 部分，第 1293—1298 页(帕克学会，1850 年版)。对不太有名的作者和布道者的引用，可参见 J. O. W. 霍伊斯：《宗教改革概述》(J. O. W. Haweis, *Sketches of the Reformation*)，1844 年版。

㉕ 盖尔德纳：《亨利八世书信文集》(Gairdner, *Letters and Papers of Henry VIII*)，第 16 卷，第 357 号。

㉖ 波舒哀：《高利贷契约》(Bossuet, *Traité de l'Usure*)。有关对他观点的解释，参见法夫尔《旧时法兰西的借贷利息》(Favre, *Le prêt a intérêt dans l'ancienne France*)。

㉗ 《简述高利贷在英国的发展及其带来的祸害》(*Brief Survey of the Growth of Usury in England with the Mischiefs attending it*)，1673 年版。

㉘ 关于对这些变革的解释，参见 K. 兰普雷克特："理解 14 到 16 世纪德国的经济和社会变化"(K. Lamprecht, "Zum Verständniss der wirthschaftlichen und sozialen Wandlungen in Deutschland vom 14. zum 16. Jahrhundert")，载《社会和经济史杂志》(*Zeitschrift für Sozial-und Wirthschaftsgeschichte*)，第 1 卷，1898 年版，第 191 页及以下数页。

㉙ 兰普雷克特：上引书，以及 J. S. 夏皮罗：《社会改革与宗教改革》，1909 年版，第 40—73 页。

㉚ 夏皮罗：上引书，第 20—39 页，以及施特里德：上引书(见注释②)，第 156—212 页。

㉛ 关于所谓西吉斯蒙德皇帝的宗教改革，参见第一章，注释㉔，关于农民的章程，同上，注释⑩⑧。

㉜ 关于盖勒 · 冯凯泽贝格和希普勒，参见夏皮罗：上引书，第 30、126—131 页。关于胡滕，参见 H. 威斯克曼：《至宗教改革时期为止德国占统治地位的国民经济思想的形成》(H. Wiskemann, *Dartstellung der in Deutschland zur Zeit der Reformation herrschenden Nationalökonomischen Ansichten*)，1861 年版，第 13—24 页。

305 ㉝ 转引自 W. 罗利：《16 世纪英国人的航海游记》（W. Raleigh, *The English Voyages of the Sixteenth Century*），1910 年版，第 28 页。

㉞ 特勒尔奇：《新教与进步》（Troeltsch, *Protestantism and Progress*），1912 年版，第 44—52 页。

㉟ 夏皮罗：上引书，第 137 页。

㊱ 参见威斯克曼上引书中的引文，第 47—48 页，而有关路德社会理论的讨论，参见特勒尔奇：《基督教会的社会理论》（Troeltsch, *Die Soziallehren der Christlichen Kirchen*），1912 年版，第 549—593 页。

㊲ 路德：《论德意志民族的基督教贵族》（Luther, *An den christlichen Adel deutscher Nation*）（1520 年版），载《全集》，第 6 卷，第 381 页以下。

㊳ 夏皮罗：上引书，第 139 页。

㊴ 路德：《施瓦本农民问题 12 条章程中关于和平的告诫》（Luther, *Ermahnung zum Frieden auf die zwölf Artikel der Bauerschaft in Schwaben*）（1525 年），载《全集》，第 18 卷，第 327 页。

㊵ 《论买卖交易和高利贷》，同上书，第 15 卷，第 295 页。

㊶ 《论德意志民族的基督教贵族》，同上书，第 6 卷，第 466 页（转引自 R. H. 默里：《伊拉斯谟与路德》（R. H. Murray, *Erasmus and Luther*），1920 年版，第 239 页）。

㊷ 《论买卖交易和高利贷》，同上书，第 15 卷，第 293—294、312 页。

㊸ 《关于基督徒的自由》（*Concerning Christian Liberty*），载韦斯和布克海姆：《路德的主要著作》（Wace and Buchheim, *Luther's Primary Works*），1896 年版，第 256—257 页。

㊹ 《关于高利贷的长篇布道》，载《全集》，第 6 卷，第 49 页。

㊺ 参见第 1 章注释㊸。

㊻ 载诺伊曼：《德国高利贷史》，增刊 F，第 618—619 页。

㊼《关于基督徒的自由》，载韦斯和布克海姆：上引书，第258—259页。

㊽《论买卖交易和高利贷》，载《全集》，第15卷，第302页。

㊾茨温利：《论神性的和人性的公正，或论神法和民法》（Zwingli, *Von der göttlichen und menschlichen Gerechtigkeit, oder von dem göttlichen Gesetze und den bürgerlichen Gesetzen*），载R. 克里斯托弗尔：《茨温利生平和选集》（R. Christoffel, *H. Zwingli Leben und ausgewählte Schriften*），1857年版，第二部，第313页以下。亦见威斯克曼：上引书，第71—74页。

㊿"为什么通过交易在任何方面都比从土地中得到的收益更大？商人们的收益到底是从哪里来的？来自其自身的忙碌、勤奋和勉力。"（转引自特勒尔奇：《基督教会社会理论》（*Die Soziallehren der Christlichen Kirche*），第707页。）

51 布塞尔：《基督的王国》。

52 罗杰·芬顿：《关于高利贷的专著》（Roger Fenton, *A Treatise of Usurie*），1612年版，第61页。

53 加尔文：《基督教法规汇编》（Calvin, *Institutes of the Christian Religion*），J. 艾伦译，1838年版，第2卷，第147页（第3编，第23章，第7节）。

54 同上书，第2卷，第128—129页（第3编，第21章，第7节）。

55 杰勒德·温斯坦利：《给议会和军队的一份新年礼物》（Gerrard Winstanley, *A New-Yeer's Gift for the Parliament and Armie*），1650年版（托马森论文，大英博物馆，E. 587[6]，第42页）。

56《神学博士威廉·劳德著作集》（*The Works of William Laud, D.D.*），威廉·斯科特编，第6卷，第1部，1857年版，第213页。

57《论济贫》（*De Subventione Pauperum*）。

58 "有关年长者，我们这里每年都要对各家作调查。我们把全城分成若干区，使得每一部分的工作都可以顺利进行。从长老当中选出一位主事，来审查新的居民。曾经被接受了的，就不再审查；除了需要询问是否家庭和睦，是否与邻居有争执，是否酗酒，是否懒惰，不参加教堂集会等。”（转引自威斯克曼：上引书，第80页注释。）关于他对不加区分的布施的谴责，参见同上书，第79页注释。

306 59 《论不选择贫穷》（*De non habendo Pauperum Delectu*）（1523年版），以及《关于艾利摩人的付账问题》（*De Erogatione Eleemosynarum*）（1524年版）。参见K. R. 哈根巴赫：《约翰·奥克拉姆帕德和奥斯瓦德·麦科尼斯，巴塞尔改革》（K. R. Hagenbach, *Johann Oekolampad und Oswald Myconius, die Reformatoren Basels*），1859年，第46页。

60 卡尔·佩斯塔洛奇：《亨利希·布林格，生平和选集》（Carl Pestallozzi, *Heinrich Bullinger, Leben und ausgewählte Schriften*），1858年版，第50—51、122—125、340—342页。

61 威斯克曼：上引书，第70—74页。

62 转引自普里泽夫德·史密斯：《宗教改革时代》（Preserved Smith, *The Age of the Reformation*），1921年版，第174页。

63 加尔文：《基督教法规汇编》，第4编，第12章，第1节。

64 载保罗·亨利：《约翰·加尔文生平》（Paul Henry, *Das Leben Johann Calvins*），第2卷，1838年版，附录，第26—41页。

65 R. 克里斯托弗尔：《茨温利，或宗教改革在瑞士的兴起》（R. Christoffel, *Zwingli, or the Rise of the Reformation in Switzerland*），约翰·科克伦译，1858年版，第159—160页。

66 载保罗·亨利：上引书，第2卷，附录，第23—25页。

67 E. 舒瓦西：《泰奥多尔·贝札时代加尔文派基督教状况》（E. Choisy, *L'Etat Chrétien Calviniste à Genève au temps de Théodore de Bèze*），1902年版，第145页。我要为下文所用的大部分材料而感谢这本杰出的书。

68 保罗·亨利：上引书，第70—75页。其他实例来自普里泽夫德·史密斯：上引书，第170—174页，以及F. W. 坎普舒尔特：《约翰·加尔文，他在日内瓦的教会和国家》（F. W. Kampschulte, *Johann Calvin, seine Kirche und sein Staat in Genf*），1869年版。关于加尔文政权的残暴性的统计评价各不相同；史密斯（第171页）说，在日内瓦一个有16000名居民的城镇，在1542—1546年间，处决了58个人，驱逐了76个人。

⑲ 诺克斯，转引自普里泽夫德·史密斯：上引书，第174页。

⑳ 加尔文：《基督教法规汇编》，第3编，第7章，第5节。

㉑ 舒瓦西：上引书，第442—443页。

㉒ 同上书，第35—37页。

㉓ 同上书，第189、117—119页。

㉔ 同上书，第35、165—167页。

㉕ 同上书，第119—121页。

㉖ 同上书，第189—194页。

㉗ 保罗·亨利：上引书，第2卷，第70页注释。

㉘ 参见加尔文对教会的描述：《基督教法规汇编》，第4编，第1章，第4节："现在因为要讨论有形的教会，我们甚至得用对母亲的赞美之词来说，认识它对我们是多么有用，更确切地说，是多么必要，既然我们之获得生命无非是它怀了我们、生了我们、养育我们，并且最终照料指导我们，只要它摆脱有朽的身体，我们就会像是天使一样了。在我们一生中我们都将是学生，因为我们的虚弱而无法承受让我们离开学校。何况，在它的怀抱之外，罪人们根本无望得到赦免，也不会获救。"

㉙ 约翰·奎克：《高卢改革期间的宗教会议：法国新教教会著名全国会议的法令、决定、教令和教规》（John Quick, *Synodicon in Gallia Reformata: Or the Acts, Decisions, Decrees and Canons of those famous National Councils of the Reformed Churches in France*），1692年，第1卷，第99页。

㉚ 同上书，第1卷，第9页（非法侵占者和不老实的商人），第25、34、38、79、140、149页（利息和高利贷），第70页（推销假货和

克扣尺寸)，第99页(合理的利润)，第162、204页(为了穷人的利益投资)，第194、213页(彩票)。

307 ㊇《修练书》(*The Buke of Discipline*)，载《约翰·诺克斯著作集》(*Works of John Knox*)，D. 莱恩编，第2卷，1848年，第227页。

㊈ 苏格兰历史学会：《圣安德鲁斯·柯克会议记录》(*St. Andrews Kirk Session Register*)，D. H. 弗莱明编，1889—1890年，第1卷，第309页；第2卷，第822页。

㊉ W. B. 威登：《新英格兰经济社会史》(W. B. Weeden, *Economic and Social History of New England*)，1890年版，第1卷，第11页。原话出自布雷福德。

⑧④《温斯罗普记录的"新英格兰史"》(*Winthrop's Journal "History of New England"*)，1630—1649，J. K. 霍斯默编，1908年版，第1卷，第134、325页；第2卷，第20页。

⑧⑤ 威登：上引书，第1卷，第125、58页。

⑧⑥ 温斯罗普：上引书，第2卷，第20页。

⑧⑦ J. A. 多伊尔：《在美国的英国人》(J. A. Doyle, *The English in America*)，第2卷，1887年版，第57页；"不能根据紧迫的需要而应按照合理的利润"来判断牲口的价格。

⑧⑧ 罗杰·威廉斯：《宗教迫害的残酷信条》(Roger Williams, *The Bloudy Tenent of Persecution*)，1644年版，第55章。

⑧⑨ 温斯罗普：上引书，第1卷，第315—318页。关于基督徒在贸易中的行为，班扬在《恶人先生的生与死》(Bunyan, *The Life and Death of Mr. Badman*)中提出了一套相似的规则，1905年版，第118—122页。

⑨⓪ 这句话应归功于J. T. 亚当斯的杰作：《新英格兰的创立》(J. T. Adams, *The Founding of New England*)。

第三章

① J. 罗瑟斯：《大英王国历史》(J. Rossus, *Historia Regum*

Angliæ)(T. 赫恩编)。

② 亨利七世 4 号令，律目 19；亨利八世 6 号令，律目 5；亨利八 308
世 7 号令，律目 1；亨利八世 25 号令，律目 13。关于 1517 年的调查委员会，参见利戴姆：《圈地的末日》(Leadam, *The Domesday of Enclosures*)。

③ 有关实例，参见 J. S. 夏皮罗：《社会改革与宗教改革》，第 60—61、65、67、70—71 页。

④ 莫尔：《乌托邦》(More, *Utopia*)，第 32 页(皮特 · 普雷斯编，1879 年版)："贵族和绅士们，当然还有修道院院长们，无可置疑的圣人们，都不给耕地留任何余地，他们把所有的地方都圈为牧场。" 关于拥有奴隶的案例，参见塞尔登学会，第 16 卷，1903 年版，《星室法庭案例选编》(*Select Cases in the Court of Star Chamber*)，第 123—129 页(卡特诉马姆斯伯里修道院长)；关于随意地把副本保有土地变为租地，参见塞尔登学会，第 12 卷，1898 年，《小额债权法院案例选编》(*Select Cases in the Court of Requests*)，第 59—65 页，64—101 页(肯特和艾博特的里普登其他居民诉圣约翰；据说 1471 年曾做出改革)。

⑤ A. 萨文：《解散前夕的英国隐修院》(A. Savine, *English Monasteries on the Eve of the Dissolution*)(《牛津社会法律史研究》(*Oxford Studies in Social and Legal History*)，P. 维诺格拉多夫编，第 1 卷，1909 年版，第 100 页)，估计教会 1535 年从英国修道院得到的净收入达 109 736 英镑，从各个来源获得的净收入为 136 361 英镑。这些数字要转换成现代的钱，至少要乘以 12 倍。要估计它们所代表的资产净值，恐怕只能是猜测，不过照现在的钱来算，它不大可能少于 2 000 万英镑。

⑥ 关于受让人的社会地位和支付情况，参见萨文提供的数字，载 H. A. L. 费希尔：《英国政治史，1485—1547》(H. A. L. Fisher, *The Political History of England*, *1485—1547*)，附录 2：贵族们所支付的价格之低格外令人吃惊。最好的研究是 S. B. 利耶格伦的研究：《隐修院的衰败与导致大革命的英国社会变迁》(S. B.

Liljegren, *The Fall of the Monasteries and the Social Changes in England leading up to the Great Revolution*)(1924 年版)，它详细描述了投机商的活动。

⑦《星室法庭诉讼录》(*Star Chamber Proc.*)，亨利八世，第 6 卷，第 181 号，载托尼和鲍尔编：《都铎王朝时期的经济文献》，第 1 卷，第 19—29 页。

⑧ 塞尔登学会：《小额债权法院案例选编》，第 lviii—lxix 页，第 198—200 页。

⑨ 转引自 F. A. 加斯凯：《亨利八世与英国隐修院》(F. A. Gasquet, *Henry the Eighth and the English Monasteries*)，1920 年版，第 227—228 页。

⑩ 参见，例如《一个基督徒的忠顺》(*The Obedience of a Christian Man*)(载廷代尔的《关于教义的论文》(Tyndale, *Doctrinal Treatises*)，帕克学会，1848 年版)，第 231 页，那里以早期教会如何对待穷人为例；以及《为使英格兰王国繁荣昌盛的诸项政策》(*Policies to Reduce this Realm of England unto a Prosperous Wealth and Estate*)，1549 年(载托尼和鲍尔编：《都铎王朝时期的经济文献》，第 3 卷，第 311—345 页)："就如我们让自己承受着对上帝的真正崇拜无知的苦果，即便如此上帝并不让我们知道如何改革那种种不便之处，在我们关心天国的极度荒芜时我们确实看到那些不便之处。
309 而现在对上帝的真正崇拜已经……如此纯洁、如此虔诚地树立起来，同样可以相信上帝……将运用他的威严和恩典连根拔除造成上述衰败和荒芜的种种原因和借口。"

⑪ 布塞尔：《基督的王国》。

⑫ A. F. 利奇：《中世纪英国的学校》(A. F. Leach, *The Schools of Medieval England*)，1915 年版，第 331 页。他继续写道："每 5 625 个人有一所文法学校，与 1864 年学校调查报告所显示的每 23 750 个人一所学校之间的对比，并不对我们宗教改革前的先人不利。"关于英王爱德华时期所造成损害的详细情况，参见同一作者的《宗教改革运动时期的英国学校，1546—1548》(*English Schools at the Reformation*)(1896 年版)。

⑬ 参见《枢密院法案》(*Acts of the Privy Council*), 第 2 卷, 第 193—195 页(1548 年版); 为了应对林恩和考文垂的议员们提出的抗议, 便把那些城市的行会的土地重新授予了他们。

⑭ 克劳利:《致富之路》(Crowley, *The Way to Wealth*), 载《罗伯特 · 克劳利著作选》(*Select Works of Robert Crowley*), J. M. 考珀编(早期英文经文学会, 1872 年版, 第 129—150 页)。

⑮ 克劳利: 上引书, 以及《警句集》(*Epigrams*)(载同上书, 第 1—51 页)。

⑯ 贝肯:《喜乐之宝》, 1553 年版:“他们厌恶修道士、牧师、教士、修女等等名称, 却贪婪地攫取他们的财物。修道院殷勤好客, 以合理的价格出租他们的商号, 扶持学校, 以良好的文化修养培育青年, 而这样的事情他们全都不做。”

⑰ 托马斯 · 利弗:《布道集》, 1550 年版(《英文选刊》(*English Reprints*), E. 阿尔伯编, 1895 年版), 第 32 页。同样的指责在其后的布道中再次出现。

⑱ F. W. 拉塞尔:《诺福克的凯特起事》(F. W. Russell, *Kett's Rebellion in Norfolk*), 1859 年版, 第 202 页。关于萨默塞特的政策以及中上阶级的反抗, 参见托尼:《16 世纪的土地问题》(*The Agrarian Problem in the Sixteenth Century*), 第 365—370 页。

⑲ 拉蒂默:《在爱德华六世面前作的七次布道》(Latimer, *Seven Sermons before Edward VI*)(《英文选刊》, E. 阿伯尔编, 1895 年版), 第 84—86 页。

⑳ 《欢乐与痛苦》(*Pleasure and Pain*), 载《罗伯特 · 克劳利著作选》, J. M. 考珀编, 第 116 页。

㉑ 《致富之路》, 载同上书, 第 132 页。

㉒ 利弗: 上引书, 第 130 页。

㉓ 《给地主们用的祈祷文》(*A Prayer for Landlords*), 摘自《根据国王爱德华六世的命令发布的私人祈祷书》(*A Book of Private Prayer set forth by Order of King Edward VI*)。

㉔ 培根：《论不列颠王国的真正伟大之处》（Bacon, *Of the True Greatness of the Kingdom of Britain*）。

㉕ 关于信贷对农民和小工匠的影响问题的讨论，参见我为威尔逊的《关于高利贷问题的布道》所写的导言，1925 年版，第 17—30 页。

㉖ 参见第 1 章注释⑦①。

㉗ 迪尤斯：《议事录》（D'Ewes, *Journals*），1682 年版，第 173 页。

㉘ 《伊丽莎白国内事务文件》（*Calendar S. P. D. Eliz.*），第 286 卷，第 19、20 号。

㉙ 例如，参见 S. O. 艾迪：《教会与庄园》，1913 年版，第 15 章。S. L. 韦尔对堂区的事务及组织作了最好的说明：《伊丽莎白时代堂区的教会与财政情况》（S. L. Ware, *The Elizabethan Parish in its Ecclesiastical and Financial Aspects*），1908 年版。

㉚ 利弗：上引书，第 130 页。亦可参见哈里森：《大不列颠叙事》（Harrison, *The Description of Britaine*），1587 年版，第 2 册，第 18 章。

㉛ 《一部关于合法使用财富的虔诚论著》（*A Godlie Treatise concerning the Lawful Use of Riches*），托马斯·罗杰斯译自尼古拉斯·赫明的拉丁文版，1578 年版，第 8 页。

310 ㉜ 桑兹：《布道集》，第 2、10、11 和 12 篇。（帕克学会，1841 年版）；朱厄尔：《著作集》，第 4 部，第 1293—1298 页（帕克学会，1850 年版）；托马斯·威尔逊：《关于高利贷问题的布道》，1572 年版；迈尔斯·莫斯：《对高利贷的指控与定罪》（Miles Mosse, *The Arraignment and the Conviction of Usurie*），1595 年版；约翰·布拉克斯顿：《英国高利贷者，或被英国国教会最有学问、最著名的神学家谴责的高利贷》（John Blaxton, *The English Usurer, or Usury Condemned by the Most Learned and Famous Divines of the Church of England*），1634 年版。

㉝ 赫明：上引书，第 16—17 页。

㉞ 罗杰·芬顿：《论高利贷》，1612年版，第59页。

㉟ 威尔逊：上引书，1925年版，第281页。

㊱ 迈尔斯·莫斯：上引书。

㊲ 《伊丽莎白国内事务文件》，第75卷，第54号。（载托尼和鲍尔：《都铎王朝时期的经济文献》，第3卷，第359—370页。）

㊳ 赫明：上引书，第11页。

㊴ 梅特兰：《英国法与文艺复兴》(Maitland, *English Law and the Renaissance*), 1901年版。

㊵ 转引自梅特兰：上引书，第49—50页。

㊶ 威尔逊：上引书。

㊷ 杰里米·泰勒：《被怀疑引导》(Jeremy Taylor, *Ductor Dubitantium*), 1660年版，第3册，第3章，第30节。

㊸ 莫斯：上引书，献辞，第6页。

㊹ E. 卡德韦尔：《教会最高会议的决定》(E. Cardwell, *Synodalia*), 1842年版，第436页。

㊺ 卡德韦尔：《教会法的改革》(*The Reformation of the Ecclesiastical Laws*), 1850年版，第206、323页。

㊻ 《大主教格林德尔的遗稿》(*The Remains of Archbishop Grindal*), 威廉·尼科尔森编(帕克学会，1843年版), 第143页。

㊼ 参见，例如，W. P. M. 肯尼迪：《伊丽莎白时期的主教管理制》(W. P. M. Kennedy, *Elizabethan Episcopal Administration*), 1924年版，第3卷，第180页(会吏总马林斯为伦敦会吏总写的教规(1585年):"又，无论你是确实知道还是根据可信的证明或众人的传言而怀疑在你的堂区里有人(或有些人)是臭名昭著的高利贷者；也无论他们以任何借口或手段直接或间接地违反法律都一样"), 以及第184、233页；威尔金斯：《教会会议》，第4卷，第319、337、416页。

㊽ 卡德韦尔：《教会最高会议的决定》，第1卷，第144、308页；威尔金斯：《教会会议》，第4卷，第509页。

㊾ 韦尔：上引书(参见本章的注释㉙), 引用了几个例子。亦可参见《坎蒂亚纳古代史》(*Archæologia Cantiana*), 第25卷，1902年

版，第 27、48 页(坎特伯雷会吏总的巡视)。

㊿ 《历史文稿与商务文稿，报告 13》，1892 年版，附录，第 4 部分，第 333—334 页(《赫里福德市镇的文稿》(*MSS. of the Borough of Hereford*))。

㊶ W. H. 黑尔：《刑事案件的判例和诉讼程序》，1847 年版，第 166 页。

㊷ 《约克郡主教议事录》(*Yorkshire Arch. Journal*)，第 18 卷，1895 年，第 331 页。

㊸ 《伦敦代理主教改正书，1618—1625》(*Commissary of London Correction Books, 1618—1625*)，第 184 分册，第 164、192 页。我要感谢萨默塞特教堂(这些簿册保存在那里)的芬切姆先生友好地提醒我注意这些案例。其中较短的一个(第 192 页)是这么记载的：

在奥尔德门外 圣博托尔菲 托马斯·威瑟姆 盖有独角兽标记的纹章	被发现放高利贷，拿的利息高于百分之十 借给人一个英镑一年要收高于 2 先令的利息 或者更有甚者，更短的时间还按那个利率 计算。并且利滚利，那就赚得更多的钱。 上面还记载了时间、地点等等。

311 1620 年 5 月 9 日在法官的私室里，威瑟姆在首席法官面前为自己申辩，他说他很少在家，他的商铺里的事都交给手下人处理，如果说他犯了什么罪错，那都是他手下人的过错而不是他本人的错，他还说他会命令手下人并注意今后不再发生这样的事情，犯这样的过错。他谦卑地祈求法官格外开恩，从此他会听从上帝的诫命，无论是他本人还是他的手下人都不会再犯同样的错，不会再压迫别人。

于是他得到了赦免。

㊹ 《伊丽莎白国内事务文件》，第 75 卷，第 54 号。

㊺ 有关对这些权宜之计的说明，参见我为威尔逊的《关于高利贷问题的布道》所写的导言，1925 年版，第 123—128 页。

㊻ 理查德·胡克：《教会政策的法规》(Richard Hooker, *The Laws of Ecclesiastical Policy*)，第 8 册，第 1 章，第 5 节。

㊼ 《枢密院法案》，第 27 卷，1597 年，第 129 页。

㊽ 《斯蒂夫基文件》(*The Stiffkey Papers*)(H. W. 桑德斯编，皇家历史学会，卡姆登第 3 系列，第 26 卷，1915 年)，第 140 页。

㊾ 转引自 E. M. 伦纳德：《英国早期济贫史》(E. M. Leonard, *The Early History of English Poor Relief*)，1900 年版，第 148 页。

㊿ 关于对伊丽莎白统治下兑换业务的说明，参见威尔逊：上引书，导言，第 146—154 页。

(61) 关于参考材料，可参见同上书，第 164—165 页；以及《关于克斯美拉·斯特拉答案件的事实，1593—1609》(*Les Reportes del Cases in Camera Stellata, 1593 - 1609*)，W. P. 贝登编，1894 年版，第 235—237 页。后一本书中有一些实例，说明星室法庭对囤积谷物案(第 71、76—77、78—79、91 页)和圈地案、劫掠案(第 49—52、164—165、192—193、247、346—347 页)的干预。

(62) 《论英格兰王国的公共福利》(*A Discourse of the Common Weal of this Realm of England*)，E. 拉蒙德编，1893 年版，第 14 页。

(63) 《神学博士威廉·劳德著作集》，威廉·斯科特编，第 1 卷，1847 年版，第 6 页。

(64) 同上书，第 64 页。

(65) 同上书，第 89、138 页。

(66) 同上书，第 167 页。

(67) 同上书，第 28—29 页。

(68) 冈纳：《公地与圈地》(Gonner, *Common Land and Enclosure*)，1912 年版，第 166—167 页。有关政府 1629—1640 年间的活动，参见托尼：《16 世纪的土地问题》，第 376、391 页，以及 E.

M. 伦纳德：《17 世纪的公地私圈》，载《皇家历史学会学报》，第 19 卷，第 101 页及以下数页。

69 致万灵学院院长、博士吉尔伯特·谢尔登的信(载劳德的《著作集》，第 6 卷，第 2 部，第 520 页)：“我还必须告诉你一件事，即，虽然我帮了你的忙，把听证会推迟到你回来，但就事情本身而言，我不能为你辩护；因为我极其厌恶任何劫掠行为，这已是王国最大的祸害之一，而且对一个学院或学院的房客来说，是极坏的例子”；克拉伦登：《反抗的历史》(Clarendon, *History of the Rebellion*)，第 1 册，第 204 节。

70 《查理一世国内事务文件》(*S. P. D. Chas. I*)第 499 卷，第 10 号(载托尼，《16 世纪的土地问题》，第 420—421 页)；以及《议员日记》(*Lord's Journals*)，第 6 卷，第 486b 页(3 月 13 日，1643—1644
312 年)，反对劳德的文章：“然后塔尔伯特先生经宣誓后证实大主教如何违反有关圈地和劫掠的法律；当他们为了土地权而向法律求助时，他吩咐他们‘到初级法庭去申诉，他们不应当向他申诉’；大主教因为他动用了他终身拥有的不动产而罚了他 200 英镑，却不让他利用法律为自己申辩。”

71 伦纳德：《英国早期济贫史》，第 150—164 页；昂温：《16、17 世纪的工业组织》，1904 年版，第 142—147 页。

72 R. R. 里德：《国王的北方议会》(R. R. Reid, *The King's Council in the North*)，1921 年版，第 412、413 页注释。

73 卡姆登学会，全国学会，第 39 卷，1886 年版，《星室法庭和高等宗教事务法院审理的案件》(*Cases in the Courts of Star Chamber and High Commission*)，S. R. 加德纳编，第 46 页。关于另一个谷物囤积案，参见同上书，第 82—89 页。

74 托尼：《治安法官对英格兰工资的评估》(*The Assessment of Wages in England by the Justices of the Peace*)，载《社会和经济学史季刊》(*Vierteljahrschrift für Sozial-und Wirthschaftsgeschichte*)，第 11 卷，1913 年版，第 551—554 页；伦纳德：上引书，第 157 页。

75 《威廉·劳德著作集》，威廉·斯科特编，第 6 卷，1857 年版，第 1 部，第 191 页。（回应塞耶和塞尔就主教在民政事务和法庭审判中的权力所提的议案。）

⑯ 同上书，第 1 卷，第 5—6 页。

⑰ 哈林顿：《著作集》，1700 年版，第 69 页《大西洋》（*Oceana*），第 388—389 页（《立法的艺术》（*The Art of Law-giving*））。

⑱ G. 马利纳：《商业法》（G. Malynes, *Lex Mercatoria*），1622 年版。同样的比喻早就在《论英格兰王国的公共福利》中用过了，E. 拉蒙德编，第 98 页。

⑲ 迪尤斯：《议事录》，第 674 页；以及伊丽莎白 39 号令，律目 2。

⑳ 关于对控制物价的批评，参见托尼和鲍尔：《都铎王朝时期的经济文献》，第 3 卷，第 339—341 页，以及第 2 卷，第 188 页，和《斯蒂夫基文件》（参见上面注释㊽），第 130—140 页。

㉑ H. 埃利斯：《原始信件》（H. Ellis, *Original Letters*），第 2 辑，第 2 卷，1827 年，第 182 封信，以及 J. W. 伯根：《托马斯·格雷沙姆爵士的生平与时代》（J. W. Burgon, *The Life and Times of Sir Thomas Gresham*），1839 年版，第 2 卷，第 343 页。

㉒ 威尔逊：上引书（参见上面注释㊺），第 249 页。

㉓ 《下院议事录》（*Commons' Journals*），1604 年 5 月 21 日，第 1 卷，第 218 页。

㉔ 伊丽莎白 13 号令，律目 8，爱德华六世 5 号和 6 号撤销令，律目 20；迪尤斯：《议事录》，第 171—174 页。

㉕ 欧文和布莱克韦：《什鲁斯伯里的历史》（Owen and Blakeway, *History of Shrewsbury*），1825 年版，第 2 卷，第 364 页注释、第 412 页。

㉖ 《历史文稿与商务文稿，关于各种收藏文稿的报告》（*Hist. MSS. Com.*, *Report on MSS. in various Collections*），第 1 卷，1901 年版，第 46 页（《伯福德市镇当局的文稿》（*MSS. of Corporation of Burfod*））。

㉗ 威尔逊：上引书（参见上面注释㊺），第 233 页。

⑱ 科克：《汇编》，第2部，1797年，第601页及以后数页。（人们想要改革某些滥用诉讼中止令的条款，如坎特伯雷大主教理查德·班克罗夫特所表现的那样。）

⑲ 托马斯·里德利：《对民法和教会法的一种看法，实施过紧之处在此地可以放宽些》（Thomas Ridley, *A View of the Civile and Ecclesiastical Law, and where in the Practice of them is straitened and may be relieved within this Land*），1607年版，献辞，第3页。

⑳ H. 亨特利：《简论高级教士们的过分擅权》（W. Huntley, *A Breviate of the Prelates' intolerable Usurpation*），1637年版，第183—184页。这里指的是欣德的案子，据称经伊丽莎白19号令获得申辩的机会。有关中止诉讼令的争议，参见R. G. 厄谢尔：《高等宗教
313 事务法院的兴衰》（R. G. Usher, *The Rise and Fall of the High Commission*），1913年版，第180页及以下数页。

㉑ 迪尤斯：《议事录》，第171、173页。

㉒ 参见，例如，瑟蒂斯学会，第34卷，1858年，《达勒姆教区内高级宗教事务法院的法令》（*The Acts of the High Commission Court within the Diocese of Durham*），前言，它说明在1626到1639年期间，蔑视普通教会裁判权的案例达到数百件。

㉓ 佩恩：《没有十字架，就没有王冠》（Penn, *No Cross, No Crown*），第1部，第12章，第8节。

㉔ 桑德森：《良心的责任》（Sanderson, *De Obligatione Conscientiæ*），1666年版；泰勒：《神圣生活的规则和仪式》（Taylor, *The Rule and Exercises of Holy Living*），1650年版，第3章，第3节（《关于谈判和民约，公平地讨价还价的规则和尺度》（*Of Negotiation of Civil Contracts, Rules and Measures of Justice in Bargaining*））。

㉕ 曼德维尔：《蜜蜂的寓言》（Mandeville, *The Fable of the Bees*），F. B. 凯编，1924年版，第193、194页。关于贫穷的必要性，后来表达了同样观点的有教士J. 汤森，参见《论济贫法》（J. Townsend, *Dissertation on the Poor Laws*）（1785年版），还有帕特里

克·科洪：《论不列颠帝国的财富和资源》（Patrick Colquhoun, *Treatise on the Wealth and Resources of the British Empire*）（1814 年版）。像曼德维尔一样，这两位作者都论证说，贫穷对于繁荣来说是必不可少的，而且事实上对于文明的存在本身来说是必不可少的。关于 18 世纪的作者们所说的大意相同的话，E. S. 弗尼斯作了全面的引证，参见他的《工业国有主义制度下劳工的地位》（E. S. Furniss, *The Position of the Laborer in a System of Nationalism*），1920 年版，第 4—6 章。

⑯ 《人的全部责任，就在于以一种单纯而常见的方式为大家所用》（*The Whole Duty of Man*, *lain down in a plain and familiar Way for the Use of All*），1658 年版。

第四章

① 塔克：《法国和英国在贸易方面各自具有的优势和劣势简论》（Tucker, *A Brief Essay on the Advantages and Disadvantages which respectively attend France and Great Britain with regard to Trade*），1750 年版，第 33 页。塔克的大部分著作都已缺失，W. E. 克拉克对他思想作了最好的评论，见《乔赛亚·塔克，经济学家》（历史、经济和政治法研究（W. E. Clarke, *Josiah Tucker*, *Economist*），哥伦比亚大学，第 16 卷，1903—1905 年版）。 314

② 《理查德·巴克斯特讲述其生活和时代中最可纪念的事件》（*Reliquiæ Baxterianæ: or Mr. Richard Baxter's Narrative of the most memorable Passages of his Life and Times*），1696 年版，第 5 页。

③ 班扬：《天路历程》（Bunyan, *The Pilgrim's Progress*）。

④ 《纽卡斯尔公爵的生活》，由纽卡斯尔公爵夫人玛格利特作（*The Life of the Duke of Newcastle*, By Margaret, Duchess of Newcastle）（埃弗里曼编，1915 年版，第 153 页）。

⑤ 巴克斯特，前引书，第 31 页。

⑥ 班扬：《天路历程》。

⑦ 巴克斯特，前引书，第89页。

⑧ 托玛斯·富勒：《敬神的和不敬神的国家》(Thomas Fuller, *The Holy and Profane States*)，1884年版，第122页。

⑨ 引自S. 赛弗：《布里斯托尔回忆》(S. Seyer, *Memoirs of Bristol*)，第2卷，1823年版，第314页。

⑩ R. G. 厄舍：《英格兰教会的重建》(R. G. Usher, *The Reconstruction of the English Church*)，第1卷，1910年版，第249—250页。

⑪ 巴克斯特：上引书，第30页。

⑫ 《简述战争的起源》(*An Orderly and Plaine Narration of the Beginnings and Causes of this Warre*)，1644年版，第4页(英国博物馆，托马斯·特雷克斯，54[3])。感谢帕斯卡尔·拉金神父允许我使用这段引文。

⑬ 克拉伦登：《反叛的历史》(Clarendon, *History of the Rebellion*)，第6卷，第271页。

⑭ 帕克：《神学政治学讨论》，1670年版，前言，第39页。

⑮ 《克拉伦登侯爵爱德华生平》(*The Life of Edward, Earl of Clarendon*)，由其本人撰写，1827年版，第3卷，第101页。

⑯ D. C. A. 阿格纽：《来自法国的新教逃亡者》(D. C. A. Agnew, *Protestant Exiles from France*)，1886年版，第1卷，第20—21页。1640年的根枝请愿书在控诉主教犯下的罪恶中包括："阻碍并破坏了所有好东西，其中包括布商、商人和诸如此类的人，他们失去了牧师，受到这些巨大的压力，于是离开英国去荷兰和其他地方，他们离开的时候把大量服装制造业和贸易带到他们定居的地方，于是，王国主要的大宗产品减少了价值，零售业凋零，许多穷人想要工作，海员失业，整个国家一片凋零。"(S. R. 加德纳：《清教革命的宪制文件，1628—1660》[1889]，第73页)(S. R. Gardiner, *Constitutional Documents of the Puritan Revolution*)。要了解伊丽莎白时期对待外国移民相对自由的政策，见托尼和鲍尔：《都铎王朝时期的经济文献》，第1卷，第6章，第3，4，11(2)，15

页以及坎宁安：《英国现代工业和商业的发展》(Cunningham, *Growth of English Industry and Commerce, Modern Times*), 1921 年版，第 1 部，第 79—84 页。

⑰ 《托利主义和贸易绝不可能一致》(*Toryism and Trade Can Never Agree*), 1713 年版，第 12 页。H. 列维在《经济自由主义》(H. Levy, *Economic Liberalism*)(1913 年版，第 12 页)一书中错误地认为 315
这个小册子是戴文纳特所作。

⑱ 参见 G. 马丁：《路易十四王朝的工业》(G. Martin, *La Grande Industrie sous le règne de Louis XIV*), 1899 年版，第 17 章，其中引用了好几个行政长官的报告。并见列瓦骚：《法国商业史》(Levasseir, *Histoire du commerce de la France*), 1911 年版，第 1 卷，第 421 页。

⑲ 《一位城市的绅士写给一位农村绅士关于令人憎恨的迫害事件的信》(*A Letter from a Gentleman in the City to a Gentleman in the Country about the Odiousness of Persecution*), 1677 年版，第 29 页。

⑳ 威廉 · 坦普尔：《尼德兰联省共和国观察》(Sir Wm. Temple, *Observations upon the United Provinces of the Netherlands*), 第 5、第 6 章。

㉑ 《荷兰和西弗里西亚群岛共和国的真正利益及政治格言》(*The True Interest and Political Maxims of the Republick of Holland and West-Friesland*), 1702 年版，第 2 部，第 14 章。

㉒ 配第：《政治算术》(Petty, *Political Arithmetic*), 1690 年版，第 25—26 页。

㉓ 《英格兰目前的利益，一位热爱国王和国家的人所写》(*The Present Interest of England Stated, by a Lover of his King and Country*), 1671 年版。我要感谢 A. P. 沃茨沃思提醒我注意书中的引文。劳伦斯 · 布拉敦更加专门指出了相同的观点："他们宗教的迷信迫使法国比我们(至少)多保留 50 天神圣日，而每一个这种不工作日就会使受骗的人民损失 12 万英镑。"(摘自一份救助、改造和雇佣穷人的议案草稿，1717 年版。)还可参见笛福：《对非经常性尊奉国教

的调查》(Defoe, *Enquiry into Occasional Conformity*), 1702 年版, 第 18—19 页:"先生们, 我们不知道你们是否还需要用我们的钱支撑你们赤字累累的财政, 用我们的股份帮助你们维持战争, 用我们的贷款和信用维持你们船舶食品供应处和海军。如果你们继续要对我们进行分类, 制定法律使我们无法购买土地从而使我们不能成为自由持有者, 那就看你们能否有钱把我们的土地全部买下。把我们迁移到城镇地区, 让我们自己进行贸易, 让我们梳棉、纺纱、织布, 互相一起劳动, 让我们看看, 没有我们的帮助你们如何养活穷人。让我们把我们的船开走, 把我们的钱从你们的银行取走, 不要接受我们的钞票, 在民众事务上把你们和我们彻底分开, 就如我们在宗教事务上和你们彻底分开一样, 让我们看看, 离开我们你们将怎么办。"

㉔ 斯威夫特:《检查官》(Swift, *Examiner*)。

㉕ 博林布洛克:《给威廉·温德姆先生的信》(Bolingbroke, *Letter to Sir Wm. Windham*), 1753 年版, 第 21 页。

㉖ 见本章注释②, 第 94 页, 巴克斯特继续说:"师傅(也就是雇主)的一般情况只不过稍稍好于他们的雇工(刚够糊口), 但那只是因为他们工作得不够努力。"

㉗ 伏尔泰:《哲学通信》(Voltaire, *Lettres Philosophiques*), 第 10 页。孟德斯鸠:《法的精神》(Montesquieu, *Esprit des Lois*), xix, 27, 以及 xx, 22。还可参见狄阿根松:《关于法国政府的思考》(D'Argenson, *Considérations sure le Gouvernement de la France*), 1765 年版。

㉘ 《简述高利贷在英国的发展》(*Brief Survey of the Growth of Usury in England*), 1673 年版。

㉙ 马斯顿:《东进!》(Marston, *Eastward Ho*!), 第 1 部, 第 1 节。

㉚ 克拉伦登:《反叛的历史》, 第 1 卷, 第 163 页。

㉛ 配第:《政治算术》, 1690 年版, 第 23 页。

㉜ 马克斯·韦伯:《新教伦理和资本主义精神》, 首次发表在

《社会科学和社会政治统计文献》（*Archiv für Sozialwissenschaft und Sozialpolitik Statistik*），第 20 和 21 卷，然后重印在他的《宗教社会学选集》（*Gesammelte Aufsätze zur Religionssoziologie*），第 1 卷，1920 年版；特勒尔奇：《基督教会社会理论》和《新教和进步》，1912 年 316
版；舒尔茨-盖福尼茨：《英国帝国主义和英格兰自由贸易》（Schulze-Gaevernitz, *Britischer Imperialismus und Englischer Freihandel*），1906 年版；坎宁安：《基督教和经济学》（Cunningham, *Christianity and Economic Science*），1914 年版，第 5 章。

韦伯的论文在德国引起广泛讨论。他的主要观点——加尔文主义，尤其是英国清教（他几乎所有例子都取自清教）在创造一种有助于资本主义企业发展的道德和政治条件方面扮演了最重要的作用——似乎被特勒尔奇采纳，《基督教会社会理论》第 704 页以下。韦伯的观点受到布伦塔诺的批判分析（《现代资本主义的起源》（Brentano, *Die Anfänge des modernen Kapitalismus*），1916 年版，第 117—157 页），他的结论与韦伯的大部分观点不同。韦伯的论文当然是迄今为止对宗教和社会理论的关系进行的最有成果的探讨之一，而且我要感谢它对我的启发，特别是这篇文章关于某些清教学者用“天职”这个词表达的思想运用在经济方面的讨论。与此同时，我认为韦伯的论证在很多地方是片面的、过分的，而布伦塔诺对他的批评在我看来则是正确的。

因此，首先，讨论经济和社会思想的文章与讨论经济组织和社会组织变革的文章必定不同，我觉得，韦伯的文章在解释道德和知识影响的发展时提到的因素完全可以用来解释其他领域的现象。15 世纪的威尼斯和佛罗伦萨，或者在德国南部和佛兰德地区都有大量“资本主义精神”存在，原因就是因为这些地区是当时最大的商业和金融中心，但这些地区却全都（至少主要）信奉天主教。资本主义于 16 和 17 世纪在荷兰和英格兰的发展不是因为这两个地方的新教势力，而是主要因为大量经济运动，特别是因为地理大发现以及由此产生的结果。物质的变化和心理变化当然是一起发生的，心理变化当然是对第一种变化的反应。但是，说资本主义企业只有当宗教变革已经产生出一种资本主义精神之后才能出现，这种说法有点牵强附会。但是，如果断言，宗教改革仅仅是经济运动的结果，那也同样是片面的。

其次，韦伯忽略了，或者说至少是太少触及到思想运动，这种运动有助于商业企业的发展，有助于一种对待经济关系的个人主义态度，但它同宗教没有什么关系。文艺复兴的政治思想就是其中之一。正如布伦塔诺指出，马基雅弗利对于传统伦理限制产生的消解作用至少同加尔文的作用一样强大。生意人和经济学家关于金钱、价格和外贸的思考是第二种。这两种思想都导致全神贯注于金钱利益的倾向，也就是韦伯所理解的资本主义精神。

再次，韦伯似乎把加尔文主义弄得过分简化了。首先，他把加317 尔文和他直接追随者的社会伦理思想都归给 17 世纪英国的清教徒。其次，按照他的说法，似乎 17 世纪所有英国清教徒关于社会职责和生计问题都具有相同的观点。这两个观点都是错误的。一方面，16 世纪的加尔文主义者(包括英国清教徒)都信奉苛严的教义，恰当地加到后期清教徒身上的个人主义会使他们惊恐万分。真正重要的问题是，导致一种立场转变到另一种立场的原因，对于这个问题，韦伯似乎忽略了。另一方面，17 世纪的清教具有多种因素，它们对于社会政策具有非常不同的观点。正如克伦威尔所发现，没有一种模式能够使清教的贵族和平均派、地主和掘地派、商人和工匠、士兵和将军对一种社会理论形成共同的看法。清教运动内部不同理论之间也在斗争。有些获胜了，有些则失败了。

因此，无论是“资本主义精神”还是“新教伦理”都比韦伯所说的意思远为复杂。他的文章中真正有价值的东西在于，他坚持 16 世纪的英国商人阶级是一种特定社会生计思想的支持者，而这种思想与社会上更为保守的思想——农民、工匠、很多拥有土地的中上阶级——完全不同，而且这种思想表现为宗教、政治，特别是社会与经济行为及政策。

㉝ 坎宁安：《教会关于金钱投资和财富使用的道德证明》(Cunningham, *The Moral Witness of the Church on the Investment of*

Money and the Use of Wealth)，1909 年版，第 25 页。

㉞ 诺克斯：“教义书”（Knox, *The Buke of Discipline*），载《著作》，D. 莱恩主编（*Works*, ed. D. Laing）第 2 卷，1848 年版，第 183 页以下；托马斯·卡特赖特：“教会治理指南”（Thos. Cartwright, A Directory of Church Government）（收印在 D. 尼尔：《清教徒历史》（D. Neal, *History of the Puritans*），1822 年版，第 5 卷，附录 4）；W. 特拉弗斯：《神学纪律完整清楚的布告》（W. Travers, *A Full and Plain Declaration of Ecclesiastical Discipline*），1574 年版；J. 尤德尔：《基督为统治自己教会制定的纪律：对其真理的说明》（J. Udall, *A Demonstration of the Truth of that Discipline which Christe hath prescribed in his Worde for the Government of his Church*），1589 年版；班克罗夫特：《以宗教改革借口并且为长老制制度在不列颠岛颁布和实施的危险的立场和行动》（Bancroft, *Dangerous Positions and Proceedings published and practised within this Iland of Brytaine under Pretence of Reformation and for the Presbyteriall Discipline*），1593 年版（其中部分重印在 R. G. 厄舍：《伊丽莎白女王时期的长老制运动，戴德姆长老大会备忘录的例子》（G. G. Usher, *The Presbyterian Movement in the Reign of Queen Elizabeth, as illustrated by the Minute Book of the Dedham Classis* 1905）。

㉟ 卡特赖特：上引书。

㊱ 厄舍：上引书，第 1 部。

㊲ 同上书，第 14—15 页，关于班克罗夫特对于程序的说明。

㊳ 引自贝利：《信》（Baillie, *Letters*），载 W. A. 肖：《内战和英伦三岛共和国期间英国教会历史》（W. A. Shaw, *A History of the English Church during the Civil Wars and under the Commonwealth*），1900 年版，第 1 卷，第 128 页。

㊴ 肖：上引书，第 2 卷，第 3 章（长老制度（*The Presbyterian System*），1646—1660 年）。要了解长老制度的实际运行，参见切塔姆社团，曼彻斯特长老大会备忘录 20 卷，22 卷，24 卷，以及贝利长老大会备忘录第 36 卷、41 卷（Chetham Society, vols. xx, xxii, xxiv,

Minutes of the Manchester Classis, and vols. xxxvi, xli *Minutes of the Bury Classis*)。

318 ㊵ 见第3章，第142页。

㊶《清教宣言》(*Puritan Manifestoes*)，第120页，引自H. G. 伍德："宗教改革对财富和财产观点的影响"，载《财产，其权力和职责》(H. G. Wood, "The Influence of the Reformation on Ideas concerning Wealth and Property", in *Property, its Rights and Duties*)，1913年版，第152页。伍德先生的文章对整个问题进行了非常出色的讨论，我想在此说明自己获益匪浅。关于纽斯图伯、史密斯和巴罗的观点可参见他们的引文，收在哈威斯：《宗教改革概况》(Haweis, *Sketches of the Reformation*)，1844年版，第237—240、243—246页。应该注意到，巴罗一方面谴责那些"闲坐在家里，只用自己的钱做生意的人，他们用这种方式把钱借给那些急需用钱的人……根本不管借钱人需要用钱干什么，只关心自己的收益"，但同时又承认这种利益并非都要受到谴责。还可参见托马斯·富勒：《剑桥大学历史》，M. 普里克特和T. 赖特编(Thos. Fuller, *History of the University of Cambridge*, ed. M. Prickett and T. Wright)，1840年版，第275—276、288—289页，以及坎宁安：《英国现代工业和商业的发展》，1921年版，第1部，第157—158页。

㊷《新莎士比亚学会》(*New Shakespeare Society*)，第6卷，第6号，1877—1879年版，菲利普·斯塔布斯：《英国弊病解剖》，F. J. 弗尼瓦尔主编(Phillip Stubbes, *Anatomy of the Abuses in England* ed. F. J. Furnivall)，第115—116页。

㊸ W. 阿姆斯：《良知》(*De Conscietia et eius iure vel casibus libri quinque*)，第5卷，第43、44章。阿姆斯就读于剑桥大学基督学院，曾试图在科尔切斯特定居，但被伦敦主教禁止布道，于是在1610年左右去了雷顿，1622年被任命为弗朗内科大学神学主任，他在那里待了10年，后在鹿特丹去世。

㊹ 斯塔布斯：上引书，理查德·卡佩尔：《诱惑，其本质、危

险和救治》(Richard Capel, *Temptations, their Nature, Danger, Cure*),1633 年版;约翰·穆尔:《英格兰不照顾穷人之重罪》(John Moore, *The Crying Sin of England of not caring for the Poor*),其中对圈地,包括无人的城镇、不毛之地等进行指控、审讯、谴责,1653 年版。

㊺ J. O. 哈利韦尔:《西蒙兹·迪尤斯先生的自传和通信》(J. O. Halliwell, *The Autobiography and Correspondence of Sir Simonds D'Ewes*),1845 年版,第 1 卷,第 206—210、322、354 页;第 2 卷,第 96、153—154 页。

㊻ 厄舍,上引书(见本章注释㉞),第 32、53、70、99—100 页。

㊼ 1645 年 9 月 26 日,决定“长老有权中止犯有教唆罪、伪造罪、敲诈罪和贿赂罪的人参加圣餐礼的资格”(《下院议事录》,第 6 卷,第 290 页)。

㊽ 切塔姆学会:《贝里长老大会备忘录》(Chetham Society, *Minutes of the Bury Presbyterian Classis*),1647—1657 年,第 1 部,第 32—33 页。剑桥长老大会于 1657 年决定,1648 年 8 月 29 日议会的法令应该作为长老大会处理丑闻的规定。法令中提到的丑闻包括敲诈,长老大会还决定,“任何被法律判定犯有上述丑闻的人若无悔改表示均不得参加圣餐,”但似乎他们主要注意的是巫师、巫婆和算命先生。

㊾ 《历史文稿与商务文稿,关于各种收藏文稿的报告》,第 1 卷,1901 年版,第 132 页。

㊿ 引自 F. J. 波威克:《理查德·巴克斯特牧师大人生平》(F. J. Powicke, *A Life of the Reverend Richard Baxter*),1924 年版,第 92 页。

(51) 《基督徒守则》(*The Christian Directory*)中关于社会伦理部分中的语录由珍妮特·托尼编印,《理查德·巴克斯特基督徒守则中的章节》(Jeannette Tawney, *Chapters from Richard Baxter's Christian Directory*),1925 年版,本书中引用的绝大多数引文都可以在那本书中找到。 319

㉜ 《理查德·巴克斯特讲述其生活和时代中最可纪念的事件》(参见本章注释②), 第1页。

53 《恶人先生生平》(剑桥英语经典丛书, 1905年版), 第116—125页, 班扬在此详细讨论了价格伦理问题。

54 卡莱尔: 《克伦威尔的信件和演讲》(Carlyle, *Cromwell's Letters and Speeches*), 第二封信。

55 见韦伯关于这些问题的观点, 上引书(见本章注释㉜), 第94页, 我在该注解中总结了他的主要结论。

56 弥尔顿: 《为英国人辩护》(Milton, *A Defence of the People of England*), 1692年版, 第xvii页。

57 见托马斯·威尔逊: 《关于高利贷问题的布道》, 前言, 1925年版, 第178页: "有两种人要特别注意, 一种是虚假的福音传播者, 另一种是顽固不化的天主教徒。第一种人披着宗教的外衣却要颠覆一切宗教, 他们装着说喜欢游戏, 利用一切可能的诡计, 披着为大众福利的外衣却为私人牟利, 至于高利贷这种罪恶勾当, 这种纯洁宗教的教士干得最为赤裸裸。"

58 芬顿: 《论高利贷》(Fenton, *A Treatise of Usurie*), 1612年版, 第60—61页。

59 《简述高利贷在英国的发展》, 1673年版。

60 S. 理查德森: 《为贫穷的原因辩护》(S. Richardson, *The Cause of the Poor Pleaded*), 1653年版, 托马森宗教文集出版社, E. 703(9), 第14页。其他相关材料可参考下面注释72。关于勒索价格, 见托马森宗教文集出版社, E. 399(6), 《一便士的价值, 或注意管好钱》(*The Worth of a Penny, or a Caution to keep Money*), 1647年版。感谢詹姆斯小姐允许我引用这些引文。

61 胡克: 《神学政治法》前言(Hooker, Preface to *The Laws of Ecclesiastical Polity*), 埃弗里曼主编, 1907年版, 第1卷, 第128页。

62 威尔逊: 上引书, 第250页。

63 《哈钦森生平回忆》, 由他的遗孀露西撰写, 埃弗里曼主编(*Memoirs of the Life of Colonel Hutchinson*, written by his widow

Lucy, Everyman ed.), 1908 年版，第 64—65 页。

⑭ 见本章注释⑯。

⑮ 《斯特拉福德男爵的信件公文》，威廉 · 诺勒（*The Earl of Strafford's Letters and Despatches*），1739 年版，第 2 卷，第 138 页。

⑯ 本书仅仅提到这样一个观点：经济利益和商业以及有产阶级的观点导致他们同君主制度发生冲突，这里仅仅提到最明显的信息来源。关于特许权和垄断，包括广受憎恨的肥皂垄断，见 G. 昂温：《伦敦的行会和公司》（G. Unwin, *The Gilds and Companies of London*），1908 年版，第 17 章，还可参见 W. 海德 · 普赖斯：《英国垄断特许》（W. Hyde Price, *The English Patents of Monopoly*），1906 年版，第 11 章和其他各章。关于贸易的控制，见《皇家贸易办公室，颁布并证明皇家的权利和便利》（*Cambium Regis, or the Office of his Majesties Exchange Royal, declaring and justifying his Majesties Right and the Convenience thereof*），1628 年版，以及鲁丁：《铸币年鉴》（Ruding, *Annals of the Coinage*），1819 年版，第 4 卷，第 201—210 页。关于星室法庭对投机的惩罚，以及关于公共粮仓计划，见卡姆登学会 N. S.，39 卷，1886 年，《星室法庭和高等宗教事务法院案例报告》，S. R. 加德纳主编，第 43 页以下，第 82 页以下。还可参见 N. S. B. 格拉斯：《英国谷物市场的发展》（N. S. B. Gras, *The Evolution of the English Corn Market*），1915 年版，第 246—250 页。关于对纺织业的控制以及对这种措施的反对，见 H. 希顿：《约克郡羊毛和精纺毛线业》（H. Heaton, *The Yorkshire Woollen and Worsted Industries*），1920 年版，第 4、7 章；凯特 · E. 巴福德："英格兰西部 320
制衣业：17 世纪国家控制的试验"（Kate E. Barford, "The West of England Cloth Industry: A seventeenth-century Experiment in State Control"），载《威尔特郡人类学和自然历史杂志》（*Wiltshire Archeoological and Natural History Magazine*），1924 年 12 月，第 531—542 页；R. R. 里德：《国王的北方议会》，1921 年版，第 4 部，第 2 章；《维多利亚郡史》（*Victoria County History*），第 2 卷，第 263—268 页。关于枢密院提高纺织业工人工资以及保护工匠问题，见托尼：

"根据和平条款评价英格兰的工资"（Tawney，"The Assessment of Wages in England by the Justices of the Peace"），载《社会经济史季刊》（*Vierteljahrschrift für sozial-und Wirthschaftsgeschichte*），1913年，第11卷，第307—337、533—564页；伦纳德：《英国早期济贫史》，第160—163页；《维多利亚郡史》，第2卷，第268—269页；昂温：《16和17世纪的工业组织》（Unwin，*Industrial Organization in the Sixteenth and Seventeenth Centuries*），1904年版，第142—147页。关于人口减少委员会，见托尼：《16世纪的土地问题》，第376、391页。关于从东印度公司榨钱以及破坏其宪章，见沙法阿特·艾哈迈德汗：《17世纪东印度贸易》（Shafa'at Ahmad Khan，*The East India Trade in the XVIIth Century*），1923年版，第69—73页。关于清教成员的殖民利益，见A. P. 牛顿：《英格兰清教徒殖民档案》（A. P. Newton，*The Colonising Activities of the English Puritans*），1914年版，以及C. E. 韦德：《约翰·皮姆》（C. E. Wade，*John Pym*），1912年版。

⑰ E. 拉斯佩尔：《荷兰经济思想史及其关于共和国时代的文献》（E. Laspeyres，*Geschichte der Volkswirthschaftlichen Anschauungen der Niederlander und ihrer Litteratur zur Zeit der Republik*），1863年版，第256—270页。关于该问题的观点可以从萨马休斯的巨作（同时也很难读的）《论高利贷的界定》（*De Modo Usurarum*）（1639年版）中收集。

⑱ 约翰·奎克：《高卢改革期间的宗教会议》（*Synodicon in Gallia Reformata*），1692年版，第1卷，第99页。

⑲ 关于美国情感的变化，见特勒尔奇：《新教与进步》，第117—127页；关于富兰克林，可见《本杰明·富兰克林生平回忆及其著作》（*Memoirs of the Life and Writings of Benjamin Franklin*），松巴特：《资本主义的精髓》（Sombart，*The Quintessence of Capitalism*），1915年版，第116—121页。

⑳ 见罗伯特·伍德罗（Robert Woodrow）（见松巴特：上引书，第149页）。

㉑ 约翰·库克：《穷人案例》（John Cooke，*Unum Necessarium*

or the Poore Man's Case), 1648 年版，该书包括为管制价格、建立当铺所作的辩护。

(72) 所谓新教对贪欲采取宽恕态度而导致的丑闻可见 T. 沃森：《为善行辩护》(T. Watson, *A Plea for Alms*)(托马森宗教文集出版社，E. 2125)，第 21 页，第 33—34 页：“罗马教会诽谤我们反对辛勤劳作……我很遗憾，追求真诚的人居然会受到这样的指控。我的意思是，几乎所有的牧师都会被指控犯有这种贪欲和不仁慈的罪……我可以告诉你，这些虔诚的守财奴是对基督教的指责……我可以提到那些吝啬的信徒，他们既有信教的翅膀可以藉此升入天堂，却又有动物的脚在地上行走，甚至舔着尘土……想一想吧，让你的宗教不要毁掉你的贪欲，至少你的贪欲不会毁掉你的宗教。”还可参见巴尔塔札尔·热尔比耶：《有利于穷人的新年成果》(Sir Balthazar Gerbier, *A New Year's Result in favour of the Poore*), 1651 年(托马森宗教文集出版社，E. 651[14]：“究竟是天主教徒像福音(根据我们的英格兰信条)改革派一样依赖信仰，还是改革派牧师干了和天主教徒一样多的慈善事业？”)。

(73) S. 理查森(S. Richardson)：上引书，(见本章注释(60))，第 7— 321
8、10 页。

(74) 第一个强调“感召”思想用来为经济效用辩护的人是韦伯(见本章注释(32))，以下章节的思想主要归功于他的结论。

(75) 班扬：《天路历程》。

(76) 理查德·斯蒂尔：《商人的天职，关于职业的本质、必要性和选择等》(Richard Steele, *The Tradesman's Calling, being a Discourse concerning the Nature, Necessity, Choice, etc., of a Calling in general*), 1684 年版，第 1、4 页。

(77) 同上书，第 21—22 页。

(78) 同上书，第 35 页。

(79) 巴克斯特：《基督徒守则》(Baxter, *Christian Directory*), 1678 年版，第 1 卷，第 336 页以下。

(80) 托马斯·亚当斯(Thomas Adams)(韦伯引文，上引书，第

96页）。

㉛ 马修·亨利：《灵魂的价值》（Matthew Henry, *The Worth of the Soul*）（引文同上书，第168页）。

㉜ 巴克斯特：上引书，第1卷，第111a页。

㉝ 斯蒂尔：上引书，第20页。

㉞ 巴克斯特：上引书，第1卷，第378b页以下、108b页以下；第4卷，第253a页。

㉟ 《神圣的航海业：或海员的新罗盘》（*Navigation Spiritualized: or a New Compass for Seamen*），一共包括32个要点：

其中包括愉快的观察

有利的应用

严肃的反思。

所有这些要点都配上许多神圣的诗歌。在诗歌里面又加上：

1）关于酗酒之罪的严肃对话。

2）映照在《圣经》之镜中妓女的脸等。

因此，这是一篇讨论如何使他们摆脱以下这些可怕的、令人厌恶的罪行的论文：酗酒、咒骂、肮脏、不仁慈、破坏诺言、不尊重死亡。1682年。

这部欢快作品的作者是德文郡的一个牧师，名叫约翰·弗拉维尔，他还写过《神圣的畜牧业，或使尘世的东西具有天堂的用途》（*Husbandry Spiritualized or the Heavenly Use of Earthly Things*），1669年版。他和斯蒂尔都认为，Chadband touch并不算错误。《虔诚的织工》（*The Religious Weaver*）好像是一个叫做法赛特的人写的，但我无法找出究竟。

㊱ 斯蒂尔：上引书（见本章注释㉖）。

㊲ 班扬：《天路历程》。

㊳ 戴维·琼斯：《在圣玛丽·伍尔诺斯的最后一次弥撒》（David Jones, *A Farewell Sermon at St. Mary Woolnoth's*），1692年版。

㊴ 尼古拉斯·巴本：《贸易讲道》，1690年版，约翰·H.霍兰

德(John H. Hollander)主编(经济学小册子(*A Reprint of Economic Tracts*), 丛书2, 第1页)。

90 长期议会一个成员的讲话,引自C. H. 弗思:《奥利弗·克伦威尔》(C. H. Firth, *Oliver Cromwell*), 1902年版, 第313页。

91 《克拉伦登侯爵爱德华生平》(*The Life of Edward, Earl of Clarendon*), 1827年版, 第2卷, 第235页:"商人非常高兴能够依据这种论据(战争的好处)进行扩展,然后又很高兴听到以下的议论,'从对荷兰的战争中得到无限的好处,荷兰人很容易被制服,然后贸易就可以由英国人来进行'。"克拉伦登很讨厌商人,对这个行业非 322
常憎恨,按照他的看法,这几乎就是商业战争的经典例子,每一步的细节都仔细策划好,从皇家非洲公司赋予约克公爵指挥权,直到仇恨必然出现的"事故"。

92 同上书,第3卷,第7—9页。

93 达德利·诺斯:《贸易讲道》, 1691年版,前言。

94 配第:《政治算术》,前言。

95 张伯伦:《英伦见闻录》(*Anglia Notitia*)(引自P. E. 达夫:《安德鲁·亚兰通的说明》(P. E. Dove, *Account of Andrew Yarranton*), 1854年版,第82页)。

96 罗杰·诺斯:《诺斯生平》(Roger North, *The Lives of the Norths*)1826年版,第3卷,第103页;T. 沃森:《为善行辩护》(T. Watson, *A Plea for Alms*)(托马森宗教文集出版社, E. 2125), 第33页;德赖登:《押沙龙和阿齐托弗尔》(Dryden, *Absalom and Achitophel*), 第2部, 1682年版,第9页,在书中, 1679—1680年的市长罗伯特·克莱顿和该市1679—1681以及1689年长期议会的成员都像"敲诈勒索的伊斯班"。他是一个放债人,通过高利贷赚钱。

97 约翰·福克,威廉·汤普森,威廉·洛夫和约翰·琼斯(John Fawke, Sir William Thompson, William Love, and John Jones)。

98 查尔斯·金(Charles King):《英国商人》(*The British Merchant*, 1721年版,第1卷,第181页)提出以下这些人作为分析英国和法国在1674年进行贸易的见证人: Patience Ward, Thomas

Papillon, James Houblon, William Bellamy, Michael Godfrey, George Toriano, Hohn Houblon, John Houghe, John Mervin, Peter Paravicine, John Dubois, Benj. Godfrey, Edm. Harrison, Benj. Delaune。其中外国人的数目引人注目。

⑲ 关于荷兰人在伦敦的资本，参见《历史文稿和商务文稿》，报告 8，1881 年版，第 134 页（委员会关于推迟贸易的过程，1669 年）；关于外国资本在英国的投资，据说，“奥尔德曼 · 巴克内尔手中有超过 10 万英镑的钱，梅内尔先生超过 3 万英镑，范德普特有时有 6 万英镑，德里考斯特先生总是有差不多 20 万英镑的荷兰货币，他们把钱借给商人，收取 7%、6%和 5%的利息。”

⑩ 《克拉伦登侯爵爱德华生平》，第 2 卷，第 289—293 页，以及第 3 卷，第 4—7 页；约翰 · 贝雷斯福德：《唐宁街教父》（John Beresford, *The Godfather of Downing Street*），1925 年版。

⑩ S. 班尼斯特：《威廉 · 佩特森，商人—政治家以及英国银行的奠基人：他的生平和审判》（S. Bannister, *William Paterson, the Merchant-Statesman, and Founder of the Bank of England: His Life and Trials*），1858 年版。

⑩ A. 亚兰通：《英国的改善》（A. Yarranton, *England's Improvement*），1677 年版。

⑩ 《十足的英格兰生意人》（*The Complete English Tradesman*）（1726 年版）同样是斯蒂尔这个天才的作品（见上面第 244—246 页），但该书把基督教甚至解释成无关痛痒的比例问题，见《信件》（*Letter*），xvii（《关于交易的诚实问题》（*Of Honesty in Dealing*））。

⑩ T. S. 阿什顿：《工业革命时期的钢铁业》（T. S. Ashton, *Iron and Steel in the Industrial Revolution*），1924 年版，第 211—226 页。A. P. 沃兹沃思先生指出，兰开夏的大布商通常都不信奉英国国教（《罗奇代尔羊毛贸易史》（*History of the Rochdale Woollen Trade*），第 15 卷，1925 年版）。

⑩ 引自 F. J. 波威克：《巴克斯特生平》（F. J. Powicke, *Life of Baxter*），1924 年版，第 158 页。

(106) 戴西：《英格兰法律和舆论》(Dicey, *Law and Public Opinion in England*), 1905 年版，第 400—401 页。

(107) 《成千上万居住在伦敦、威斯敏斯特、南沃克、哈姆勒兹和邻近地区受到影响的人恭敬的请求》(伯德兰小册子，《平均派请愿》(Bodleian Pamphlets, *The Levellers' Petitions*))。还可参见 G. P. 古奇：《17 世纪英国的民主思想》(G. P. Gooch, *English Democratic Ideas in the Seventeenth Century*), 1898 年版。

(108) 卡姆登学会：《克拉克报告》(Camden Society, *The Clarke* 323
Papers), C. H. 弗思主编(ed. C. H. Firth), 1891—1894 年，第 2 卷，第 217—221 页(温斯坦利给费尔法克斯以及战争委员会的信(Letter from Winstanley to Fairfax and the Council of War), 1649 年 12 月 8 日)。

(109) 《莱斯特地区报告，1603—1688 年》，海伦 · 斯托克斯主编(*Records of the Borough of Leicester*, 1603—1688, ed. Helen Stocks), 1923 年版，第 370、414、428—430 页。

(110) 约翰 · 穆尔，上引书(见本章注释㊹), 第 13 页。还可参见 E. C. K. 冈纳：《公地和圈地》，1912 年版，第 53—55 页。

(111) 卡姆登学会：《克拉克报告》，第 1 卷，第 299 页以下，lxvii 以下。

(112) 《托马斯 · 伯顿的日记》，J. T. 拉特主编(*The Diary of Thomas Burton*, ed. J. T. Rutt), 1929 年版，第 1 卷，第 175—176 页。可以在瑟洛的《国家信件》(Thurloe, *State Papers*)中找到一封惠利的来信，其中提到沃里克郡、诺丁汉郡、林肯郡和莱斯特郡反对圈地的事。第 4 卷，第 686 页。

(113) 约瑟夫 · 李：《为受监督的圈地辩护》(Joseph Lee, *A Vindication of a Regulated Enclosure*), 1656 年版，第 9 页。

(114) 阿奎那：《神学大全》，$2^{a}2^{ae}$，Q. xxxii，art. V。

(115) 《富人与穷人》，绪论，第 7 章，参见皮科克：《抑制神职人员的求全责备》，第 3 部，第 4 章，第 296—297 页。关于中世纪对待穷人态度的出色说明，参见 B. L. 曼宁：《威克利夫时代人民的信仰》，第 10 章。

⑯ 《守夜的挽歌》，W. 阿林厄姆印：《叙事曲》（*A Lyke-wake Dirge*, W. Allingham, *The Ballad Book*），1907 年版，第 xxxi 页。

⑰ 拉蒂默：《神之祈祷的第五次布道》（Latimer, *The fifth Sermon on the Lord's Prayer*（载《布道》，埃弗利曼主编（*Sermons*, Everyman ed.,）第 336 页））。参见廷代尔：《不义之财的比喻》（Tyndale, *The Parable of the Wicked Mammon*（载威廉·廷代尔：《学术论文集》，帕克学会（*Doctrinal Treatises of William Tyndale*, Parker Society），1848 年版，第 97 页）："如果你的兄弟或邻居需要，你就必须帮助他，不要显示怜悯，而要缩回手，让他用自己的手，不去做贼。"）

⑱ 克里斯托弗·哈维：《穷人的监督者》（Christopher Harvey, *The Overseer of the Poor*（载 G. 吉尔菲兰：《乔治·赫伯特的诗意著作》（G. Gilfillan, *The Poetical Works of George Herbert*），1853 年版，第 241—243 页））。

⑲ J. W. B. 梅厄：《N. 费拉尔的双重生活》（J. E. B. Mayor, *Two Lives of N. Ferrar*），由他的兄弟约翰和医生杰布撰写，第 261 页。（引自 B. 柯克曼·格雷：《英国慈善事业史》（B. Kirkman Gray, *A History of English Philanthropy*），1905 年版，第 54 页。）

⑳ 《伦敦城 4 家医院的巨大开支和收费的真实报告》（*A True Report of the Great Cost and Charges of the four Hospitals in the City of London*），1644 年版（上引书，第 66 页）。

㉑ 见《历史文稿与商务文稿》中的报告，第 1 卷，1901 年，第 109—124 页；伦纳德：《英国早期济贫史》，第 268—269 页。

㉒ 马修·黑尔：《为穷人提供救济的讨论》（Sir Matthew Hale, *A Discourse touching Provision for the Poor*），1683 年版。

㉓ 《斯坦利的药方，或如何改造流浪乞丐、小偷、公路抢劫者和扒手的方法》（*Stanley's Remedy, or the Way how to reform wandering Beggars, Thieves, Highway Robbers and Pick-pockets*），1646 年版（托马森宗教文集出版社，E. 317[6]），第 4 页。

⑫④ 《下院议事录》，3月19日，1648/1649年，第6卷，第167页。

⑫⑤ 上引书，第6卷，第201、374、416、481页；第7卷，第127页。

⑫⑥ 塞缪尔·哈特立伯：《扩展的伦敦慈善活动》(Samuel Hartlib, *London's Charity Inlarged*)，1650年版，第1页。

⑫⑦ 哈特立伯，上引书。

⑫⑧ 弗思和雷特：《过渡期的法令和规定》(Firth and Rait, *Acts and Ordinances of the Interregnum*)，1911年版，第2卷，第104—110页。1647年12月17日通过了一项创建公司的规定(上引书，第1卷，第1042—1045页)。

⑫⑨ 上引书，第2卷，第1098—1099页。

⑬⓪ 斯托克伍德，在保罗的十字架前，1578年(引自霍伊斯：《宗 324
教改革概要》(Haweis, *Sketches of the Reformation*)，第277页)。

⑬① 斯蒂尔，上引书，(本章注释⑦⑥)，第22页。

⑬② R. 扬格：《穷人的支持者》(R. Younge, *The Poores' Advocate*)，1654年版(托马森宗教文集出版社，E. 1452[3])，第6页。

⑬③ 关于复辟时期经济学家具有同样影响的文章，可以参见一篇很有分量的文章，T. E. 格雷高里的"英格兰就业经济学"(T. E. Gregory, *The Economics of Employment in England* (1660—1713)，见《经济学》(*Economica*)1921年1月号，第37页以下，以及E. S. 弗尼斯：《国家主义体制中劳动者的地位》(E. S. Furniss, *The Position of the Labourer in a System of Nationalism*)，1920年版，第5、6章)。

⑬④ 《共产党宣言》(*Das Kommunistische Manifest*)，1918年版，第27—28页："资产阶级在它已经取得了统治的地方把一切封建的、宗法的和田园诗般的关系都破坏了。它无情地斩断了把人们束缚于天然首长的形形色色的封建羁绊，它使人和人之间除了赤裸裸的利害关系，除了冷酷无情的现金交易，就再也没有任何别的联系了。"

⑬⑤ 笛福：《做善事不要搞慈善》（Defoe, *Giving Alms no Charity*），1704 年版，第 25—27 页。

⑬⑥ 配第：《政治算术》，第 45 页。

⑬⑦ 亨利·伯莱克斯芬：《贸易讲道》（Sir Henry Pollexfen, *Discourse of Trade*），1697 年版，第 49 页；沃尔特·哈里斯：《英格兰和爱尔兰事务和贸易》（Walter Harris, *Remarks on the Affairs and Trade of England and Ireland*），1691 年版，第 43—44 页；《质问者》（*The Querist*），1737 年版（载《乔治·贝克莱选集》，A. C. 弗雷泽主编（*The Works of George Berkeley, D.D.*, ed. A. C. Fraser），1871 年版，第 387 页）；托马斯·阿尔科克：《济贫法缺点研究》（Thomas Alcock, *Observations on the Defects of the Poor Laws*），1752 年版，第 45 页以下（引自弗尼斯：上引书，第 153 页）。

⑬⑧ 阿瑟·扬：《东方旅行记》（Arthur Young, *Eastern Tour*），1771 年版，第 4 卷，第 361 页。

⑬⑨ 哈里森：《不列颠概况》（Harrison, *The Description of Britaine*），1587 年版，第 2 卷，第 10 章，"穷人条款"（"Of Provision made for the Poor"）。

⑭⓪ H. 亨特：《贫穷问题：托马斯·查默斯著作选》（H. Hunter, *Problems of Poverty: Selections from the ... Writings of Thomas Chalmers, D.D.*），1912 年版，第 202 页。

⑭① 关于查默斯的思想对西尼尔的影响，以及通过西尼尔对 1834 年新济贫法的影响，可以参见 T. 麦凯：《英国济贫法历史》（T. Mackay, *History of the English Poor Law*），第 3 卷，第 32—34 页。查默斯认为，任何济贫法本身都应该被拒绝。西尼尔把查默斯在爱尔兰贫穷问题委员会提供的证据描述为"也许是众议院迄今为止最有启发性的"，西尼尔一开始似乎赞同查默斯的观点，但后来却采纳了以测试所为依据的威慑原则作为次佳方法。1832—1834 年的地方治安长官正确地认为，现存的救济管理方法非常糟糕，他们的错误在于把贫困主要归结为松松垮垮的管理，他们没有认识到，真正的事实是，松松垮垮的管理是因为试图跟上贫困的增长才出现的。因

此，他们关于贫穷原因的讨论非常肤浅，需要用当代各种关于行业方面问题报告的证据来补充（比如关于手工织布的织工）。

⑭ W. C. 布雷斯韦特：《贵格会的第二阶段》（W. C. Braithwaite, *The Second Period of Quakerism*)，1919 年版，第 560—562 页。笛福对贵格派信徒严格的生意标准做了评论，他的评论见 325
“第 17 封信”（关于交易中的诚实)，载《十足的英格兰生意人》。阿什顿先生(《产业革命时代的制铁业》，第 219 页)说，“18 世纪的公谊会教徒和中世纪的天主教徒一样坚持公平价格的某些原则，”并且从贵格派铁匠师傅的行动中引用了一些例子。

托尼的世界及其学术成就

① R. H. 托尼：《贪婪的社会》(R. H. Tawney, *The Acquisitive Society*)(纽约：哈考特，布雷斯和沃尔特，1920 年版)，第 94 页。

② 有一本非常棒的社会学著作恰好把这些不同的价值指向作为职业角色的方面进行研究，参见 J. 本斯曼和 R. 利连费尔德：《手艺和良心》(J. Bensman and R. Lillienfeld, *Craft and Consciousness*)(纽约：Aldine de Gruyter，1990 年版)。

③ R. H. 托尼：“攻击”，载 R. H. 托尼：《攻击和其他论文》(R. H. Tawney, *The Attack and Other Papers*)(纽约：哈考特 · 布雷斯公司，1953 年版)，第 16 页。

④ 罗斯 · 特里尔：《R. H. 托尼和他的时代：作为伙伴关系的社会主义》(Ross Terrill, *R. H. Tawney and His Times: Socialism as Fellowship*)(阿穆赫斯特：马萨诸塞大学出版社，1973 年版)，第 37 页。

⑤ J. 温特和 D. 乔斯林编：《R. H. 托尼的札记》(J. Winter and D. Joslin, eds., *R. H. Tawney's Commonplace Book*)(剑桥：剑桥大学出版社，1972 年版)，第 54 页。

⑥ 特里尔：《托尼和他的时代》，第 6 页。

⑦ 休 · 盖茨克尔(Hugh Gaitskell)，休 · 盖茨克尔 1962 年 2 月 8

日在圣马丁纪念 R. H. 托尼仪式上的讲话，整理后发表在 R. H. 托尼：《极端的传统》(R. H. Tawney, *The Radical Tradition*)(纽约：万神殿，1964 年版)，第 214 页。

⑧ 这份托尼生平摘要主要取自丹尼斯和 A. H. 哈尔西：《英国伦理社会主义，从托马斯·莫尔到 R. H. 托尼》(Norman Dennis and A. H. Halsey, *English Ethical Socialism Thomas More to R. H. Tawney*)(牛津：克拉伦登出版社，1988 年版)，第 149—169 页，《托尼和他的时代》，第 21—117 页。

⑨ R. H. 托尼：《16 世纪的土地问题》(R. H. Tawney, *The Agrarian Problem in the Sixteenth Century*)(伦敦：朗曼，格林公司，1912 年版)，第 9 页。

⑩ 特里尔：《托尼和他的时代》(书目附录)，第 287—313 页。

⑪ 丹尼斯和 A. H. 哈尔西：《英国伦理社会主义，从托马斯·莫尔到 R. H. 托尼》，第 242 页。

⑫ 同上书，第 180 页。

⑬ J. 温特和 D. 乔斯林编：《R. H. 托尼的札记》，第 69 页。

⑭ 同上书，第 55 页。

⑮ 同上书，第 19 页。

⑯ 同上书，第 18 页。

⑰ 同上书，第 57—58 页。

⑱ 托尼：《贪婪的社会》，第 45—46 页。

⑲ J. 温特和 D. 乔斯林编：《R. H. 托尼的札记》，第 69 页。

⑳ R. H. 托尼："中上阶级的兴起，1558—1640"，载温特编：《R. H. 托尼关于历史和社会的论文集》(R. H. Tawney, "The Rise of the Gentry 1558—1640")(伦敦：劳特里奇和基根·保罗，1978 年版)，第 92 页。

㉑ J. 温特和 D. 乔斯林编：《R. H. 托尼的札记》，第 79 页。

㉒ R. H. 托尼：《宗教与资本主义的兴起：一种历史的研究》(R. H. Tawney, *Religion and the Rise of Capitalism: A Historical Study*)(格劳塞斯特，马斯：彼得·史密斯，1962 年版)，f. p。

㉓ 同上书，第 98 页。

㉔ 同上书，第 146 页。

㉕ 同上书，第 189 页。

㉖ P. S. 阿蒂耶："自由契约理论"，载其《契约文集》（P. S. Atiyah, "The Liberal Theory of Contract," in his *Essays on Contract*）（牛津：克拉伦登出版社，1981 年版），第 122 页。

㉗ 同上书，第 408 页。

㉘ 托尼：《宗教与资本主义》，第 188 页。

㉙ S. N. 艾森施塔特："社会学中的某些结构主义观察，特别和马克斯·韦伯有关的矛盾"，载 P. 布劳和 R. 默顿主编：《结构研究系列》（S. N. Eisenstadt, "Some Observations on Structuralism in Sociology, with Special and Paradoxical Reference to Max Weber," in P. Blau and R. Merton. eds., *Continuities in Structural Inquiry*）（加利福尼亚：纽伯雷·帕克，1981 年版），第 172 页。

㉚ 恩斯特·特勒尔奇：《基督教会的社会教义》第 1 卷（Ernest Troeltsch, *The Social Teachings of the Christian Churches*, vol. 1）（纽约：哈珀和劳，1960 年版），第 262 页。

㉛ 同上书，第 269—272 页。

㉜ 同上书，第 266 页。

㉝ 托尼：《宗教与资本主义》，第 105 页。

㉞ 欲知对这种立场的批判，参见本杰明·纳尔逊：《高利贷思想：从宗族兄弟到普遍他在性》（Benjamin Nelson, *The Idea of Usury from Tribal Brotherhood to Universal Otherhood*）（芝加哥：芝加哥大学出版社，1969 年版），第 244 页。

㉟ 托尼：《宗教与资本主义》，第 98 页。

㊱ 同上书，第 98 页。

㊲ 同上书，第 102 页。

㊳ 戴维·利特尔：《宗教，秩序和法律：革命前的英格兰研究》（David Little, *Religion, Order and Law: A study in Pre-Revolutionary England*）（芝加哥：芝加哥大学出版社，1984 年版），第

41 页。

㊴ 特勒尔奇：《基督教会的社会教义》第 2 卷，第 590—592 页。

㊵ 约翰·加尔文，载约翰·麦克尼尔主编：《基督教机构》(John Calvin, in John McNeill, ed., *Institutes of the Christian Religion*)(费城：佛特雷斯出版社，1956 年版)，第 4 卷，第 1, 15 页。

㊶ 特勒尔奇：《基督教会的社会教义》第 2 卷，第 596—597 页。加尔文认为，真正信奉上帝的人享有的自由必须同现存政治社会的状况相区别，也必须同灵魂不得重生的人相分开，在上帝的王国来临之前，上帝的命令必须用强制的力量才能在这些顽固不化的人中间得到执行。根据加尔文的观点，随着上帝王国的来临，在参与自由世界的"信奉基督的信徒"与仍然受强制力量控制的人之间的区别就会消解。

㊷ 唐纳德·凯利：《意识形态的起源》(Donald Kelley, *The Beginnings of Ideology*)(伦敦：剑桥大学出版社，1981 年版)，第 80 页。

㊸ 关于誓约在清教徒生活中的中心地位，见帕特里克·柯林森"从更宽的角度理解新教传统"，载 C. 科尔和 M. 穆迪主编：《新教传统》(Patrick Collinson, "Towards a Broader Understanding of the Dissenting Tradition," in C. Cole and M. Moody, eds., *The Dissenting Tradition*)(雅典：俄亥俄大学出版社，1975 年版)，第 3—38 页。关于誓约神学与加尔文教义的关系，见埃弗雷德·爱默森："加尔文和誓约神学"，载《教会史》XXV(1956 年版)，(Everett Emerson, "Calvin and Covenant Theology," in *Church History* XXV)(1956 年版)，第 136—144 页；佩里·米勒：《迷失方向的任务》(Perry Miller, *Errand into the Wilderness*)(纽约：哈珀和劳，1964 年版)，第 48—98 页；J. 默勒："清教誓约神学的起源"，《神学历史杂志》(J. Moller, "The Beginnings of Puritan Covenant Theology", *The Journal of Ecclesiastical History*) XIV(1963 年版)，第

46—67 页。更多的神学问题见克劳斯·巴尔茨的研究：《誓约仪式书》(Klaus Baltzer, *The Covenant Formulary*)(费城：佛特雷斯出版社，1971 年版)；C. 伯雷奇：《教会的誓约思想：它的起源和发展》(C. Burrage, *The Church Covenant Idea: Its Origins and Development*)(费城：美国浸礼教出版集团，1904 年版)。誓约问题不同的政治因素可见 S. A. 布雷尔："作为革命象征的誓约思想：1596—1635 年的苏格兰"，载《教会史》(S. A. Burell, "The Covenant Idea as a Revolutionary Symbolic: Scotland 1596—1635", *Church History*) XXVIII(1958 年版)，第 13—58 页；戴维·扎雷特：《上帝的契约：革命之前清教的意识形态和组织》(David Zaret, *The Heavenly Contract: Ideology and Organization in Pre-Revolutionary Puritanism*)(芝加哥：芝加哥大学出版社，1984 年版)。

㊹ 誓约派对加入该团体成员生活的控制程度，尤其是如何维护新团体的象征和实体界限问题在 1642 年以约翰·巴斯特威克为代表的独立誓约派中可以看得很清楚，迈克尔·托米：《圣徒的胜利：伦敦分裂教会 1616—1649》(Michael Tomie, *The Triumph of the Saints: The Separate Churches of London 1616—1649*)对此作了阐述(剑桥：剑桥大学出版社，1977 年版)，第 196 页。还可参见迈克尔·沃茨：《新教徒》(Michael Watts, *The Dissenters*)(剑桥：剑桥大学出版社，1978 年版)，第 30，31，41，42，55，56 页。

㊺ 威廉·哈勒：《清教的兴起》(William Haller, *The Rise of Puritanism*)(费城：费城大学出版社，1972 年版)，除上面提到的参考书，还可参见迈克尔·纳彭：《都铎时期的清教：理想主义历史的一个篇章》(Michael Knappen, *Tudor Puritanism: A Chapter in the History of Idealism*)(芝加哥：芝加哥大学出版社，1939 年版)。

㊻ 关于清教的这些因素，可参见杰弗里·纳托尔：《清教信仰和体验中的圣灵》(Geoffrey Nuttal, *The Holy Spirit in Puritan Faith and Experience*)(牛津：巴塞尔·布莱克韦尔，1946 年版)；诺曼·佩蒂：《虚心以待：清教精神生活中的恩典和皈依》(Norman Pettit, *The Heart Prepared: Grace and Conversion in Puritan Spiritual Life*)

(纽黑文：耶鲁大学出版社，1966年版)。

㊼ 这种社会的一分为二究竟如何强烈，这是可以进行历史争论的问题，但历史学家们有一种相对的共识，即这种情况到17世纪初的时候比伊丽莎白时期明显得多。在这后一个阶段，想把上帝的社团变得更加“真实可见”的愿望导致聚集在教堂里的宗教团体和其他“基督教民族”之间的对立更加明显。最近关于这个问题的讨论可以见帕特里克·柯林森：《清教品德：17世纪早期英格兰文化中的争论和两极对立》(Patrick Collinson, *The Puritan Character: Polemics and Polarities in Early Seventeenth-Century English Culture*)(洛杉矶：威廉·安德鲁·克拉克图书馆，1989年版)。

㊽ 对此略有不同的观点可见帕特里克·柯林森：《伊丽莎白时期的清教运动》(Patrick Collinson, *The Elizabethan Puritan Movement*)(伯克莱：加利福尼亚大学出版社，1967年版)；特别可参见《教士中的教会学》，第375页。

㊾ 阿维胡·扎卡埃：“宗教改革的福音，清教大移民的起源”，《教会史杂志》(Avihu Zakai, “The Gospel of Reformation, the Origins of the Great Puritan Migration,” *Journal of Ecclesiastical History*)，第37期(1986年版)，第14页。由于清教的发展导致社会内部的对立可以在本·约翰逊：《巴塞洛缪集会》(Ben Jonson, *Bartholomew Faire*)中使用“埋头苦干”这样的讽刺语中得到证明，也可见1633年的《体育布告》(*Declaration of Sports*)中得到证明，该布告特别命令清教徒，如果不遵守“我国人民健康休闲的法律”，就“要么遵守要么离开这个国家”，因为国王法令是“在结束了神圣的服务后，我国人民不应该被干扰、被规定或劝阻进行任何合法的休闲活动，诸如男人或女人的跳舞、男人的射箭、跳跃、跳马，或任何类似的无害休闲活动，也不能禁止他们从事五朔节游戏、圣灵降临周的游戏、莫里斯舞，不能禁止他们竖立五朔节花柱等其他体育设施”。(S. R. 加德纳主编：《清教革命的宪制文件：1625—1600》，(S. R. Gardiner, ed., *The Constitutional Documents of the Puritan Revolution 1625—1600*)(牛津：克拉伦登出版社，1906年版)，第

101 页。）

⑩ 特勒尔奇：《社会教义》第2卷，第607页。

⑪ 塔尔科特·帕森斯："基督教和现代工业社会"，载《社会学理论，价值和社会文化变迁》，E. 特亚金主编（纽约：哈珀和劳，1967年版）（Talcott Parsons, "Christianity and Modern Industrial Society," in *Sociological Theory, Values and Sociocultural Change*, edited by E. Tiryakian），第51页。

⑫ 马克斯·韦伯：《新教伦理和资本主义精神》（Max Weber, *The Protestant Ethic and the Spirit of Capitalism*）（纽约：查尔斯·斯克利伯纳和松斯，1958年版），第171页。

⑬ 托尼：《宗教与资本主义》，第98页。

⑭ 同上书，第238页。

⑮ 纳尔逊：《高利贷》（Nelson, *Usury*），第26，244页。

⑯ 托尼：《宗教与资本主义》，第269页。

⑰ 同上书，第254页。

⑱ 同上书，第17页。马克斯·韦伯："宗教对世界的拒绝以及它们的方向"，载汉斯·格尔特和C. W. 米尔斯主编：《马克斯·韦伯：社会学文集》（Max Weber, "Religious Rejections of the World and Their Directions," in Hans Gerth and C. W. Mills, eds., *From Max Weber: Essays in Sociology*）（纽约：牛津大学出版社，1958年版），第323—362页。

⑲ S. N. 艾森施塔特："从分析和比较角度看新教伦理问题"，《蒂欧根尼斯》（S. N. Eisenstadt, "The Protestant Ethic Thesis in Analytic and Comparative Perspective", *Diogenes*）59（1967年版），第25—46页。

⑳ S. N. 艾森施塔特："新教伦理问题"，载罗兰德·罗伯通主编：《宗教社会学》Roland Roberton, ed., *Sociology of Religion*）（哈盟茨沃斯：企鹅，1971年版），第306—307页。

㉑ 马克斯·韦伯："新教宗派和资本主义精神"，载汉斯·格尔特和C. W. 米尔斯主编：《马克斯·韦伯：社会学文集》（Max

Weber, "The Protestant Sects and the Spirit of Capitalism," in Gerth and Mills, eds., *From Max Weber*), 第 321 页。

⑫ 欲知更加当代的分析，参见伯杰：《企业文化》(Brigette Berger, *The Culture of Entrepreneurship*)(旧金山：当代研究学院，1991 年版)。

⑬ S. N. 艾森施塔特："新教伦理问题"，第 299 页。

⑭ 马克斯·韦伯："新教宗派和资本主义精神"，载汉斯·格尔特和 C. W. 米尔斯主编：《马克斯·韦伯：社会学文集》，第 322 页。

⑮ 托尼：《宗教与资本主义》，第 98 页。

⑯ 亚当·B. 塞利格曼：《内在世界的个人主义：克里斯玛团体及其制度化》(Adam B. Seligman, *Inner-Worldly Individualism: Charismatic Community and Its Institutionalization*)(纽布隆斯韦克：学报出版社，1994 年版)。

⑰ 托尼：《宗教与资本主义》，第 98 页。

⑱ 同上书，第 317 页。

⑲ 托尼："中上阶级的兴起"，载温特：《历史和社会》，第 125 页。

⑳ 特里尔：《托尼和他的时代》，第 100—106 页。

㉑ 马克斯·韦伯："作为职业的科学"，载汉斯·格尔特和 C. W. 米尔斯主编：《马克斯·韦伯：社会学文集》(Max Weber, "Science as a Vocation," in Gerth and Mills, eds., *From Max Weber*), 第 129—156 页。

㉒ 对于这个问题特别邪恶的例子分析，参见皮埃尔·维达尔-纳奎特：《记忆的封杀：否认大屠杀的文集》(Pierre Vidal-Naquet, *Assassins of Memory: Essays in the Denial of the Holocaust*)(纽约：哥伦比亚大学出版社，1992 年版)。

㉓ 马克斯·韦伯：《新教伦理》，第 29 页。

㉔ 丹尼斯和哈尔塞：《伦理社会主义》(Dennis and Halsey, *Ethical Socialism*), 第 242—243 页。

⑦⑤ R. H. 托尼："基督教和社会秩序"，载自其《攻击》（R. H. Tawney，"Christianity and the Social Order，" in his *The Attack*），第 171 页。

⑦⑥ 同上书，第 183 页。

⑦⑦ 爱德华·希尔斯：《中心和边缘：宏观社会学文集》（Edward Shils，*Center and Periphery*，*Essays in MacroSociology*）（芝加哥：芝加哥大学出版社，1975 年版）。

⑦⑧ 温特和约瑟琳：《札记》（Winter and Joslin，*Commonplace Book*），第 43 页。

索 引

（译名后的数字为原书页码，即本书边码）

译后记

本书的译事经历了一段比较长的时间，说起缘由，涉及学界许多师友，我想在此交代一下，以对所有帮助和促成此书完成的朋友表示感谢。

早在十年前于南京举行的国内第一次国际现象学学术研讨会上，遇到了当时在香港工作的刘小枫先生。小枫看到四川人民出版社出版的我的译著《当代美洲神学》，还有由我校订后出版的《宗教与意识形态》一书，想约我参加由他主持的基督教文库的翻译工作。我对他说明，自己对宗教研究不多，上述两书也是应复旦老师尹大贻先生之命勉力完成的，并且不是单纯意义上的宗教学著作。不过，我对研究宗教与社会思想发展之间关系的著作还是很有兴趣的。后来，小枫给我寄来了托尼的《宗教与资本主义的兴起》1937 年英文版的复印件。看过此书内容，我欣然同意担任翻译，并利用业余时间开始了不乏艰辛的译作。不料，当我刚完成本书前三章的初稿之际，从报上看到北京一家著名出版社老总谈当年出版计划，提到要在年底出版托尼的这本书。我马上通过该社的一位编辑室主任证实了购买翻译版权的情况。随后，与小枫作了沟通，商定停止翻译，把译出的三章初稿寄去香港备用。那该是1997年的事吧。

如果不是汪宇先生，这桩译事大概就这么搁置下去了。汪宇经常向我们推荐学术选题。有一次，他非常热烈地推荐托尼的这本书，说这么重要的书国内怎么没有组织翻译出版。我把上面的故事叙说了一遍。我已知道，此书翻译确实是有难度的，涉及历史要查证很多东西，还有文中间或出现的多种语言文字造成的障碍。不过，我们要做的话，关键首先还在取得中文版权。后来，经过汪宇的积极努力，这本书的翻译版权终于由译文社买到了。于是，完成翻译的任务又一次提到面前，而且受到出版期限的制约。在不长的时间里完成全书翻译，并解决许多语言上的难点，不能不说得益于许多朋友的帮助。

首先，我要感谢我的合作者，本书的另一位译者夏镇平先生。在我因工作繁忙和家母病重而深感精力不够的情况下，我提出请他翻译第四章以及结论部分，还有学报版英文新版本的一个长序。而我本人可以集中精力把前三章的译稿修订、完稿。个人译著颇丰的夏镇平先生慨然应允与我合作，并抓紧时间如约完成了译作。后来还帮助我译出了书中部分德文典籍的书名等。

托尼是个大家，他的书中旁征博引，尤其是注释部分，引征了大量中古时期以来的文献，其中出现大段中古时期的英文，还有希腊文、拉丁文、意大利文、法文、德文等等。文献名更是以各种新旧文字出现。时下有些译著在外文书名的处理上有照录原文、不予翻译的做法。主张这么做的理由是书名的翻译难以达到准确，而且照录原文便于研究者查考。我们从中文版读者阅读的角度考虑，觉得译成中文总是对读者方便一些。因此还是依照惯例一一译出。同时，为了方便研究者查考，我们在译出的书名后附上了原文。这样做，也是为了便于方家发现可能有的翻译差错并予以指正。

为翻译这些文字，确实花了大量时间，也请教了不少朋友。我先后分别请教过译文社同事吴劳先生和楼瑶卿、李德炳女士；请教过北京大学的靳希平教授及他的两位德国学生、芬兰赫尔辛基大学的黄保罗博士及他的朋友戴维·詹金斯博士、同济大学的徐卫翔教授等，他们都各展所能给了我热情的帮助，尤其是徐卫翔教授，为了帮助译出翻译过程中留下的最后一些困难的意大利文和拉丁文，费去不少时间。对于他们的所有帮助和支持，我谨在此致以深深的谢意。

朋友们的帮助，不仅是对我个人工作的支持，更是对出版托尼著作中译本的热情支持。托尼的这本书初版于1926年，可以说是对韦伯《新教伦理与资本主义精神》一书的批评、回应和补充。韦伯的命题，自20世纪初提出至今已经100年，围绕这个命题，世界学术界一直争论不断。一种讨论，虽然年代已经久远，却仍然能与现代最新的状况产生对话，激发新的研究兴趣，足可见相关论题所具有的生命力。韦伯的《新教伦理》在20世纪80年代出过一个中译本，他的其他著作，国内也已引进不少。托尼的书，在世界上同样具有广泛而深远的影响，并且早已成为经典。但在国内，现在这还是第一个中译本。衷心希望这个译本面世之后，能为研究欧洲经济史、社会史、思想史、宗教史，尤其是研究宗教与资本主义的关系提供一个新的资源。

最后，我还要对本书的责任编辑张吉人先生和特约编审周梦罴先生为此稿所付出的辛勤劳动表示由衷的感谢。

赵月瑟

2005 年 12 月

图字：09－2003－432号

图书在版编目(CIP)数据

宗教与资本主义的兴起 /（英）R. H. 托尼
(R. H. Tawney)著；赵月瑟，夏镇平译．—上海：上
海译文出版社，2023. 12
（译文经典）
书名原文：Religion and the Rise of Capitalism
ISBN 978－7－5327－9444－7

Ⅰ. ①宗… Ⅱ. ①R… ②赵… ③夏… Ⅲ. ①宗教－
影响－资本主义－研究 Ⅳ. ①D091. 5

中国国家版本馆 CIP 数据核字(2023)第 207782 号

宗教与资本主义的兴起
[英] R. H. 托尼 著 赵月瑟 夏镇平 译
策划编辑/张吉人 责任编辑/李欣祯 装帧设计/张志全工作室

上海译文出版社有限公司出版、发行
网址：www. yiwen. com. cn
201101 上海市闵行区号景路 159 弄 B 座
山东临沂新华印刷物流集团有限责任公司印刷

开本 787×1092 1/32 印张 13. 75 插页 5 字数 278,000
2023 年 12 月第 1 版 2023 年 12 月第 1 次印刷
印数：0,001—5,000 册

ISBN 978－7－5327－9444－7/K・326
定价：68. 00 元